高等职业教育高素质技术技能型人才培养
"双高计划"国家级示范专业物流管理类精品教材

编委会

总主编
许建领　深圳职业技术大学

副总主编（以姓氏拼音为序）
姜　洪　深圳职业技术大学
聂　华　浙江经济职业技术学院
王桂花　南京工业职业技术大学
吴砚峰　广西职业技术学院
张　龙　昆明工业职业技术学院
张润卓　辽宁经济职业技术学院

编　委（以姓氏拼音为序）

冯进展	江西外语外贸职业学院	彭　敏	南宁职业技术大学
葛启文	武汉城市职业学院	邱春龙	漳州职业技术学院
郭秀颖	广东机电职业技术学院	邱浩然	青岛职业技术学院
何波波	吉安职业技术学院	涂建军	广东交通职业技术学院
黄红如	惠州城市职业学院	万义国	江西交通职业技术学院
黄焕宗	黎明职业大学	王超维	陕西能源职业技术学院
贾广敏	广州工程技术职业学院	吴春涛	湖北三峡职业技术学院
黎　聪	广西物流职业技术学院	吴庆念	浙江经济职业技术学院
李道胜	宁夏工商职业技术学院	杨　晋	武汉交通职业学院
李　锋	岳阳职业技术学院	袁德臻	贵州职业技术学院
李陶然	河南工业职业技术学院	袁世军	湖南现代物流职业技术学院
刘　琳	河北交通职业技术学院	周昌红	嘉兴职业技术学院
刘　明	济南职业学院	周　芳	江门职业技术学院
孟军齐	深圳职业技术大学	周　蓉	武汉职业技术大学
明振东	杭州自动化技术研究院		

高等职业教育高素质技术技能型人才培养
"双高计划"国家级示范专业物流管理类精品教材

总主编　许建领

智慧物流与供应链基础

Fundamentals of Smart Logistics and Supply Chain

主　编	盛　梅	天津交通职业学院
王精一	北京京邦达贸易有限公司
副主编	耿　杰	天津交通职业学院
参　编	汪　沁	嘉兴职业技术学院
高　荧	天津交通职业学院
王　瑶	辽宁经济职业技术学院

中国·武汉

图书在版编目(CIP)数据

智慧物流与供应链基础 / 盛梅, 王精一主编. -- 武汉：华中科技大学出版社, 2025.1. (高等职业教育高素质技术技能型人才培养"双高计划"国家级示范专业物流管理类精品教材). -- ISBN 978-7-5772-1684-3

Ⅰ. F252.1-39

中国国家版本馆 CIP 数据核字第 20250QY020 号

智慧物流与供应链基础　　　　　　　　　　　　　　　盛　梅　王精一　主编
Zhihui Wuliu yu Gongyinglian Jichu

策划编辑：	周晓方　宋　焱　庹北麟
责任编辑：	林珍珍
封面设计：	原色设计
版式设计：	赵慧萍
责任校对：	张汇娟
责任监印：	周治超
出版发行：	华中科技大学出版社（中国·武汉）　　电话：(027) 81321913
	武汉市东湖新技术开发区华工科技园　　邮编：430223
录　　排：	华中科技大学出版社美编室
印　　刷：	湖北新华印务有限公司
开　　本：	787mm×1092mm　1/16
印　　张：	19　插页：2
字　　数：	451 千字
版　　次：	2025 年 1 月第 1 版第 1 次印刷
定　　价：	59.80 元

本书若有印装质量问题，请向出版社营销中心调换
全国免费服务热线：400-6679-118　竭诚为您服务
版权所有　侵权必究

内容提要

  本书以智慧物流与供应链理论体系为指导，结合企业实际，系统阐述了智慧物流与供应链基础理论与实践。全书共8个模块，包括智慧物流与供应链认知、物流系统与物流标准化、智慧物流与供应链的空间效应、智慧物流与供应链的时间效应、智慧物流与供应链的用户体验、智慧物流与供应链的支持性活动、智慧物流与供应链技术、智慧物流与供应链典型运作模式。

  本书秉承立德树人的宗旨，融入爱国敬业、全局意识、系统观念、勇于创新、努力学习等思政元素，引导学习者坚定"四个自信"，成为担当物流事业发展的时代新人。

  本书坚持以学生为主体，设置导语、导学、学习目标、案例导入、物流热点、物流发展、物流创新、练一练、能力提升、自我总结等教学活动，配套课件、案例等教学资源，支持学习者进行自主、协作式学习。

  本书既可作为高职高专现代物流管理及相关专业的教学用书，也可作为社会从业人员的业务参考和培训用书。

网络增值服务

使用说明

欢迎使用华中科技大学出版社人文社科分社资源网

1 教师使用流程

（1）登录网址：https://bookcenter.hustp.com/index.html（注册时请选择教师身份）

注册 〉 登录 〉 完善个人信息 〉 等待审核

（2）审核通过后，您可以在网站使用以下功能

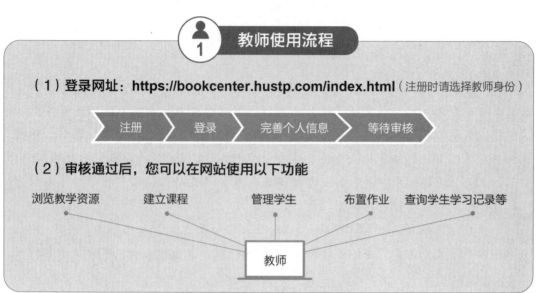

2 学生使用流程

（建议学生在PC端完成注册、登录、完善个人信息的操作）

（1）PC端操作步骤

① 登录网址：https://bookcenter.hustp.com/index.html（注册时请选择学生身份）

② 查看课程资源：（如有学习码，请在"个人中心—学习码验证"中先验证，再进行操作）

（2）手机端扫码操作步骤

获取本书数字资源，可联系编辑：15827068411；tuobeilin@hustp.com

总序

物流业是国民经济和社会发展的先导性、基础性、战略性产业，加快发展现代物流业对于促进产业结构调整和提高企业市场竞争力都具有非常重要的作用。党的二十大报告指出，要"加快发展物联网，建设高效顺畅的流通体系，降低物流成本"。现代物流业已经从经济辅助产业转变成了具有战略意义的基础产业，对保障产业链供应链稳定、增强国民经济韧性、促进产业优化升级具有重要意义。2020 年 9 月，习近平总书记在中央财经委员会第八次会议上强调，流通体系在国民经济中发挥着基础性作用，构建新发展格局，必须把建设现代流通体系作为一项重要战略任务来抓。要贯彻新发展理念，推动高质量发展，深化供给侧结构性改革，充分发挥市场在资源配置中的决定性作用，更好发挥政府作用，统筹推进现代流通体系硬件和软件建设，发展流通新技术新业态新模式，完善流通领域制度规范和标准，培育壮大具有国际竞争力的现代物流企业，为构建以国内大循环为主体、国内国际双循环相互促进的新发展格局提供有力支撑。

2022 年，国务院办公厅发布了我国现代物流领域第一份国家级五年规划《"十四五"现代物流发展规划》，该规划对构建现代物流体系的基础、挑战、目标和要求等做出了全面、系统的阐释，并提出：到 2025 年，基本建成供需适配、内外联通、安全高效、智慧绿色的现代物流体系；到 2035 年，现代物流体系更加完善，具有国际竞争力的一流物流企业成长壮大，通达全球的物流服务网络更加健全，对区域协调发展和实体经济高质量发展的支撑引领更加有力，为基本实现社会主义现代化提供坚实保障。《"十四五"现代物流发展规划》描绘了我国现代物流高质量发展的"新蓝图"。为落实习近平总书记关于物流发展的系列指示精神，将我国现代物流高质量发展"新蓝图"变为现实，需要加强物流业供给侧结构性改革，并统筹解决我国产业结构失衡、资源分布不均衡的问题，其关键在于培养和输送大量的高素质物流技能人才。各高校亟须加强物流学科专业建设，提升专业设置的针对性，培育复合型高端物流人才，助力现代化物流业的持续发展。

高等职业（高职）教育是培养大国工匠的重要途径，是高素质物流技能人才的第一来源。近年来，我国高等职业教育取得了长足的发展：《中华人民共和国职业教育法》的颁布在法理意义上明确了我国职业教育是与普通教育具有同等重要地位的教育类型，《国家职业教育改革实施方案》的出台为职业教育的创新发展搭建了全面的工作框架，《职业教育提质培优行动计划（2020—2023年）》等则进一步落实了职业教育高质量发展要求。在这样的大背景下，我国物流职业教育同样取得了较大发展，具体表现在专业目录和教学标准实现了大升级、职业技能大赛和职业技能证书渗透率大幅提升、一大批一流课程和规划教材涌现出来、实训条件得到很大改善等诸多方面。高等职业教育必须始终面向现代物流发展实际，有效推进产教融合、校企合作，更好地反映物流产业的成功经验和现实需求，更好地发挥职业教育在人才培养和技术攻关方面的优势，让教学内容和实训内容更真实、更务实、更扎实，使学生拥有合格的物流职业技能和素质，具有卓越发展的潜力。

在职业院校专业人才培养体系中，教材建设是极其重要的基础工程。本套教材由华中科技大学出版社和深圳职业技术大学联合策划。为了凝聚物流职业教育已经取得的有益经验，进一步丰富优质教学产品供给，更好地满足学生成长成才的需求，我们在全国范围内集合了一批物流专业优质院校的资深教师来编写这套全新的高等职业教育高素质技术技能型人才培养"双高计划"国家级示范专业物流管理类精品教材，期待以此为载体来展示优秀的教学改革成果，推进教学形式的创新和教师能力的提升，为培养卓越的物流技能人才提供有力支撑。

本套教材坚持以学生为中心，力求让高等职业教育满足学生成长成才的需求和对未来美好生活的向往，将学生成长成才需求与经济社会发展需求结合起来，使他们能够在未来的职业生涯中发现自己的优势和价值，同时体现我国现代物流发展的经验和成果。与物流新技术新模式新业态快速涌现形成鲜明对比的是，物流教材建设的进度相对滞后，对物流新趋势的反映不够全面和成熟。本套教材力争具有探索性和先导性，为现代物流业人才培养提供高质量教学素材，在业界发挥引领作用。

基于此，本套教材的主要特点如下。

（1）以课程思政为引领。本套教材以习近平新时代中国特色社会主义思想为指导，坚持落实立德树人根本任务，围绕现代物流高素质技能人才培养要求，将教学目标分解为素养、知识、能力三维目标，精选教学案例和材料，突出家国情怀、诚信服务、工匠精神、国际视野，努力培养更多让党放心、爱国奉献、能担当民族复兴重任的时代新人。

（2）以专业教学标准为指导。标准化建设是统领职业教育发展的突破口，教学标准和毕业学生质量标准是标准化建设的两个重要关口。2022年，国家对职业教育物流类专业目录做出了重大调整，一些新的专业被引入进来，还有一些专业通过更名和调整归属被赋予了新的内涵，以更好地反映现代物流对未来技能人才的需求。以新专业目录为基础的专业教学标准，为具体开展物流职业教育教学提供了基本指南。

（3）科学构建知识技能体系。产教融合、校企合作是职业教育高质量发展的基本路径。本套教材在组建编写团队时注重"校企行"三方力量的协同参与，将行业的标准、企业的需求和学校的教学有机结合，系统梳理每门课程的"知识技能树"，合理取舍，突出重点和难点，注重知识技能培养的循序渐进。

（4）突出智慧物流特征。随着贸易规模的扩大和智能技术的加速迭代，物流业和供应链管理进入"智慧时代"。一方面，与低空经济、无人驾驶等结合起来的物流新技术、新模式、新业态持续涌现；另一方面，传统物流模式也在持续进行内涵升级、结构优化。本套教材在书目的设置和材料的选择方面都充分体现了智慧物流的特征。

（5）突出基础性和前瞻性，与职教本科教学体系适度衔接。高职教育是培养大国工匠的重要途径，职教本科有助于完善职业教育学历认证体系。本套教材从整个职业教育体系的高度出发，以高职教育人才培养为基础，致力于加强高职教育与职教本科课程体系的衔接，尤其是为未来职教本科物流专业教材的编写打下基础，贯通职业教育人才培养"立交桥"，为学生发展创造"立体通道"。

（6）打造丰富实用的数字资源库。教材是教学的基础材料，并且教学也离不开其他辅助教学材料。本套教材配备电子教案、拓展案例、练习与解析等基础数字材料，同时积极开发微课视频、动画视频、仿真视频等音视频资源，部分教材还有知识图谱等互动资源，可以最大限度地方便教师教学。在教材后续使用过程中，我们还将及时更新"岗课赛证"一体化的培训资料，以便为学生的学习提供全周期辅助。

本套教材分为基础课教材、核心课教材和拓展课教材三个模块。基础课教材包含《智慧物流与供应链基础》《供应链数字化运营》《数字化物流商业运营》《物流法律法规》《智慧物流信息技术》《物流专业英语》等。核心课教材包含《智慧仓配实务》《国际货运代理》《物流运输技术与实务》《物流项目运营》《采购与供应管理（第 4 版）》《区块链与供应链金融》《物流成本与绩效管理》《智慧集装箱港口运营》《供应链管理实务》《冷链物流管理实务》《物流系统规划与设计》《智能物流装备运维管理》等。拓展课教材包含《物流企业模拟经营》《物流安全管理实务》《物流企业数字化管理》《跨境电商物流》《进出境通关实务》《企业经营创新》《电子商务实务》《物流机器人流程自动化》《物流包装》等。同时，丛书编委会将依据我国物流业发展变化趋势及其对普通高等学校、高职高专院校物流专业人才培养的新要求及时更新教材书目，不断丰富和完善教学内容。

微光成炬。我们期待以编写这套高等职业教育高素质技术技能型人才培养"双高计划"国家级示范专业物流管理类精品教材为契机，将物流职业教育的优秀经验汇聚起来，加强物流职业教育共同体的建设，为师生之间、校企之间的沟通和对话提供一个公益平台。我们也诚挚地期待有更多优秀的校园教师、企业导师加入。应该指出的是，编撰一套高质量的教材是一项十分艰巨的任务。尽管编者们认真尽责，但由于理论水平和实践能力有限，本套教材中难免存在一些疏漏与不足之处，真诚希望广大读者批评指正，以期在教材修订再版时补充和完善。

全国物流职业教育教学指导委员会副主任委员
深圳职业技术大学党委副书记、校长
2024 年 3 月于深圳

前 言

高度集成并融合运输、储存、包装、配送、信息处理等服务功能的现代物流在构建现代流通体系、促进形成强大的国内市场、推动高质量发展、建设现代化经济体系中发挥着先导性、基础性、战略性作用。整合包括供应商、制造商、物流商、分销商、零售商等多主体在内的供应链是推动经济高效运转和持续发展的重要引擎。新一轮科技革命和产业变革的深入发展,带来了物流与供应链产业的全新变革,发展智慧物流与供应链是大势所趋。

党的二十大报告明确提出,"加快发展物联网,建设高效顺畅的流通体系,降低物流成本","加快建设现代化经济体系","着力提升产业链供应链韧性和安全水平"。2022年1月12日,国务院公开发布《"十四五"数字经济发展规划》,提出重点行业数字化转型提升工程,明确大力发展智慧物流,加快对传统物流设施的数字化改造升级,促进现代物流与农业、制造业等产业融合发展。为满足产业转型升级的需要,培养智慧物流与供应链领域专业技术技能型人才迫在眉睫。

本教材践行产教融合理念,学校与现代物流与供应链企业密切合作,组建校企双元编写团队,深入研究行业现状与发展趋势,将现代物流与供应链相关国家标准、管理规范、企业创新发展、物流职业规范等引入教材。本教材具有以下几方面的特色。

1. 坚持立德树人,深挖思政元素,构建"三融合"课程思政目标

本教材依据现代物流与供应链岗位要求、学生学情及职业持续发展要求,构建了职业信念、职业行为、职业品质"三融合"课程思政目标。通过讲好物流与供应链发展故事、物流与供应链人物故事等,培养学生"自立有我、德技双馨"的职业担当,"强国有我、以技报国"的职业信念;通过物流作业技能训练、能力提升等活动,培养学生遵纪守法、爱岗敬业、重视安全、文明服务等职业行为;引入典型工作任务,开展任务驱动教学,锤炼学生自主学习、团队合作、创新意识、工匠精神等职业品质。

2. 培养物流新人,同步行业发展,构建完整的教学内容体系

本教材对接最新的国家规划、行业标准、企业规范等,基于人工智能、大数据等技术与物流和供应链的融合发展，构建了包括智慧物流与供应链认知、物流系统与物流标准化、智慧物流与供应链的空间效应和时间效应、智慧物流与供应链的支持性活动、智慧物流与供应链技术、智慧物流与供应链典型运作模式等在内的完整的教学内容体系。同时，结合智慧物流与供应链技术发展，引入网络货运技术、数字存储技术等"四新"知识；按照企业真实业务设计符合教学规律的教学任务与教材内容，培养适应新时代技术进步、产业升级要求的物流新人。

3. 聚焦学生主体，设计教学活动，实现"教材""学材"一体化

本教材设计了导语、导学、学习目标、案例导入、物流热点、物流发展、物流创新、练一练、能力提升、自我总结等教学活动；配套设置课件、案例等丰富的教学资源；设计了开放的教学项目或任务，通过学生策划、设计和实施，培养其组织管理能力，提升其综合素养。本教材支持学生自主探索，进行互动协作式学习；也支持教师开展任务驱动式教学、小组讨论教学、案例教学等。

本教材主编为盛梅、王精一，副主编为耿杰。具体编写分工如下：盛梅（天津交通职业学院）编写第一、五模块，并负责统稿、定稿工作；耿杰（天津交通职业学院）编写第二、三模块；汪沁（嘉兴职业技术学院）编写第四模块；高茨（天津交通职业学院）编写第六模块；王瑶（辽宁经济职业技术学院）编写第七模块；王精一（北京京邦达贸易有限公司）编写第八模块。

天津交通职业学院王晓阔教授对书稿内容进行了认真细致的审阅，在此表示衷心的感谢。在书稿编写过程中，北京京邦达贸易有限公司、百世物流科技（中国）有限公司、普洛斯企业发展（上海）有限公司、北京盛丰供应链管理有限公司、天津市交通与物流协会等为我们提供了强有力的支持，在此也向他们表示诚挚的感谢。另外，本教材参考了大量的文献资料和相关网络资源，由于教材编写体例方面的原因，未能一一注明，在此向原始文献作者表示诚挚的感谢。

由于编者水平有限，书中难免有疏漏和不妥之处，恳请广大读者提出宝贵意见。

目 录

模块一　智慧物流与供应链认知 /// 001
　　单元1　物流与智慧物流 /// 003
　　单元2　供应链与智慧供应链 /// 030

模块二　物流系统与物流标准化 /// 043
　　单元1　物流系统 /// 045
　　单元2　物流标准化 /// 062

模块三　智慧物流与供应链的空间效应 /// 073
　　单元1　智慧物流与供应链空间效应和运输 /// 075
　　单元2　运输组织方式 /// 082
　　单元3　运输质量 /// 092

模块四　智慧物流与供应链的时间效应 /// 101
　　单元1　智慧物流与供应链的时间效应和仓储 /// 104
　　单元2　存储设施设备 /// 114
　　单元3　仓储作业绩效评价 /// 127

模块五　智慧物流与供应链的用户体验 /// 137
　　单元1　智慧物流与供应链的用户体验与配送 /// 140
　　单元2　配送业务组织 /// 152
　　单元3　配送服务质量 /// 163

模块六　智慧物流与供应链的支持性活动 /// 167
　　单元1　包装 /// 170
　　单元2　装卸搬运 /// 185
　　单元3　流通加工 /// 199

模块七　智慧物流与供应链技术 /// 207
　　单元1　智慧物流与供应链技术认知 /// 210
　　单元2　网络货运技术 /// 216
　　单元3　数字存储技术 /// 223
　　单元4　高效配送技术 /// 229
　　单元5　智能分拣技术 /// 239
　　单元6　无人搬运技术 /// 252

模块八　智慧物流与供应链典型运作模式 /// 263
　　单元1　农产品智慧物流与供应链运作模式 /// 266
　　单元2　快消品智慧物流与供应链运作模式 /// 275
　　单元3　服装智慧物流与供应链运作模式 /// 283

参考文献 /// 292

Project

01

模块一
智慧物流与供应链认知

单元1　物流与智慧物流
单元2　供应链与智慧供应链

导语

物流业的一头连着生产，另一头连着消费，在市场经济中的地位越来越凸显。供应链是工业经济的命脉，稳定畅通的供应链对工业经济平稳运行至关重要。依托云计算、物联网、大数据、移动互联、自动控制等信息手段大力发展智慧物流与供应链，既有利于降低成本、提高效率，推进现代物流与供应链朝着集约化、规模化、高效化方向发展，也有利于低碳减排、保护环境。

导学

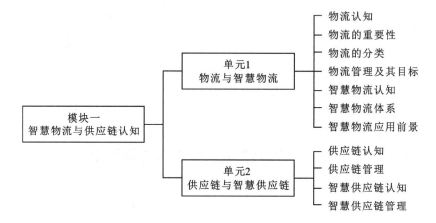

学习目标

1. 掌握物流的概念、功能要素、性质及物质要素构成，熟悉物流的重要性及其主要类型。

2. 掌握物流管理的概念和目标。

3. 掌握智慧物流的概念、功能、特征，智慧物流体系的总体架构，智慧物流发展的驱动因素，智慧物流体系支撑层、核心层、应用层的构成等，了解智慧物流的应用前景。

4. 掌握供应链的概念、特点，以及供应链管理的概念、特点、最终目标，熟悉供应链的发展历程。

5. 掌握智慧供应链的概念、特征，智慧供应链管理的概念、内容，供应链管理原理、运行机制及其发展趋势。

6. 能结合常见的物流活动，说出其包含的功能要素及智慧物流应用情况，结合常见供应链说明其特征及智慧供应链建设情况。

7. 坚定对物流事业的使命认同，培养德技双馨的职业担当、以技报国的理想追求。

8. 培养信息获取能力和精益求精的工匠精神。

案例导入

什么是物流？

在你的眼中，物流世界是什么样的呢？下面讲一个关于物流的故事。

小明和爸爸妈妈生活在天津。小明喜欢吃香蕉。妈妈在手机上下单后，香蕉就开始经历一场"物流旅行"。

在海南，新鲜的香蕉从农场里采摘出来，装进箱子，打上标签，装上小货车，送到物流转运中心。根据身上的标签，香蕉可能坐上飞机，也有可能坐上大货车，最终来到了天津。

香蕉旅行团乘着"旅行大巴"——转运车辆，来到了第二个"旅游景点"——物流园区，也就是货运中转站。在这里，各种货物排着队在传送带上进行识别、分拣，完好无损的货物会在走出货运中转站后，被装进比大货车更小的城配货车里。货车司机载着货物出发了，系统里的智能设备根据路线将货物送到指定站点，到达站点的货物又被快递员送往各家各户。

"叮咚——"门铃响了。"小明，快去开门，我们的香蕉到了！"

这就是神奇的物流！

物流世界有很多复杂的业务场景，也有很多需要改善的地方。我们只有深入了解物流，才能在提供更好的服务的同时，减少物流人繁重的体力劳动，共同创造更好的物流时代。

【思考】
你还知道其他的物流业务场景吗？试举例，并说说目前物流服务有哪些需要改善的地方，以及你对未来物流世界的期待。

单元1 物流与智慧物流

一、物流认知

（一）物流及其功能要素

1. 物流的概念

物流作为社会生产性服务活动的重要组成部分，在国民经济中发挥着服务商流、保障生产、方便生活等作用，其促进了地区间的产品交换，扩大了产品交换的地理范围，推动了消费与生产的地域划分，加速了地区的专门化生产。

随着科学技术和社会经济的迅速发展，物流活动不断演进和扩充，其内涵日益丰富。根据《物流术语》（GB/T 18354—2021）的相关界定，物流是根据实际需要，将运输、储存、装卸、搬运、包装、流通加工、配送、信息处理等基本功能实施有机结合，使物品从供应地向接收地进行实体流动的过程。

现代物流采用新型集成式管理模式，将满足客户需求、系统管理、总成本最低作为管理的核心，运用现代信息技术、计算机技术、网络通信技术等，强化资源整合，优化物流全过程，尽可能降低物流总成本，为客户提供优质服务。

2. 物流的功能要素

物流的功能要素是指物流系统具有的基本能力。这些基本能力有效地结合在一起，构成了物流的总功能，合理有效地实现物流系统的总目标。构成某一特定物流活动的功能要素因物流对象、客户需求不同而不同。一个典型的物流系统包括运输、储存、装卸、搬运、包装、流通加工、配送、信息处理等功能要素，如图1-1所示。

图1-1 物流的功能要素

（1）运输

运输活动是物流的重要组成部分，它将物流系统的各个环节有机联系起来，使得物流系统目标得以实现。没有运输，物品就只有存在价值，而没有使用价值。没有运输连接生产和消费，生产也就失去了意义。因此，稳定可靠、灵活快捷的运输系统支持是物流系统成功运作的关键。

在物流系统中，运输可以划分成两段：一段是生产厂家到物流基地的运输，运输批量比较大，品种比较单一，运距比较长；另一段是从物流基地到用户的运输，人们称其为"配送"，就是根据用户的要求，将各种商品按不同类别、不同方向和不同用户进行分类、拣选、组配、装箱送给用户，其实质在于"配齐"和"送达"。

按照不同的运输工具或使用的不同的运输基础设施，可以将运输分为以下五种：公路运输，铁路运输，船舶运输，航空运输，管道运输。不同的运输方式有不同的服务特性，选择合适的运输方式对于提升物流效率具有十分重要的意义。在确定运输方式时，必须综合考虑运输系统要求的运输服务和运输成本,可以将运输工具的服务特性作为判断基准。这些服务特性主要涉及运费、运输时间、频度、运输能力、货物的安全性、时间的准确性、适用性、伸缩性、网络性等。

(2) 储存

在物流系统中,储存和运输是同样重要的因素。储存包括对进入物流系统的货物进行堆存、管理、保养、维护等一系列活动。储存的作用主要表现在以下两个方面:一是完好地保证货物的使用价值和价值;二是为了将货物及时配送给用户,在物流中心进行必要的加工活动而进行货物的保存。

随着经济的发展,物流从少品种、大批量物流发展为多品种、小批量或多批次、小批量物流,储存功能从重视保管效率逐渐变为重视如何顺利地进行发货和配送作业。流通仓库作为物流储存功能的服务节点,在货物流通过程中发挥着重要作用,它逐渐不再以储存保管为主要目的。流通仓库包括拣选、配货、检验、分类等作业,并具有多品种、小批量,多批次、小批量等收货配送功能,以及附加标签、重新包装等流通加工功能。

物流系统现代化储存功能的设置,以生产支持仓库的形式,为有关企业提供了稳定的零部件和材料供给,将企业独自承担的安全储备逐步转为社会承担的公共储备,减少了企业的经营风险,降低了物流成本,促使企业逐步形成零库存的生产物资管理模式。

(3) 装卸、搬运

装卸、搬运是随着运输、储存、包装、流通加工、配送等物流活动的进行而产生的必要物流活动,是物流活动的衔接环节,也包括在储存等活动中为货物检验、维护、保养而进行的装卸活动,如货物的装上卸下、移送、拣选、分类等。装卸作业的代表形式是集装箱化和托盘化,使用的装卸机械设备有吊车、叉车、传送带、各种台车等。在物流活动的全过程中,装卸、搬运活动频繁发生,因而是货物损坏的重要原因之一。对装卸、搬运的管理,主要针对的是装卸、搬运的方式,以及机械设备的选择和合理配置与使用,以实现装、卸搬运合理化,尽可能减少装卸、搬运次数,节约物流费用,获得较好的经济效益。

(4) 包装

包装是产品生产的终点,也是物流活动的起点。按照包装在流通中的不同作用,可以将其分为两类:一类是工业包装,或称运输包装、大包装;另一类是商业包装,或称销售包装、小包装。工业包装是一种外部包装,主要目的是保护货物、方便运输,是从物流需要出发进行的包装,还可以发挥定量或单位化的功能。一般在产品设计阶段就要考虑包装的合理性、装卸搬运和运输的便利性与效率性,以及搬运工人的能力(如每个包装单位一般不超过 24 千克,以方便人工装卸搬运)等。商业包装的目的主要是美化商品、宣传商品和促进销售,因此要精细考究,以利于吸引消费者,刺激消费者的购买欲望,促进商品销售。由此看来,包装的功能和作用不可低估,它也是保证整个物流系统安全顺畅的重要环节。

另外，对于水泥、煤炭、钢材、矿石、棉花、粮食等大宗生产资料，也可以无包装运输。用火车运煤炭和矿石时，在车皮上盖上苫布，用绳索固定即可。海运中的大麦、小麦等可以散装形式倒入船舱，不必装袋。水泥运输也强调散装，以节约费用，便于装卸和运输。无论是无包装货物，还是简单包装货物，都要保证防水、防湿、防潮、防挤压、防冲撞、防破损、防丢失、防污染等，同时还要保证运输途中货物不变质、不变形、不腐蚀、保鲜、保新等。此外，还要确保产品包装后方便流通、方便使用、保质保量、便于销售等。

（5）流通加工

流通加工是在产品从生产领域向消费领域流动的过程中，对产品进行加工处理，使产品发生物理性质或化学性质的变化，以达到促进产品销售、维护产品质量和提高物流效率的目的。这种在流通过程中对产品进一步的辅助性加工，可以弥补企业、物资部门、商业部门在生产过程中加工程度的不足，更有效地满足用户的需求，更好地衔接生产和需求环节，使流通过程更加合理化。流通加工是物流活动中一项重要的增值服务，也是现代物流发展的重要趋势。

流通加工有装袋、定量化小包装、拴牌子、贴标签、配货、挑选、混装、刷标记等作业活动。流通加工的主要作用表现在以下几点：进行初级加工，方便用户；提高原材料利用率；提高加工效率及设备利用率；充分发挥各种运输手段的高效率；改变品质、提高收益。

（6）配送

根据《物流术语》（GB/T 18354—2021）的相关界定，配送是指根据客户要求，对物品进行分类、拣选、集货、包装、组配等作业，并按时送达指定地点的物流活动。它是物流中一种特殊的、综合的活动形式，是对小范围内物流全部活动的体现，是商流与物流的紧密结合，也包含了物流中运输、储存、装卸、搬运、包装、流通加工等若干功能要素。

配送提供的是物流服务，其前提是满足客户对物流服务的需求。在客户需求呈现小批量、多品种、个性化等特点时，配送活动只有在市场营销策划基础上开展才能更好地满足客户需求。只有在送货之前，对客户需求进行合理的组织与计划，实现有组织有计划的配货才能实现现代物流管理中高效率、低成本的送货，从而有效地满足客户的需求。此外，现代物流还强调在经济合理区域范围内进行配送活动。

（7）信息处理

现代物流需要依靠信息技术来保证物流体系的正常运作。物流系统的信息服务功能涉及与上述各项功能有关的计划、预测、动态（运量、收、发、存数）、费用、生产、市场活动等信息服务。进行信息服务管理，要求建立信息系统和渠道，正确选择信息类别及其收集、汇总、统计、使用方式等，以保证信息的可靠性和及时性。

从信息的载体及服务对象来看，物流系统的信息服务功能还可以分为商流信息服务功能和物流信息服务功能。商流信息主要包括进行交易的有关信息，如货源信息、物价信息、市场信息、资金信息、合同信息、付款结算信息等。商流中的交易、合同等信息，不但提供了交易的结果信息，也提供了物流的依据，是两种信息流的重要交汇点。

物流信息主要包括物流数量、物流地区、物流费用等信息。物流信息中的库存量信息，不仅是物流的结果，也是商流的依据。由此可见，商流信息和物流信息相互交叉融合，有着密切的联系。

（二）物流的性质

没有物流就不存在实际的物资流通过程，物资的价值和使用价值就不能实现，社会再生产也就无法进行。物流具有生产性、社会性和服务性。

1. 生产性

专门从事物资运输、储存、装卸、搬运、包装、流通加工等的物流企业与从事物质资料生产的企业虽然在生产内容和形式上有所不同，但都具有生产性质。其原因包括以下几点。

第一，物流是社会再生产中的必要环节。物流虽然不能使物资的使用价值增加，但是能够保持已创造的使用价值不受损，解决产品的生产和消费在时间和空间上的矛盾，从而为物资使用价值的最终实现创造条件。从这种意义上说，从事物流的一系列工作与物资的生产工作一样能够创造价值。正因为物流所付出的劳动与实现物资的使用价值直接联系，所以它也是社会必要劳动。

第二，物流同样具备生产力三要素，即劳动力、劳动资料和劳动对象。从事物流工作的人是物流生产的劳动力要素；为了保证物流活动正常进行，必须具备各种机械设备和工具，这是劳动资料要素；流动着的各种实物是物流的劳动对象要素。从这种意义上说，物流活动是具有一定物流工作技能的劳动者为通过各种物流设施、物流机械、劳动工具实现物质资料的时间和空间转移而进行的社会经济活动。

物流的生产性是由物资供求的时空矛盾以及物资自身的物理、化学性能即自然属性决定的。因此，它与生产力发展有着直接联系，也可称之为物流的自然性质。

2. 社会性

物流的社会性是由一定的社会生产关系决定的。在不同的社会经济形态中，物流除了受到其自身运动规律的影响，还会受到物资所有者和物流组织者个人意志的影响。这种由社会形式和一定生产关系决定的物流的社会属性，提醒人们在研究物流时注重对社会形式的研究，使物流能够满足社会经济建设的需要，反映市场经济的交换关系，并为运行物流的主体提供经济效益。

3. 服务性

不同领域的物流都具有服务性。比如：工业物流为制造业的生产和经营服务，商业物流为商业运行和客户服务，企业物流是企业生产和经营的基础，国民经济物流是国民经济的命脉，国际物流是国际贸易最终的实现手段等。可见，物流的核心是服务。

(三)物流的物质要素构成

物流的物质要素构成主要包括基础设施、物流装备、物流工具、信息技术及网络、组织及管理。这些物质要素有机联系在一起,对物流系统的运行具有决定性作用。

基础设施是物流系统得以运行的基础物质条件,包括物流场站、物流中心、仓库、物流线路、建筑、公路、铁路、港口等。这些基础设施为物流系统的运行提供了必要的物理空间和通道。

物流装备是保证物流系统顺利运作的条件,包括仓库货架、进出库设备、加工设备、运输设备、装卸机械等。这些物流装备是物流系统中不可或缺的硬件设施,对于提高物流效率和质量具有重要作用。

物流工具包括包装工具、维修保养工具、办公设备等。这些物流工具是物流系统顺利运行的物质条件,为物流系统顺利运行提供了必要的支持。

信息技术及网络是掌握和传递物流信息的重要手段,根据所需信息水平的不同,包括通信设备及线路、传真设备、计算机及网络设备等。信息技术及网络在物流系统中扮演着至关重要的角色,它们是实现物流信息高效传递和管理的基础。

组织及管理是物流网络的"软件",其连接、调动、运筹、协调、指挥其他各要素,保证物流系统目标的实现。

物流创新

试说明"全球123快货物流圈"的内容,并阐述这样的物流服务需要哪些条件支撑。

数字资源1-1:
令人期待的"全球123快货物流圈"

二、物流的重要性

(一)物流的整体重要性

概括地说,物流的整体重要性表现在服务商流、保障生产和方便生活三个方面。

1. 服务商流

在商流活动中,在双方签订购销合同时,商品所有权就由供方转移到需方,而商品实体并没有因此而移动。除了非实物交割的期货交易,一般的商流都必须伴随相应的物流过程,即按照需方的需要将商品实体由供方以适当方式和途径向需方转移。在整个流通过程中，物流实际上是以商流的后继者和服务者的身份出现的。没有物流，商流活动一般无法实现。电子商务的发展需要物流的支持，就是这个道理。

2. 保障生产

从原材料的采购开始，便要求有相应的物流活动将所采购的原材料送到位，否则，整个生产过程便成了"无米之炊"；在生产的各工艺流程之间，也需要原材料、半成品的物流过程，实现生产的流动性。整个生产过程实际上就是一系列物流活动。合理化的物流通过降低运输费用降低成本，通过优化库存结构减少资金占压，通过强化管理提高效率，使得整个社会的经济水平得以提高。

3. 方便生活

人们实际生活的每一个环节，都离不开物流活动。通过国际物流，人们可以拥有来自世界各地的特色产品；通过先进的储藏技术，新鲜果蔬可以在任何季节亮相；通过搬家公司周到的服务，人们可以轻松地乔迁新居；通过多种形式的行李托运业务，人们可以在旅途中拥有更加舒适的体验。

 物流发展

物流就在您身边，试举例说说您感受到了怎样的物流变化，以及这些变化对您的生活带来了怎样的便利。

数字资源1-2：
盘点物流十年：十大变化，悄然改变你的生活方式

（二）企业物流的重要性

物流是创造价值的活动，能够为企业的客户和供应商创造价值。物流的价值表现在时间和空间两个方面。只有客户希望在特定时间和空间进行消费活动，产品和服务才有价值。良好的物流管理将供应链中的每项活动都看成增值服务的过程。如果增加的价值很少，物流活动存在的必要性就值得怀疑了。但是，如果客户愿意为产品和服务支付的价格超过供给价，价值增加就实现了。对于众多企业而言，物流日益成为重要的价值增值过程。其具体表现如下。

1. 物流成本很高

物流成本是物流活动中所消耗的物化劳动和活劳动的货币表现，包括货物在运输、储存、包装、装卸、搬运、流通加工、物流信息、物流管理等过程中所耗费的人力、物力和财力成本，以及与存货有关的流动资金占用成本、存货风险成本和存货保险成本。多年来，人们对整个社会和单个企业的物流成本进行了大量研究，虽然估计的物流成本

各不相同，但物流供应链成本占国内生产总值的比例一般超过10%，企业平均物流成本占销售总额的比例也超过10%。对于大多数企业而言，物流成本都是很高的，仅次于采购成本，这也就意味着尽量降低物流成本就可以增加价值，将收益传递给客户和企业。

2. 供给和分拨线路拉长

在世界经济一体化趋势下，很多企业正在寻求或已经实施全球化战略，它们或者面向全球市场设计产品，在原材料、零部件、劳动力成本低的地方进行生产，或者简单地在本地生产，在全球销售。无论哪种情况，与那些本地生产、本地销售的企业相比，这些实施全球化战略的企业的供给和分拨线路都拉长了。世界各国产业的全球化和国际化都极大地依赖于物流管理水平和成本。此时，物流成本，尤其是运输成本，在企业总成本构成中所占的比例越来越大，物流在企业运行过程中发挥着越来越重要的作用。例如，如果企业为了增加利润，想从国外购进生产中的原材料，或者在国外设厂生产产品，原材料和劳动力成本可能降低，但由于运输和库存成本增加，物流成本会上升。原材料、劳动力和一般管理费用下降与物流成本和关税成本上升相抵，若物流成本和关税成本更低，最终企业可能实现利润增加。

3. 物流对企业具有重大的战略意义

企业尽其所能使其产品有别于竞争者的产品。当管理者认识到物流是企业成本的重要组成部分，且不同的物流决策会导致供应链不同的客户服务水平时，管理者就会有效地利用物流进入新市场、扩大市场份额或增加利润。

4. 物流显著增加客户价值

如果产品或服务不能在客户所希望消费的时间或地点提供给客户，它就没有价值。当企业投入一定的费用将产品运到客户处，或者保持一定数量的库存时，对客户而言，这些产品就产生了以前不存在的价值。这一过程与提高产品质量或者降低产品价格一样可以创造价值。通常，企业创造产品或服务中的四种价值：形态价值，时间价值，空间价值和占有价值。

形态价值是通过将投入转化为产出即将原材料生产加工为制成品创造出来的。时间价值和空间价值，主要通过储存、运输和信息流动实现。储存可以增加产品的时间价值，如适当的储存能够有效延长水果、蔬菜的保鲜期，保证其随时可供应。运输增加了产品的空间价值。如澳大利亚的铁矿石、中东的石油，在当地都很便宜，但运输到中国，除去运输成本，依然会有很高的收益。信息流动可增加产品的时间价值和空间价值。如企业通过实时信息共享，可以精确掌握库存情况，避免产品积压或短缺，从而增加产品的时间价值。企业可以通过分析销售数据，掌握不同地区对特定产品的需求情况，以此调整不同地区的销售量，从而提高产品的空间价值。占有价值一般认为是由营销、技术和财务部门创造的，其通过广告（信息）、提供技术支持、提供销售条件（定价和信贷可得性）等帮助客户获取产品。

5. 客户不断要求快速、个性化的反应

随着快餐店、自动柜员机、同城包裹递送服务、互联网电子邮件等的出现，客户对服务效率和质量的期待、对产品或服务的个性化需求，以及对获得更好的用户体验的期望在逐渐提高。信息系统的改善和制造过程的灵活性使得市场朝着大规模定制方向发展。企业能够提供越来越多的满足消费者个性化要求的产品。企业在内部运作中也通常应用快速反应理念来满足营销工作中的服务需要。

三、物流的分类

物流活动无处不在，它们在研究对象、物流系统性质、生产中的作用、活动主体等方面存在一定的差异，形成了不同类型的物流。

（一）按不同的研究对象划分

按不同的研究对象，可以将物流划分为宏观物流和微观物流。

宏观物流是指社会再生产总体的物流活动，即从社会再生产总体角度认识和研究的物流活动。宏观物流是指物流全体，是从总体而不是物流的某个构成环节来看物流。宏观物流研究的主要特点是综观性和全局性，主要研究内容包括物流总体构成、物流与社会的关系及其在社会中的地位、物流与经济发展的关系、社会物流和国际物流系统的建立与运作等。

微观物流是指消费者、生产者企业所从事的实际的具体的物流活动，其包括在整个物流活动中的某个局部、某个环节的具体物流活动、在某个较小的地域发生的具体的物流活动、针对某种具体产品所进行的物流活动等。微观物流研究的领域十分广阔，其特点是具体性和局部性。企业经常涉及的物流活动一般都属于微观物流，如企业物流、生产物流、供应物流、销售物流、逆向物流、废弃物物流等。

（二）按不同的物流系统性质划分

按不同的物流系统性质，可以将物流划分为社会物流、行业物流和企业物流。

社会物流是指超越一家一户范围，以整个社会为范畴的面向社会的物流。这种社会性很强的物流往往由专门的物流人承担。社会物流研究再生产过程中发生的物流活动，研究国民经济中的物流活动，研究如何形成服务于社会、面向社会又在社会环境中运行的物流，研究社会中物流系统结构和运行，因此带有综观性和广泛性。社会物流流通网络是国民经济的命脉，这一流通网络分布合理、渠道畅通，是国民经济健康发展的关键。

行业物流是指在同一行业，为了实现本行业的整体利益或共同目标，而形成的行业内部物流网络。为了实现某一行业的发展，同行各企业在行业物流大领域相互合作，共同促进行业物流系统的合理化、行业物流系统化，参与其中的各物流企业都能获得相应的经济利益，同时能为全社会节约人力、物力资源。

根据《物流术语》(GB/T 18354—2021)的相关界定，企业物流是指生产和流通企业围绕其经营活动所发生的物流活动。企业以盈利为目的，运用生产要素，为各类用户提供的各种后勤保障活动即为流通和服务活动。

（三）按物流在生产中的不同作用划分

按物流在整个生产中所起的作用，可将其划分为供应物流、生产物流、销售物流、逆向物流、废弃物物流等，如图1-2所示。

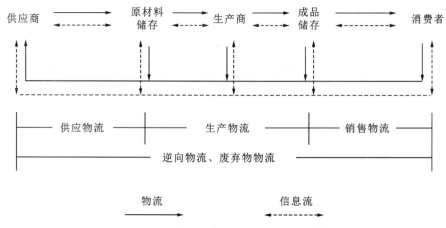

图1-2　物流的划分及构成

根据《物流术语》(GB/T 18354—2021)的相关界定，供应物流是指为生产企业提供原材料、零部件或其他物料时所发生的物流活动。在供应物流中，物品在提供者与需求者之间流动。

根据《物流术语》(GB/T 18354—2021)的相关界定，生产物流是指生产企业内部进行的涉及原材料、在制品、半成品、产成品等的物流活动。它涉及生产企业从原材料购进入库到成品出库发送全过程的物流活动，也是企业生产工艺中的物流活动。这种物流活动与整个生产工艺过程相伴而生，实际上已成为生产工艺过程的一部分。

根据《物流术语》(GB/T 18354—2021)的相关界定，销售物流是指企业在销售商品过程中所发生的物流活动。它是将产品或商品所有权转让给用户的物流活动。

根据《物流术语》(GB/T 18354—2021)的相关界定，逆向物流也称反向物流，是为恢复物品价值、循环利用或合理处置，对原材料、零部件、在制品及产成品从供应链下游节点向上游节点反向流动，或按特定的渠道或方式归集到指定地点所进行的物流活动。此外，它也包括对企业在生产、供应和销售等活动中所产生的边角余料、废料、残损品等进行回收的活动。

根据《物流术语》(GB/T 18354—2021)的相关界定，废弃物物流是指将经济活动或人民生活中失去原有使用价值的物品，根据实际需要进行收集、分类、加工、包装、搬运、储存等，并分送到专门处理场所的物流活动。比如，对企业排放的无用物（如废气、污水、废渣等）进行运输、装卸、处理等的物流活动。

(四)按不同的物流活动主体划分

按不同的物流活动主体,可以将物流划分为自营物流和第三方物流。

自营物流主要是指企业自备仓库、自备车队等,拥有一个自我服务的完整体系。自营物流有利于企业掌握控制权,利用企业原有的资源,降低交易成本,避免商业秘密泄露,提高企业品牌价值,更好地进行客户关系管理等。但自营物流也有一些劣势,如投资多、风险大、增加企业管理难度等。

根据《物流术语》(GB/T 18354—2021)的相关界定,第三方物流是指由独立于物流服务供需双方之外且以物流服务为主营业务的组织提供物流服务的模式。第三方物流不拥有商品,不参与商品的买卖过程,而是为客户提供以合同为约束、以结盟为基础的系列化、个性化、信息化的物流代理服务。

第三方物流具有以下特点。

(1)关系合同化

第三方物流通过合同形式规范物流经营者与物流消费者之间的关系。物流经营者根据合同规定,提供多功能乃至全方位一体化物流服务,并按照合同要求来管理所有要提供的物流服务活动及其过程。第三方物流发展物流联盟也是通过合同形式来明确各物流联盟参加者之间权责利相互关系的。

(2)服务个性化

一方面,不同的物流消费者具有不同的物流服务要求,第三方物流需要根据不同物流消费者在企业形象、业务流程、产品特征、客户需求特征、竞争等方面的不同要求,提供具有较强针对性的个性化物流服务和增值服务。另一方面,从事第三方物流的物流经营者也因为受到市场竞争、物流资源、物流能力的影响而需要形成核心业务,不断实现自身所提供物流服务的个性化和特色化,以增强物流市场竞争力。

(3)功能专业化

第三方物流所提供的是专业的物流服务,从物流设计、物流操作过程、物流技术工具、物流设施到物流管理,都必须体现专业水平,这既是满足物流消费者的需要,也是第三方物流自身发展的基本要求。

(4)管理系统化

第三方物流应具有系统的物流功能,这是第三方物流得以产生和发展的基本条件。第三方物流需要建立现代管理系统,以满足自身运行和发展的基本要求。

(5)信息网络化

信息技术是第三方物流发展的基础。在物流服务过程中,信息技术发展实现了信息实时共享,促进了物流管理的科学化,极大地提高了物流效率和物流效益。

(五)非制造业物流

制造业一般涉及实物形态产品的运输和储存,人们易于理解其物流活动。除此之外,我们还可以将物流原则和理念应用于服务、军事、环境管理等领域。

1. 服务

工业化国家中，服务行业所占的比例非常大，且呈增长之势。在我国，服务行业提供的就业机会已经超过50%。制造业中的物流概念，同样适用于服务业。

很多服务企业实际上也生产产品，并且开展制造企业的所有典型物流活动。它们的物流活动，特别是具有实物形态的分拨活动并不多见。许多服务企业分拨的产品可能是无形的、非实物形态的，但也常常要从事实物分拨活动，制定相关决策。比如：医院要向全社区提供急救服务，需要决定急救中心的地址；快递公司需要确定车站的位置和拣货、送货路线；银行需要选择自动柜员机的安放地点，并存储一定量的现金；演唱会要决定演出场地的数量、地点和规模，以满足不同场次规模和演唱地点的要求，还要配备服务人员。

2. 军事

在企业对物流活动协调管理产生兴趣之前，就出现了军队对物流的组织活动。军事后勤学不同于企业物流管理，前者的"客户服务"要求极高，但二者之间有很多共性，前者为后者提供了很多有价值的经验和物流领域的研究成果。在这样的背景下，企业物流开始发展，而且物流（logistics）一词也源自军事后勤。军事后勤在战争中的保障作用，证实了当前企业管理者的已有认知——良好的物流管理会成为企业竞争优势的来源。

3. 环境管理

近年来，人口增长及其带来的经济发展问题促使人们开始关注环境问题。从要回收的包装材料，到要运输的危险品，再到重新修复以供再销售的产品，物流管理者都是主要参与者。我国每年一般工业固体废弃物产生量超过40亿吨，如果用载重10吨的垃圾清理车装载，这些车辆排列的长度是地球到月球距离的10倍以上。在很多情况下，为一定的环境条件制定物流规划与制造或服务行业中的物流规划是相同的，甚至有些情形下会更复杂，比如，政府管制使得某件产品的物流分拨渠道延长、成本更高。

四、物流管理及其目标

管理是人类共同劳动的客观要求，作为共同劳动的物流活动需要通过管理提升效率和质量、降低成本。根据《物流术语》（GB/T 18354—2021）的相关界定，物流管理是指为达到既定的目标，从物流全过程出发，对相关物流活动进行的计划、组织、协调与控制。

现代物流管理这一概念始于20世纪初，从最初的分别研究运输、储存、配送等各个环节，发展到从总成本角度研究分析实物分拨中的运输、储存、配送等各项活动，再到系统化研究企业供应、生产、销售、回收涉及的对运输、储存等环节的管理，最终提出一体化物流管理概念，并与供应链管理思想相结合。

（一）影响物流管理发展的因素

现代物流管理在第二次世界大战后开始加速发展，到 20 世纪 70 年代末进入成熟发展阶段，而后进入纵深发展期。现代物流管理的发展受到诸多因素的影响。

1. 商品生产是现代物流管理发展的客观基础

一般而言，物流是与商流相伴而生的，商品生产是物流产生的客观基础。然而，早在商品流通出现之前，物流这种形态就已经存在。自然界中存在的劳动工具的运动以及后来与农业生产相关的另一种形态——仓储，都是物流的雏形。我国在先秦时期就形成了仓储理论和思想，有"储"与"商"两个领域。在早期的物流活动中，运输和仓储成为主体活动，这主要表现在生产性领域。

现代物流产生的根源是生产和消费在时间、空间上的分离。人类社会开始商品生产之后，生产和消费逐渐分离，由此产生了连接生产和消费的中间环节——流通。流通和生产本身一样重要，这两种职能相互制约、相互影响。20 世纪 50 年代后，生产力快速发展，产品逐渐丰富，这就使生产和消费的分离越来越普遍。但是，生产和消费的有效连接存在一定的困难，与此同时，人们要求流通的时间越来越短。流通的时间越接近于零，资本的生产效率就越高，它自行增值空间就越大。越来越彻底的产需分离、劳务分工，逐步拓展到城市分工、地区分工，进而走向大规模的集约化和国际化。这就需要依靠流通来连接这种分离和分工的对象，由此进一步促进了现代物流的迅速发展。

2. 经济环境变化是现代物流管理发展的必要条件

20 世纪 40 年代以后，世界各国的经济环境都发生了巨大的变化，尤其是石油危机的爆发使主要资本主义国家和企业开始面对提高利润和市场条件不稳定的压力。在大机器生产的条件下，流通成本相对于生产成本而言有上升的趋势，影响了产品的竞争力，而在生产中依靠提高生产效率却很难达到显著降低生产费用的目的。物流作为一种提高生产效率、控制与减少成本的途径不断受到关注，这也促进了现代物流的发展。

1950 年以后，经济发展使市场竞争愈发激烈，生产中的各个重要环节逐渐趋于专业化，物流与商流分离的情况更加突出。工业化进程的加快以及大批量生产和销售的实现，使生产成本相对下降，在一定程度上刺激了消费。市场的繁荣、商品的丰富，促使流通领域出现了超级市场、商业街等大规模的物资集散场所。随着科学技术的不断进步，人们开始使用现代流通技术和设备，大大提高了物资流通的速度和能力，使商品的流通成本相对于生产成本有了降低的可能和趋势。经济的迅速发展也使市场逐渐成熟，企业经营理念由"生产导向"开始转向"市场导向"，一切都要适应市场的需要，而高效的物流服务成为企业确保自身竞争力的重要手段。

现代物流正是在这种背景下，为实现降低成本、产品连接和迎合市场营销理念等目的而出现和发展的。物流活动使各个环节相互连接，实现产品的时间和空间价值，使原来处于分散、从属、孤立状态的各项物流活动连接在一起，形成了一个物流大系统。

3. 科学技术进步是现代物流管理发展的物质基础

随着计算机技术、通信技术、网络技术等的发展和广泛应用，特别是移动互联网的日益普及，信息化成为推动物流业发展的重要力量。通过信息化，物流突破了原有的"仓储和运输就是物流"或"配送就是物流"的传统层面，作为一个产业出现，并逐步向组织化、系统化方向发展。企业能够顺利实现信息的采集、传输、加工和共享，在决策过程中有效地利用各种信息，从而提高物流效率，降低物流成本，提高经济效益。物流信息化推动现代物流管理实现跨越式发展。

（二）物流管理的目标

物流管理的目标是实现高效化物流运作、实现低成本物流管理、提供优质服务、实现信息化与智能化升级、实现绿色可持续发展，确保物资在供应链中的顺畅流动，以满足客户需求并提升企业竞争力。

1. 实现高效化物流运作

高效化是物流管理的首要目标。它涉及物流活动的各个方面，包括运输、储存、包装、装卸、配送等。通过优化物流运作流程、提高物流运作效率，企业可以减少物资在途时间，缩短订单处理周期，快速响应市场需求。为了实现高效化，企业可以采用先进的物流技术和管理手段，如物联网技术、大数据分析、智能调度系统等，提升物流运作的自动化、信息化和智能化水平。

此外，实现高效化物流运作还需要企业建立紧密的供应链合作关系，实现供应链各环节的协同作业。企业可以与供应商、分销商等合作伙伴紧密配合，共同制订物流计划，共享物流资源，以降低物流成本，提高整体运作效率。

2. 实现低成本物流管理

降低成本是物流管理的重要目标之一。物流成本是企业运营成本的重要组成部分，降低物流成本有助于提升企业的盈利能力。为了实现低成本物流管理，企业需要从多个方面入手。

首先，通过精细化管理和成本控制，减少不必要的浪费和损耗。企业可以对物流活动进行详细的成本分析，找出成本控制的薄弱环节，制定针对性的改进措施。

其次，采用经济合理的运输方式和路线，降低运输成本。企业可以根据货物的性质、数量、运输距离等，选择合适的运输方式和路线，避免不必要的转运和等待时间，降低运输成本。

最后，通过优化仓储布局、提高仓储设施利用率、降低库存水平等方式，降低仓储成本。同时，加强对物流人员的培训和管理，提高物流人员的专业素质和工作效率，也是降低物流成本的有效途径。

3. 提供优质服务

提供优质服务是物流管理的核心目标。物流服务的质量直接影响客户的满意度和忠诚度，进而影响企业的市场地位和竞争力。为了提供优质服务，企业需要关注以下方面。

首先，确保物流服务的准确性和及时性。企业需要准确掌握客户的需求和期望，按照约定的时间和地点提供准确的物流服务。通过加强物流信息的跟踪和反馈，企业可以实时掌握货物的运输状态和位置，及时调整物流计划，确保货物准时送达。

其次，提供个性化的物流服务。不同客户对物流服务的需求可能有所不同，企业需要根据客户的具体需求，提供个性化的物流解决方案。例如：对于需要特殊包装或特殊处理的货物，企业可以提供定制化的包装和运输服务；对于需要快速响应的客户，企业可以提供优先配送或加急运输等服务。

最后，企业还需要加强与客户的沟通和协作，建立良好的客户关系。通过定期与客户交流、了解客户的反馈和建议，企业可以不断改进物流服务质量，提升客户满意度。

4. 实现信息化与智能化升级

在信息化和智能化日益发展的今天，物流管理需要不断追求信息化与智能化升级。通过引入物联网、云计算、大数据等先进技术，实现物流信息的实时采集、传输和处理，提高物流运作的透明度和可追溯性。同时，利用智能算法和人工智能技术，对物流数据进行深度挖掘和分析，为企业决策提供更准确、更及时的数据支持。

5. 实现绿色可持续发展

随着人们环保意识的提高，绿色可持续发展也成为物流管理的重要目标。企业需要采取一系列措施，降低物流活动对环境的影响，实现绿色物流。例如：优化运输方式，减少车辆排放；采用环保包装材料，减少包装废弃物；推广循环利用和废物回收等。

 物流发展

您眼中的邮政快递业是怎样的？我国邮政快递业跨越式发展主要表现在哪些方面？这给您带来了哪些启示？

数字资源1-3：
从"车马慢"到"当日达"，
邮政快递业实现跨越式发展

五、智慧物流认知

当前，物联网、大数据、云计算等新一代信息技术蓬勃发展，推动着物流业变革。智慧物流成为物流发展的新方向。

（一）智慧物流的概念及其要素

根据《物流术语》（GB/T 18354—2021）的相关界定，智慧物流是指以物联网技术为基础，综合运用大数据、云计算、区块链及相关信息技术，通过全面感知、识别、跟踪物流作业状态，实现实时应对、智能优化决策的物流服务系统。

智慧物流的要素包括数据、算法、智能技术与智能设备、信息系统等。

1. 数据

智慧物流能够提供涉及人、物、流程和环境的数据记录，以及数据的分类存储、处理和分析服务。大数据、云计算、物联网、人工智能等新技术是智慧物流系统得以实现的前提，集成化的智能技术和优化算法使得物流系统可以实现状态感知、实时分析、科学决策和精准执行，进而提高物流效率。

2. 算法

智慧物流可以根据实际服务场景，如智慧运输、智慧储存、智慧装卸与搬运、智慧包装、智慧流通加工、智慧配送等，结合管理优化目标，设计相应的智能优化算法。智慧物流区别于传统物流的最重要的一点，就是智慧物流系统可以模仿人的智慧，在无人指引的情况下借助智能技术和算法实现自动感知、自主学习以及智慧决策。

3. 智能技术与智能设备

智慧物流可以利用智能技术与智能设备进行多源数据处理并提供客户服务。智能技术包括物联网技术、大数据技术、无人驾驶技术、车联网技术、区块链技术、人工智能技术等，智能设备包括无人机、无人车、AGV（自动导引搬运车）、AR（增强现实）等设备，可以实现物流自动化、可视化、智能化、网络化，从而提高物流效率，降低物流成本。

4. 信息系统

智慧物流构建了智慧物流信息系统，包括智慧储存系统、智慧运输系统、智慧配送系统、智慧包装系统、智慧装卸与搬运系统等，能够支持数据的实时存储、加工、传输和可视化。

（二）智慧物流的功能

智慧物流的功能包括即时感知、智能分析、科学决策、精准执行等。

1. 即时感知

智慧物流能够运用物联网、大数据、RFID（射频识别）等先进技术实现对物流数据的实时感知与获取，使得参与各方准确掌握货物、车辆、仓库等相关信息，实现数据的实时收集和传输。

2. 智能分析

智慧物流能够利用大数据、云计算等先进技术，对实时物流数据进行分析，挖掘数据特点，监控数据状态，随时发现物流活动中的漏洞或薄弱环节。

3. 科学决策

智慧物流能够结合特定需要，综合评估物流成本、配送时间、服务质量、服务能力及其他标准，预测物流需求，制订配载方案，规划配送路线，评估风险概率，协同制定决策，提出最合理有效的解决方案。

4. 精准执行

智慧物流中各个系统之间密切联系、共享数据，实现资源的优化配置，同时能够按照最有效的解决方案，自动遵循快捷有效的路线运行，并在发现问题后自动修正、备用在案，方便日后查询。

（三）智慧物流的特征

智慧物流的特征包括数据化、智能化、柔性化和协同化。

1. 数据化

数据化反映了智慧物流以数据驱动决策与执行的运作原理。通过物流信息及业务的数据化，促进信息在物流各环节、各节点之间的互联互通和信息共享，实现物流系统全过程的透明化和可视化，并利用大数据、云计算及各种智能信息系统实现数据的科学分析与决策。

2. 智能化

智能化是智慧物流的典型特征，其贯穿智慧物流活动的全过程。智慧物流通过人工智能技术、自动化技术、移动通信等技术的应用，实现整个物流过程的自动化、智能化管理，主要表现为对需求和库存水平的精准预测、对车辆和道路的智能配置，以及对分拣、搬运、监控过程的智能控制等。

3. 柔性化

柔性化反映了智慧物流"以客户为中心"的服务理念。当今社会，客户的个性化需求不断增加，其对物流服务的需求也呈现出明显差异。柔性化在物流服务中的重要性升始凸显,主要表现为根据客户需求制定行之有效的物流方案,实时监控并适时调整,从而为客户提供高度可靠的、及时的、高质量的物流服务。

4. 协同化

协同化指的是物流领域跨集团、跨企业、跨组织之间深度协同。随着时代发展,单一孤立的物流组织的弊端逐渐凸显,物流组织之间的协同化程度不断加深。智慧物流基于物流系统全局优化思想,打破传统企业边界,深化企业分工协作,实现存量资源的社会化转变与闲置资源的最大化利用。

(四)智慧物流发展的驱动因素

智慧物流发展的驱动因素主要有新需求、新技术、新模式等,其相互关系如图1-3所示。

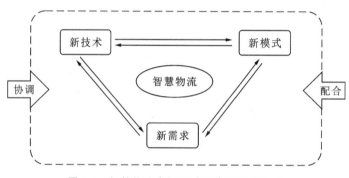

图1-3 智慧物流发展驱动因素的相互关系

1. 新需求

电子商务、新零售、C2M(从消费者到生产者)等新型商业模式快速发展,消费者需求从单一化、标准化向差异化、个性化转变,这对物流服务提出了更高的要求。

(1)电子商务

电子商务爆发式增长的业务量要求物流行业包裹处理效率更高、配送成本更低。据统计,2018年中国网络零售额超过9万亿元人民币,中国跃升为全球第一大网络零售国。移动互联网、社交电子商务、共享经济等新模式不断发展,推动电子商务行业实现高质量发展与创新。

(2)新零售

新零售是企业以互联网为依托,利用大数据、人工智能等先进技术,将线上服务、线下体验与现代物流进行深度融合的零售新模式。在这种模式下,企业将产生利用消费者数据合理优化库存布局,实现零库存,利用高效网络妥善解决可能产生的逆向物流问题等诸多智慧物流需求。

(3)C2M

C2M是一种新型工业互联网电子商务商业模式。该模式强调通过互联网收集和整合消费者信息,分析消费者的需求,然后将这些信息发送给制造商生成订单。与常见的销售模式不同，C2M 跳过了品牌商、代理商、最终销售终端等渠道和中间环节，从而节省了中间成本。这种模式由消费者需求驱动生产制造，跳过了所有中间流通加价环节，连接设计师、制造商，为消费者提供品质优良、价格亲民、个性化定制的产品。消费者诉求将直达制造商，个性化定制成为潮流，这对物流的及时响应、定制化匹配能力提出了更高的要求。

2. 新技术

物流业的发展经历了"人工生产—机械化—自动化—智慧化"的过程。人工生产的比例逐渐降低，物流作业过程中的设备和设施逐步自动化。当今社会强调利用物联网技术和信息系统将生产中的供应、制造、销售信息数据化、智慧化，最后实现快速、高效、个性化的产品供应。对于物流科技而言，就要整合传统和新兴科技，以互联网、大数据、云计算、物联网等现代信息技术提升物流的智能化水平，增强供应链柔性。

3. 新模式

物流行业与新技术结合，改变了物流行业原有的市场环境与业务流程，推动一批新的物流模式和业态出现，如车货匹配、运力众包等。基础运输条件的完善、信息化的进一步提升激发了多式联运模式的快速发展。新的运输模式正在形成，与之相应的智慧物流快速增长。

（1）车货匹配

车货匹配可以分为同城货运匹配和城际货运匹配两类。先由货主发布运输需求，然后平台根据货物属性、距离等智能匹配平台注册运力，并提供各种增值服务。车货匹配对物流的数据处理车辆状态与货物的精确匹配度能力要求极高。

（2）运力众包

运力众包主要服务于同城配送市场，其兴起于 O2O（Online to Offline，线上到线下）模式迅速发展的背景环境，由平台整合各类闲散个人资源，为客户提供即时的同城配送服务。平台的智慧物流也面临一系列挑战，包括如何管理运力资源，如何通过距离、配送价格、周边配送员数量等数据分析进行精确的订单分配，以期为客户提供优质的体验。

（3）多式联运

多式联运是一种集约高效的现代化运输组织模式，包括海铁、公铁、铁公空等多种类型的联运。由于运输过程涉及多种运输工具，所以为实现全程可追溯和系统间的贯通，信息化运作十分重要。同时新型技术如无线射频、物联网等的应用大大提高了多式联运换装转运的自动化作业水平。

六、智慧物流体系

（一）智慧物流体系的总体架构

智慧物流体系包括支撑层、核心层和应用层。支撑层是智慧物流发展的软件基础，主要包括技术创新、组织创新、管理创新、模式创新、政策创新等；核心层是智慧物流发展的硬件基础，主要包括先进的物流设施网络、智慧物流设备集群、智慧物流信息平台等；应用层是智慧物流的发展及应用方向，智慧物流目前已在智慧仓储、智慧运输、智慧配送等多个领域得到了广泛应用。智慧物流体系的总体架构如图 1-4 所示。

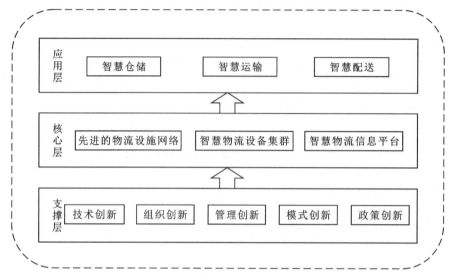

图 1-4　智慧物流体系的总体架构

（二）智慧物流体系的支撑层

技术创新、组织创新、管理创新、模式创新、政策创新使物流智慧化成为可能，是智慧物流发展的创新来源和动力支撑，也是促进物流业高效稳定发展的重要保障，它们共同构成了智慧物流体系的支撑层。智慧物流体系支撑层的构成及具体内容如表 1-1 所示。

表 1-1　智慧物流体系支撑层的构成及具体内容

构成	主要表现		具体内容
技术创新	智慧物流主要技术	感知技术	感知技术是物联网的核心技术，可实现物流信息的实时收集与物流状态的实时追踪，是实现物品自动感知与联网的基础。智慧物流中运用较广的感知技术主要有编码技术、自动识别技术、传感技术、追踪定位技术等
		数据处理技术	信息时代的消费及物流数据激增，高性能数据处理技术的应用可以实现信息资源的有效管理，提高企业物流系统感知、学习、分析决策和智能执行的能力。智慧物流中的数据处理技术主要包括大数据技术、机器学习技术、区块链技术等
		数据计算技术	智慧物流中的数据计算技术以大数据、云计算技术为核心，运用智能算法挖掘物流大数据中的有效信息，预测用户需求，结合实际的智慧物流应用场景，实现更快速的反应和实时操作，达到统筹资源、快速响应的目的

续表

构成	主要表现		具体内容
技术创新	智慧物流主要技术	网络通信技术	网络通信是智慧物流的神经网络，是智慧物流信息传输的关键。智慧物流以信息协同共享为主要前提，对于网络通信技术的要求较高。智慧物流中运用较广泛的网络通信技术主要有无线局域网技术、物联网技术等
		自动化技术	自动化技术是智慧物流体系应用层得以执行或操作的基础。自动化技术的应用可以大大减少对人力的依赖，提高物流运作效率，进而降低物流成本。智慧物流中的自动化技术主要包括自动分拣技术、智能搬运技术、自动化立体库技术、智能货运与配送技术等
组织创新	主要表现	组合边界网络化	随着物流企业之间合作的加深以及供应链上企业之间的协同化发展，企业不再以单独个体的形式进行组织和管理，企业内部及企业与企业之间的界限开始变得模糊，组合边界呈现网络化特点
		管理层级扁平化	智慧物流的组织结构由单中心化向多中心化发展，管理层级趋于扁平化，使得组织的运营变得更灵活、敏捷，最终提高了管理效率和效能
		组织结构柔性化	为了满足消费者多元化的物流需求，提供更高质量的物流服务，智慧物流要求相关物流组织能够根据环境的变化，迅速、有效地配置资源，以发挥组织的整体资源优势，解决组织发展中所面临的特定问题
		组织环境全球化	随着经济全球化的发展，人们的消费需求趋于多元化，人们可以选择多个国家及市场的产品和服务，而产品的空间转移需要物流活动的支持，因此物流行业的发展也随之呈现全球化特征
管理创新	主要特征	精细化管理	智慧物流对于物流的时效性和经济性要求更高，传统的粗放式物流管理方式不能满足其需求。同时，随着大数据及物联网技术的应用，物流运作方式更加透明，物流企业普遍重视精细化的管理方式。通过精细化的物流操作、流程控制及分析核算，构造快速响应、有弹性的精细化物流管理体系
		标准化管理	智慧物流强调各环节、各组织之间的有效衔接。随着国际物流和多式联运的发展，物流标准化的重要性更加凸显。智慧物流的标准化管理存在于运输、配送、包装、装卸、储存、流通加工、信息处理等各个物流环节，可有效提高物流运作效率、促进物流组织衔接
		协同化管理	智慧物流的核心是协同共享。这打破了传统企业边界，深化了企业分工协作，实现了存量资源的社会化转变和闲置资源的最大化利用，也催生了物流协同化管理思想和管理方式，智慧物流的发展更加注重企业之间、部门之间与组织之间的协同管理，致力于实现互利共赢

续表

构成	主要表现		具体内容
管理创新	主要特征	无人化管理	随着自动化、智能化设施设备在物流行业的深入应用,物流运作呈现无人化趋势。越来越多的自动化、智能化设施设备依赖系统及各种智能算法实现自主控制和自主决策,管理人员在设施及设备的运作过程中所起的作用越来越少,无人化管理方式开始出现并得到了广泛应用
模式创新	主要模式	平台模式	平台模式是指借助互联网建立一个开放、透明、信息共享的数据应用平台,为物流公司、发货人或个人车源、货主等提供高效的业务对接平台,促进物流资源的整合集聚和信息共享。智慧物流平台运用大数据为用户提供更多的优质选择与服务,在提高物流服务质量的同时,提升用户的业务量
		全渠道模式	全渠道模式是指企业为了满足消费者任何时候、任何地点、任何方式购买的需求,采取实体渠道、电子商务渠道和移动电子商务渠道相结合的方式销售产品或服务,为消费者提供无差别的购买体验。全渠道模式打破了时间、空间方面的限制,企业可以部署多个渠道类型以覆盖消费者整个购买过程,并从各个渠道收集消费者行为数据,通过对数据进行整理和分析为消费者提供更加精准的服务
		即时配送模式	即时配送是指立即响应应用户提出的即刻服务要求并在短时间内送达的配送方式。大数据、云计算、物联网等先进技术在即时物流配送体系中的应用,使得数据驱动、智能调拨成为即时物流的核心竞争力,解决了传统点对点配送中的大规模、高延时、不确定等问题。通过与新零售、电商物流前端配送系统及供应链系统对接,打通了物流"最后一公里"的末端配送网络,推动着物流系统的变革
		主动配送模式	主动配送是一种基于大数据、物联网及各种智能优化算法从互联网或本地网络中搜索、发现、挖掘用户服务需求并主动提供用户需要的配送服务的新型智慧配送模式。该模式使企业具备超前的货物组织调运、合理安排库存、统筹使用库容的能力,能有效降低季节性波动、地域性矛盾对物流配送时效性的影响,使物流实现整体最优
政策创新	政策层面	发展方向	以推动物流业与互联网深度融合、促进物流智能化发展为主要目标,发展以科技为导向的高效物流,鼓励发展共享经济,推动物流高效化与集约化
		软件基础	以打造大数据支撑、网络化共享、智能化协作的智慧供应链体系为主要目标,鼓励物流企业应用物联网、云计算、大数据、移动互联网等先进技术,研究并推广物流云服务,促进智能技术在物流领域的深度应用

续表

构成	主要表现		具体内容
政策创新	政策层面	硬件基础	以鼓励智能物流设施设备的制造、研发和应用为主要目标，加大投资力度，鼓励企业积极开发智能物流设备，提升物流装备的整体智能化水平，加速物流智能化与无人化，同时创新人工智能产品和服务
		绿色物流	以保障物流业绿色可持续发展为主要目标，积极推动新能源汽车和绿色包装在物流中的应用，鼓励企业采取绿色物流相关措施，推动绿色仓储、绿色运输、绿色配送在物流企业中的广泛运用

（三）智慧物流体系的核心层

智慧物流体系的核心层主要包括先进的物流设施网络、智慧物流设备集群、智慧物流信息平台等，其构成及具体内容如表 1-2 所示。先进的物流设施网络和智慧物流设备集群是智慧物流系统的物质技术基础，也是实现物流自动化、智能化、智慧化的重要手段。智慧物流信息平台是实现智慧物流信息化管理的基础，也是促进物流各环节之间有效衔接的重要手段。

表 1-2　智慧物流体系核心层的构成及具体内容

构成	主要表现	具体内容
先进的物流设施网络	物流通道	物流通道是指连接物流园区、物流基地、物流中心，以及它们和外部交通基础设施（包括铁路、公路、水运、航空等货运站场）的货运道路系统，包括地上物流通道和地下物流通道。城市交通组织从地表转向地上和地下，实现三个层面的交通运营与组织，即交通立体化
	智能绿色仓库	智能仓库以立体仓库和配送分拣中心为产品的表现形式，由立体货架、有轨巷道堆垛机、出入库托盘输送机系统、检测浏览系统、通信系统、自动控制系统、计算机监控系统等构成，综合了自动控制、自动输送、场前自动分拣及场内自动输送等功能，通过货物自动录入、管理和查验货物信息的软件平台，实现仓库内货物的物理活动和信息管理的自动化与智能化。智能绿色仓库秉承绿色、可持续发展理念，实现绿色管理及运作
	智慧物流园区	智慧物流园区是指以物联网、云计算和大数据等新一代信息技术为基础，全面动态感知、分析和整合商圈数据，集成多种物流功能和物流服务，营造更高效、便捷和繁荣的商业环境，实现用户体验人性化、营销服务精准化、运维管理细致化和消费环境融合化的新型商圈形态

续表

构成	主要表现	具体内容
智慧物流设备集群	无人车	无人驾驶汽车简称无人车，是通过车载传感系统感知道路环境，自动规划行车路线并控制车辆到达预定目标的智能汽车。无人车集自动控制、体系结构、人工智能视觉计算等诸多技术于一体，使车辆安全、可靠地在道路上行驶。目前，自动续航无人车作为自动化快递配送设备，已经得到众多企业的重视，并开始使用
	无人机	无人驾驶飞机简称无人机，是利用无线电遥控设备和自备的程序控制装置操纵的不载人飞机。无人机可实现全自动化配送，无须人工参与就能完成自动装载、自动起飞、自主巡航、自动着陆、自动卸货、自动返航等一系列智慧化动作
	智能物流容器	智能物流容器是集移动通信、大数据、物联网等多种技术于一体，可根据实际需要远程或自动控制的物流装载设备。常见的智能物流容器有智能快递柜、蓄冷保藏箱、智能集装箱等
	物流机器人	物流机器人是具备搬运、码垛、分拣等功能的智能机器人，被广泛应用于仓储系统中。常见的物流机器人有自动导引搬运车（AGV）、自动分拣传送带等
智慧物流信息平台	物流资源规整功能	整合各物流信息系统的信息资源，完成各系统之间的数据交换和信息传递，实现信息共享
	物流信息服务功能	实现物流动态信息、公共信息、业务交易信息、车辆服务信息、货物跟踪信息等物流信息的录入、发布、组织、查询与维护
	在线交易管理功能	集网上交易、支付、监管、查询、项目招标、产品展示、推广、营销等应用于一体，实现网上购物与线下配送的有机结合
	物流作业管理功能	应对客户的需求快速构建和集成端对端的物流管理功能，对企业内外部资源进行计划和管理，同时涵盖库存控制、物流管理、运输工具管理、财务管理等多重管理功能
	物流企业评价功能	建立完备的物流行业评估指标体系，引进第三方担保组织，对物流企业的经济实力、偿债能力、信用程度、经营效益、发展前景等方面做出综合评价
	平台管理功能	规定、控制用户访问和使用信息的权限，维护整个系统的正常运行，保证数据安全

（四）智慧物流体系的应用层

随着互联网及智能技术的发展，智慧物流已在仓储、运输、配送、流通加工、信息处理等多个物流环节得到了应用。智慧物流中先进的技术设备和管理模式的应用，大大降低了物流成本，促进了生产商、批发商、零售商相互协作、信息共享，进而提高了物流运作效率。表 1-3 介绍了智慧仓储、智慧运输、智慧配送三个关键物流环节的智慧物流应用情况及具体内容。

表 1-3　智慧仓储、智慧运输、智慧配送的智慧物流应用情况及具体内容

应用环节	应用情况	具体内容
智慧仓储	需求预测	运用大数据、云计算等技术，收集用户消费特征、商家历史销售等数据，利用智能算法提前预测用户需求，提高采购精度，前置仓储环节，减少库存积压，降低库存成本
	智慧分拣	利用感知设备和自动化分拣设备自动从不同的仓储货柜提取产品或直接完成订单的拣选配货，也能实现对生产物资从供应、订货、入库到消耗等全过程的动态、精确化管理
	自动仓储	利用物联网技术实时监控货物状态，通过物联网提供的货物信息进行仓库存货战略的确定，实现货物验收、入库、定期盘点和出库等环节的自动化，达到自动存储和取出物料的目的
	智慧补货	利用各类感知技术对货物库存状况进行实时监控，在存在货物库存空缺或监测到货物库存达到安全点时，自动发送补货信息，实现仓库的自动补货
	预警设置	对仓库环境如温湿度及货物存储状态进行实时监控，当仓库环境不满足要求、仓库出现异常问题（如火灾、水灾）、货物库存量不足时实现自动预警，以便人们采取相应措施
智慧运输	智慧配载	利用智能优化算法，根据货物配送信息、货物体积重量及车辆信息，制定运输车辆的优化配载方案，降低车辆空载率，提高车辆配载效率，同时降低成本
	实时调度	通过定位技术实时准确地监控在途车辆，及时准确地获得车辆在途状态，科学统一地进行车辆调度，根据客户订单信息、车辆信息、道路信息，实现运输车辆与订单及路线的实时匹配与调度
	智慧派车	通过车辆信息管理、车辆维修与保养管理、车辆加油管理、商务用车管理、车辆违章保险与规费管理、车辆备品管理等措施实现对运输车辆的系统化管理，为车辆提供准确的数据支持，同时根据运输需求实现智慧派车
	路径优化	利用大数据、智能算法等技术，采集货物运输路径信息，对运输路线进行优化，设计最优的运输路径，同时可根据客户地址的变化实时调整运输路线
	实时交互	促进系统、驾驶员与车辆之间的互联互通，在运输过程中可实现实时交互，系统可自动监测货物运输进程和交通状况，并将及时调整的运输计划反馈给驾驶员

续表

应用环节	应用情况	具体内容
智慧配送	共配管理	对原先的配送模式进行优化，通过整合货物资源，实现由一个配送企业综合某一地区内多个用户的要求，运用智慧化的先进技术统筹安排配送时间、次数、路线和货物数量，全面进行配送
	自动识别	对需要分拣的货物进行自动识别和多维检验，如库位、货架和货物信息是否对应，需要分拣的货物信息是否与便携式阅读器提示信息一致；提货、送货时完成货物自动检验；在分拣作业、提货送货作业中，对问题货物（如分拣货物错误、货物数量与订单要求不符等）进行自动预警
	路径优化	对配送路线进行智能优化，在提货、送货信息发生变化时，可根据实际情况对配送路线做出调整；根据配送评价，对配送班线、配送站点设置、配送路径、配送成本等进行智能处理并及时更新相关信息
	路由追踪	利用 GPS、GIS 等智能设备随时定位并反馈车辆位置及路径，实时更新货物在途信息，实现配送的全程可视化。同时，智能导航设备也大大提高了配送效率
	智慧收件	智能终端设备的出现使得智慧收件得以实现，智能快递柜的应用极大地节省了快递员的配送时间，同时也使用户的收件时间更加趋向随机化，方便人们的生活

物流发展

根据案例，说说 5G＋无人驾驶在汽车企业智慧入厂物流环节应用的业务流程、使用的主要设备，以及企业应用的效果。

数字资源 1-4：
5G＋无人驾驶在汽车企业
智慧入厂物流环节的应用

七、智慧物流应用前景

随着互联网的快速发展，越来越多的智能技术被应用于物流领域，智慧物流新技术、新管理、新模式不断发展。人工智能技术的普及、智慧化平台的持续升级、数字化运营的逐渐加深以及智能化作业的广泛应用，将促进智慧物流快速发展，使智慧物流具有突出的高效率、广覆盖、适应性等特征，拥有更为广阔的应用前景。

（一）人工智能技术的普及

人们对物流时效性的要求不断提高，未来更加便捷、高效的人工智能技术将被应用于物流领域。可穿戴设备、无人机、无人车、3D打印技术有望得到大范围的推广和使用；移动终端设备的便利性、智能化程度将进一步提升；智能化仓库、机器人、AGV等设备之间的连通性将进一步加强，并具有自主感知、自主学习、自主决策的能力以及更强的反应柔性和稳定性；大数据、云计算、物联网、人工智能等新技术的应用将不断深化，应用场景将持续增加。

（二）智慧化平台的持续升级

随着商品交易品类和物流服务范围的逐渐扩大以及物流交付时效要求的提高，物流资源的有效整合分配及供应链上下游的协同连接将面临巨大的挑战。智慧化平台依托大数据、云计算等技术，通过数据驱动有效整合社会物流资源，促进供应链上下游企业之间的信息共享和协同共赢。未来，互联网思维将进一步与物流业进行深度融合，智慧化平台的应用将重塑物流产业发展方式和分工体系，进而推动物流行业的资源整合和优化配置。

（三）数字化运营的逐渐加深

物流需求的多样化、个性化趋势逐渐凸显，物流信息化、数据化成为物流业未来发展的主要方向。数字化技术将应用于仓储、运输、配送、流通加工、信息处理等物流的全流程业务过程中，同时也将在纵向的决策、计划、执行、监控、反馈的运营全过程中发挥重要作用。随着供应链上下游企业之间的联系逐渐密切，信息共享和业务互联将成为主要趋势，对数字化技术的要求也会越来越高，大数据、云计算、智能信息系统在物流行业的应用场景也会逐渐增加。

（四）智能化作业的广泛应用

随着智能化技术的发展和智能化物流设施设备的开发和应用，传统的物流作业方式将逐渐向智能化作业方式转变。智能化的作业方式利用智能信息系统实现物流设施设备的远程操控，依赖智能化的算法和设备实现机器的自动感知、自主学习、智慧决策，在很大程度上可以实现物流操作的智能化与无人化，大大减少人力投入，提升作业效率。随着"中国制造2025"战略及相关产业规划的落地实施，我国物流智能化作业将会更加普及，得到更大范围的应用。

练一练

请扫码完成练习。

数字资源1-5：练一练

单元 2　供应链与智慧供应链

一、供应链认知

企业之间的竞争，并不是单一企业间的竞争，而是供应链与供应链的竞争。供应链与供应链管理的概念于 20 世纪 80 年代提出，其一经提出就得到了广泛的关注和迅速的发展。

（一）供应链的概念

物流是一系列职能性活动，在渠道中重复多次展开，原材料经过该渠道转化为产成品，并增加了在消费者眼中的价值。因为原材料产地、工厂和销售点一般不在同一个地点，这个渠道就代表了一系列在产品到达市场之前多次反复发生的生产、物流活动。甚至，当回收的旧货返回物流渠道时，物流活动又会出现。

由单个企业控制全程是一个新的趋势，尽管企业物流管理的范围通常都比较窄，但单个企业是无法控制从原材料产地到最终消费地的产品流通渠道全过程的，它们只能基于实用的目的实施管理。大多数企业只对与企业有直接联系的实物供应渠道和实物分拨渠道进行管理和控制。实物供应渠道是指企业直接的原料供应点与生产加工点之间的时空间隔。实物分拨渠道是指生产加工点与客户之间的时空间隔。由于两个渠道内的活动十分相似，实物供应（也称物料管理）和实物分拨被并入一体化企业物流管理活动，因而企业物流管理也称供应链管理。

根据《物流术语》（GB/T 18354—2021）的相关界定，供应链是指生产及流通过程中，围绕核心企业的核心产品或服务，由所涉及的原材料供应商、制造商、分销商、零售商直到最终用户等形成的网链结构。供应链的基本模型如图 1-5 所示。

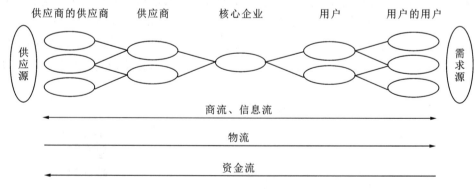

图 1-5　供应链的基本模型

一般来说，供应链由所有参与的节点企业组成，其中有一个核心企业（可以是产品制造企业，也可以是大型零售企业）。在生产和流通过程中，节点企业在需求信息的驱动下，通过供应链的职能分工与合作（生产、分销、零售等），以资金流、物流和商流为媒介实现整个供应链的不断增值。信息流产生于需求源，促使商流、信息流在核心企业和各级供应商、各级用户节点之间流动；物流沿供应商、核心企业、用户等节点企业按上游至下游的顺序，由供应源向需求源传递；资金流则沿相反方向，由需求源向供应源传递。

（二）供应链的特征

1. 复杂性

因为供应链节点企业组成的跨度（层次）不同，供应链往往由多个、多类型甚至多国企业构成，所以供应链结构模式比一般单个企业的结构模式更复杂。

2. 动态性

企业战略要不断适应市场需求变化，供应链节点企业也需要动态地更新，这使得供应链具有明显的动态性。

3. 面向用户需求

供应链的形成、存在和重构是基于一定的市场需求而发生的，而且在供应链的运作过程中，用户的需求拉动是供应链中信息流、产品流、服务流、资金流等运作的驱动源。

4. 交叉性

节点企业在是某个供应链成员的同时，也可以是另一个供应链的成员，众多的供应链形成交叉结构，增加了协调管理的难度。

 物流发展

根据案例内容，说明物流的尽头是供应链的原因。

数字资源1-6：
物流的尽头
为何是供应链？

二、供应链管理

（一）供应链管理的概念

根据《物流术语》（GB/T 18354—2021）的相关界定，供应链管理是指从供应链整体目标出发,对供应链中采购、生产、销售各环节的商流、物流、信息流及资金流进行统一计划、组织、协调、控制的活动和过程。

供应链管理的经营理念是从消费者的角度出发,通过企业间的协作,谋求供应链整体效益最大化。成功的供应链管理能够协调并整合供应链中所有的活动,使其最终成为无缝衔接的整体。同一个企业可能构成这个网络中的不同节点,但更多的情况下是由不同的企业构成这个网络中的不同节点。

实际上,供应链是由所有加盟的节点企业(或企业单位)组成,其中一般有一个核心企业,节点企业(或企业单位)在需求信息的驱动下,通过供应链的职能(制造、转运、分销、零售等)分工与合作,实现整个供应链的不断增值。

(二)供应链管理的特点

供应链管理是一种先进的管理理念,其先进性体现在以最终消费者为经营导向,以满足消费者的最终期望来进行生产和供应。概括来说,供应链管理有以下几方面的特点。

1. 供应链管理是全过程的战略管理

供应链管理把所有节点企业看作一个整体,实现全过程的战略管理。传统的管理模式往往以企业的职能部门为基础,但由于各企业之间以及企业内部职能部门之间的性质、目标不同,造成相互的矛盾和利益冲突,各企业之间以及企业内部职能部门之间无法完全发挥其职能作用,因而很难实现整体目标化。供应链是由供应商、制造商、分销商、销售商、客户和服务商组成的网状结构。供应链各环节不是彼此分割,而是环环相扣,形成一个有机的整体。供应链管理把物流、信息流、资金流、业务流和价值流的管理贯穿于供应链的全过程。它覆盖了整个物流从原材料和零部件的采购与供应、产品制造、运输与储存到销售的各种职能领域。它要求各节点企业之间实现信息共享、风险共担、利益共存,并从战略高度来认识供应链管理的重要性和必要性,从而真正实现整体的有效管理。

2. 供应链管理是一种集成化的管理模式

供应链管理的关键是采用集成的思想和方法。它运用的是一种从供应商开始,经由制造商、分销商、零售商直到最终客户的全要素、全过程的集成化管理模式,是一种新的管理策略,它把不同的企业集成起来以提升整个供应链的效率,并注重企业之间的合作,以实现全局最优。

3. 供应链管理提出了全新的库存理念

传统的库存理念认为,库存是维系生产和销售的必要措施,是一种必要的成本。而供应链管理使企业与其上下游企业在不同的市场环境下实现了库存的转移,降低了企业的库存成本。这也要求供应链上的各个企业成员建立战略合作关系,通过快速反应降低库存总成本。

4. 供应链管理以最终消费者为中心

这也是供应链管理的经营导向。无论构成供应链节点的企业数量是多少，也无论供应链节点企业的类型如何、层次有多少，供应链的形成都是以最终消费者的需求为导向的。正是因为有了最终消费者的需求，才有了供应链的存在。同时，只有让最终消费者的需求得到满足，才能实现供应链更大程度的发展。

（三）供应链管理的最终目标

1. 降低企业成本

供应链管理是一种集成的管理思想和方法，它对供应链中从供应商到最终用户的物流进行计划和控制等。从单一的企业角度来看，供应链管理是指企业通过改善上、下游供应链关系，整合和优化供应链中的信息流、物流、资金流，以获得竞争优势。通过供应链管理，企业可以降低库存，减少生产及分销的费用，从而降低企业成本。

2. 提升最终消费者满意度

供应链管理使供应链运作实现最优化，以最少的成本使供应链从采购到满足最终消费者的所有过程（包括工作流、实物流、资金流和信息流等）均能高效率地运作，把合适的产品、以合理的价格，及时准确地送达最终消费者。通过供应链管理，企业可以提高交货的可靠性和灵活性，从而提升最终消费者满意度。

3. 企业整体"流程品质"最优化

供应链管理是企业的有效性管理，表现了企业在战略和战术上对企业整个作业流程的优化。供应链管理整合并优化了供应商、制造商、零售商的业务效率，使产品在合适的地点和时间以准确的数量、优良的品质、最佳的成本进行生产和销售。通过供应链管理，企业可以消除错误成本，消弭异常事件，实现企业整体"流程品质"最优化。

三、智慧供应链认知

（一）供应链发展历程

供应链的发展基本上可分为五个阶段：原始供应链，初级供应链，整合供应链，协同供应链和智慧供应链。

1. 原始供应链

20世纪80年代末之前，市场供求关系为求大于供。人类社会最初的商贸形式为以物换物，没有真正的供应链管理，它的特点是随机、分散，处于无意识的原始阶段。在这一阶段，人们对供应链还没有形成清晰的定义。

2. 初级供应链

20世纪80年代末到90年代中期，供应链主要局限于企业内部。从原始供应链发展到了初级供应链，其中最显著的变化是出现了职能分工，担负计划、采购、生产、物流、储存等职能的人员各就其位、各司其职。但在这一阶段，这些岗位之间缺乏有效的沟通，其最大的特点是单兵作战、各自为政。

3. 整合供应链

20世纪90年代中期到21世纪初，供应链超出企业内部范畴，开始向上下游企业延伸，变成一个通过不同企业的制造、组装、分销、零售等过程将原材料转换成产品，再到最终用户的完整链。从初级供应链的职能分工、部门隔离发展到整合供应链，最显著的变化是企业内部形成了有效的协同机制，解决了企业内部各部门的协同协作问题。

4. 协同供应链

从21世纪初开始，供应链逐渐变成以一个核心企业为中心的网络。随着互联网的出现，更多的企业加入供应链体系，形成了网络结构。从整合供应链的职能协作、部门沟通发展到协同供应链，最显著的变化是供应链上下游企业之间建立了有效的协同机制，让物流、信息流、资金流在供应链上顺畅地流动起来。

5. 智慧供应链

2009年，复旦大学博士后罗钢在上海市信息化与工业化融合会议上提出"智慧供应链"这一概念。这一时期，大数据、人工智能、机器人、无人机、物联网、VR/AR、区块链等新技术层出不穷，推动供应链进入智慧供应链形态。

（二）智慧供应链的概念

智慧供应链是指通过有机结合物联网、互联网、云计算等信息技术与现代供应链管理的理论、方法和技术，在企业内部以及企业之间构建的智能化、数字化、可视化、自动化、网络化的技术与管理综合集成系统。智慧供应链的基本模型如图1-6所示。

传统供应链与5G、大数据、人工智能等新一代信息技术的融合应用，助推智慧供应链创新发展。智慧供应链从精益生产开始，拉动精益物流、精益采购、精益配送等各个环节，帮助企业实现供应链业务全流程的智能化、数字化、网络化和自动化管理。

（三）智慧供应链的特性

智慧供应链借助信息技术手段，对供应链业务流程进行优化，有利于提高市场响应速度，降低企业成本，使供应链变得透明、柔性和敏捷。与传统供应链相比，智慧供应链具有以下特性。

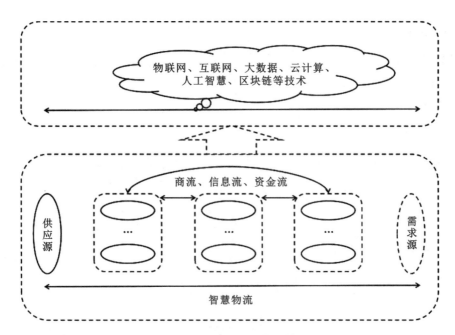

图 1-6 智慧供应链的基本模型

1. 工具性

供应链管理中的信息是由自动化或感知设备产生的，如 RFID 标签，没有高效的信息通信技术的支撑，供应链管理信息就无从获取。因此，工具性是智慧供应链的首要特性。

2. 关联性

供应链管理中所有的参与主体、资产、信息化系统、业务等一定是高度连接的，智慧化就是要将不同的主体、不同的业务、不同的要素通过信息通信技术相互关联。

3. 整合渗透性

智慧供应链能够推动实现不同参与者之间的协同合作，包括联合决策、公共系统投资、共享信息等。

4. 创新性

智慧化能够推动供应链管理的创新，智慧供应链通过提供整合化的解决方案创造新价值，或者以全新的方式满足现有价值诉求。

5. 可视化

智慧供应链更倾向于使用可视化的手段来表现数据，采用移动化的手段来访问数据。

6. 智能化

智慧供应链借助 ICT（信息与通信技术）能够实现大规模的优化决策，改善管理绩效。其智能化在于能够通过信息与通信技术实现信息整合，从而优化决策过程，有效提升生产运营的效率。

7. 自动化

智慧供应链的业务流程能够通过信息化设备来驱动，进而替代其他低效率的方式，特别是低效率的人工介入。

物流热点

2023年11月，全国信息技术标准化技术委员会智慧供应链标准工作组（TC28/WG32）正式发布了《智慧供应链研究报告》，为行业和企业构建智慧供应链提供了有价值的参考。该报告全面分析了供应链加速创新变革的驱动因素，阐述了智慧供应链的内涵、典型特征，明晰了智慧供应链的参考模型，梳理了智慧供应链多个典型场景和企业实践案例，构建了引导智慧供应链建设的标准体系，并对智慧供应链建设发展进行了展望。

根据报告的具体内容，说说企业可以从哪些方面实施智慧供应链管理。

数字资源1-7：
《智慧供应链研究报告》
主要内容

四、智慧供应链管理

（一）智慧供应链管理的概念

智慧供应链的兴起与发展为企业高效应对急剧变化的国际形势和日益激烈的市场竞争提供了有效途径与方法，但要充分开发智慧供应链的潜力，发挥其优势，则需要以科学、系统和协同的智慧供应链管理体系为支撑。

智慧供应链管理（intelligent supply chain management）是指利用条码、射频识别、传感器、全球定位系统、地理信息系统等先进的物联网技术，通过将大数据分析、云计算等信息处理和网络通信技术广泛应用于供应链计划、物流、商流、信息流和资金流等基本流程，实现供应链的智能化运作和高效率的优化管理，切实提高供应链管理水平，降低供应链总成本，减少自然资源和社会资源消耗。

（二）智慧供应链管理的原理

智慧供应链管理是在达到一定的客户服务水平的条件下，为实现整个供应链系统成本最小化，而把供应商、制造商、仓库、配送中心和渠道商等有效地组织在一起，进行产品制造、转运、分销、销售等。智慧供应链管理的基本原理体现在以下几个方面。

1. 资源横向集成原理

资源横向集成原理是新经济形势下的一种新思维，企业必须横向集成外部相关企业的资源，形成"强强联合、优势互补"的战略联盟，结成利益共同体去参与市场竞争，在提高服务质量的同时，降低成本，快速响应客户需求。

2. 系统原理

供应链是一个系统的由相互作用、相互依赖的若干组成部分结合而成的具有特定功能的有机整体。它围绕核心企业，通过对信息流、物流、资金流的控制，把供应商、制造商、分销商、零售商以及最终用户等连成一个整体的功能性网链结构。

3. 多赢互惠原理

供应链是相关企业为了适应新的竞争环境而组成的一个利益共同体，其密切合作是建立在共同利益基础之上的。供应链各成员企业之间通过一种协商机制来谋求多赢互惠目标的实现。

4. 合作共享原理

任何企业所拥有的资源都是有限的，不可能在所有的业务领域都获得竞争优势，因而企业要想在竞争中获胜，就必须与全球范围内在某一方面具有竞争优势的相关企业建立紧密的战略合作关系，将本企业的非核心业务交由合作企业来完成，充分发挥各自独特的竞争优势，从而提高供应链系统的整体竞争力。合作共享原理中的共享包括管理思想与方法的共享、资源的共享、市场机会的共享、信息的共享、先进技术的共享，以及风险的共担。

5. 需求驱动原理

供应链的运作是以订单驱动方式进行的。产品采购订单是在用户需求订单的驱动下产生的，然后产品采购订单驱动产品制造订单，产品制造订单又驱动原材料（零部件）采购订单，原材料（零部件）采购订单再驱动供应商。这种逐级驱动的需求驱动模式，使得供应链系统能够准时响应用户的需求，从而降低了库存成本，提高了物流速度和库存周转率。

6. 动态重构原理

供应链是动态的、可重构的。供应链是在一定的时期内针对某个市场机会、适应某一市场需求而形成的，具有一定的生命周期。当市场环境和用户需求发生较大的变化时，围绕核心企业运行的供应链必须能够快速响应，进行动态重构。

（三）智慧供应链管理的内容

在可视化、可感知、可调节的智慧供应链管理环境中，智慧供应链更加注重数据管理、网络优化、协同运营和服务创新，从而增强其满足客户需求的能力，提升其核心竞争优势。要通过供应链管理模式创新，持续增强供应链智能化水平，一方面持续挖掘人类智慧，以知识赋能供应链；另一方面持续提升数据价值，以人工智能赋能供应链。

1. 数据管理

智慧供应链管理的内容之一是融合人类智慧与人工智能，以提升供应链智能化水平。通过对数据采集、存储、管理、分析和使用的全过程进行管理，提高数据价值和价值增值能力。智慧供应链的数据管理涵盖数据质量管理、数据价值管理、数据资产管理，覆盖供应链全员、全程、全链的生产环境和市场环境，有助于提升数据资源、数据资产在智慧供应链运营管理中的价值。

2. 网络优化

以数字化、集成化、个性化为特征的智慧供应链，对物流、信息流和资金流的网络优化提出了更高的要求，以增强智慧供应链的网络柔性、弹性和敏捷性。对于具有可视化、可感知、可调节功能的智慧供应链网络，可以应用智慧供应链的网络动态管理机制、集成优化方法和仿真优化方法，提高智慧供应链网络的自适应、自组织、自修复能力。

3. 协同运营

在智慧供应链管理环境中，供应链成员的信息、资源和能力得以充分整合，智慧供应链成员之间的协同运营能力得到增强。

4. 服务创新

智慧供应链增强了供应链自我创造生态闭环和创新服务模式的能力，能够以全时空触客界面提供全方位服务，实现无界服务模式、协同服务模式等服务模式创新。在客户画像更加精准的前提下，智慧供应链管理可以依托数据、体验和平台等新型生产要素，以更加精准有效的个性化服务提高客户的满意度和忠诚度，增强智慧供应链的竞争优势。

（四）智慧供应链管理的运行机制

1. 合作机制

合作机制体现了战略伙伴关系和企业内外资源的集成与优化。基于这种企业环境的产品制造过程，从产品的研究开发到投放市场，周期大大缩短，使企业在多变的市场中显著增强柔性和敏捷性。

2. 决策机制

由于智慧供应链企业的决策信息来源不再局限于企业内部，而是在开放的信息网络环境下不断进行信息交换和共享，实现了信息的同步化、集成化和控制化，因此处于智慧供应链中的任何企业的决策模式都是开放性信息环境下的群体决策模式。

3. 激励机制

缺乏均衡一致的供应链管理业绩评价指标和评价方法，是目前供应链管理研究的弱点和供应链管理实践效率不高的主要原因。为了掌握供应链管理的技术，必须建立、健全业绩评价和激励机制。

4. 自律机制

企业通过推行自律机制，可以降低成本，增加利润和销售量，更好地了解竞争对手，提高客户满意度，提升企业信誉度，缩小企业内部各部门之间的业绩差距，提高企业的整体竞争力。

5. 风险机制

因为信息不对称、信息扭曲、市场不确定、相关政治经济法律规定等，供应链企业之间的合作会面临各种风险。为了使供应链企业对合作感到满意，必须采取一定的措施规避风险，如信息共享、合同优化、监督控制机制等，针对供应链企业合作存在的各种风险及其特征，采取不同的防范措施。

6. 信任机制

智慧供应链管理的目的在于加强节点企业的核心竞争力，快速响应市场需求，最终提高整个供应链的市场竞争力。要达到这一目的，加强供应链节点企业之间的合作是供应链管理的核心内容，而在供应链企业的合作中，信任是基础和核心内容。因此，建立供应链节点企业间的信任机制是至关重要的。

7. 数据安全管理机制

保障供应链数据安全就是保障整体与个体的核心竞争力。数据外循环在产生更大效益的同时，也产生了更多的安全新风险，提出了个体间安全职责划分、群体间安全技术能力认证、数据溯源等新的安全要求。数据安全是保障企业业务发展的基石，建设多维度、全过程的数据安全体系是必要且急迫的。

（五）智慧供应链管理的发展趋势

1. 全球化

随着国际分工的不断深化和跨国公司在全球范围内配置资源，经济全球化竞争、合作与交流越来越广泛和深入，尤其是跨境电商、跨境物流等新型业态的兴起和蓬勃发展，"买全球、卖全球"已经是大势所趋。而建立一个能够对接全球的智慧供应链体系成为国家和企业参与全球竞争的重要保障，也成为提高资源配置效率、创新各种商业模式、实现互利共赢和可持续发展的基础力量。

2. 5G 网络的普及

5G 网络在数据传输速度和处理能力方面向前迈出了一大步。5G 网络的高性能意味着智慧供应链的潜力显著增加。例如，在工厂中运行 5G 网络可以减少延迟，加快实时可见性。

3. 边缘计算和分析

边缘计算使得物联网设备的响应速度变得更快。边缘计算是一种分布式计算架构，它将数据处理和分析任务从中心服务器转移到网络边缘，即靠近数据源的地方。当需要低延迟处理和实时自动决策时，就需要这种技术。边缘计算目前正在制造领域得到广泛的应用。例如，有些企业利用无人驾驶叉车作为仓库的杠杆，一些重型设备销售商利用边缘计算来分析零件何时需要维修或更换。

4. 生态化

构建、优化与生态伙伴的关系，营造共生、互生、再生的智慧供应链生态圈，是未来智慧供应链管理发展的方向。在智慧供应链生态圈，设计、研发、生产、贸易、物流、金融等不同主体共同构建从生产到流通再到消费的产品供应链体系，通过上下游企业的协同，高效、精准地对接需求，形成一个以客户价值为核心，各参与主体高效协同、互利共赢的生态体系。

5. 沉浸式体验

虚拟、增强和混合现实等沉浸式体验技术显著地改变了智慧供应链管理的轨迹。这些新的互动模式增强了人类的组织能力，一些企业已经看到了其中的好处并对其加以利用，比如在一个安全、现实的虚拟环境中提供在职培训，培训新员工。

6. 绿色化

随着全球经济的快速发展和技术的快速变迁，环境对发展的承载能力越来越成为智慧供应链的重要因素。人们的环保意识日益增强，不仅重视生产和消费环节的绿色化，还重视产品流通环节的绿色化。

练一练

请扫码完成练习。

数字资源 1-8：练一练

物流企业认知实训

【实训目的】

通过组织学生到物流企业现场学习，让学生对物流企业的主要业务、工作流程、工作岗位及要求、主要设施设备、智慧物流发展情况等有直观认识；将理论与实际相结合，举一反三，明确各物流要素之间的关联；体验物流行业的工作特点，认同职业发展，形成对物流行业的使命认同，培养德技双馨的职业担当、以技报国的远大信念，树立做新时代物流人的目标理想。

【实训方式】

组织学生到较大的物流企业现场学习。

【实训步骤】

① 到物流企业现场参观学习。
② 经验丰富的企业员工进行现场讲解。
③ 企业员工与学生互动交流。
④ 学生按要求完成实训记录，选取部分学生实训记录进行课堂展示。

【实训结果】

完成实训记录，要求如下。
① 完整记录物流企业名称、至少一项物流业务及其工作流程、主要岗位的工作内容和要求等。
② 记录该企业典型货物包括名称、特点等，典型物流设施和设备的名称、特点等，各不少于2种。
③ 记录现场参观体会，包括参观后的新发现、新认识等。
④ 整个记录应逻辑清晰，内容完整，图文并茂，不少于500字。

自我总结

1. 通过学习本模块内容，您对物流、智慧物流、供应链、智慧供应链相关内容的认识发生了哪些变化？试列出两点。

2. 本模块内容中哪些部分激发了您的学习兴趣？您将继续进行哪些探索性学习？

Project

02

模块二
物流系统与物流标准化

单元1　物流系统
单元2　物流标准化

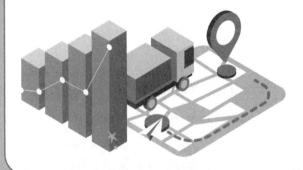

导语

物流系统是从系统角度出发，将物流与供应链作为国民经济的子系统，运用系统学原理进行整体规划设计、组织实施和监控，以提升服务水平，降低总成本，提高运行效率。物流标准化是智慧物流与供应链发展的基础，可以推动物流与供应链子系统持续快速协调发展。

导学

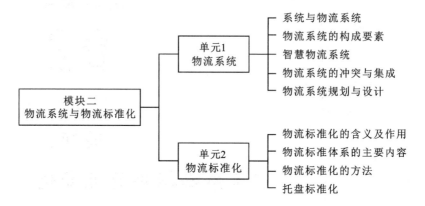

模块二 物流系统与物流标准化
- 单元1 物流系统
  - 系统与物流系统
  - 物流系统的构成要素
  - 智慧物流系统
  - 物流系统的冲突与集成
  - 物流系统规划与设计
- 单元2 物流标准化
  - 物流标准化的含义及作用
  - 物流标准体系的主要内容
  - 物流标准化的方法
  - 托盘标准化

学习目标

1. 掌握系统的含义，熟悉系统的分类、结构与特点。
2. 掌握物流系统的概念、构成、分类和特点，物流系统的冲突与集成等。
3. 掌握物流系统规划与设计要点。
4. 掌握物流标准化的概念，熟悉物流标准化的作用。
5. 熟悉物流标准化的种类，掌握物流标准化的方法及托盘标准化。
6. 坚定对物流事业的使命认同。
7. 培养大局意识和精益求精的工匠精神。

案例导入

高效的"北粮南运"物流系统

粮食是国家战略物资和国家公共物品，保障持续稳定的粮食供给，是每一个主权国家政府义不容辞的责任。我国历史上，长江三角洲被称为"鱼米之乡"，粮食供应一直是"南粮北调"格局。自改革开放以来，这一态势发生了逆转，"鱼米之乡"从传统的粮食主产区转型为现代化工业重镇；而中西部地区和东北部地区，则转型成为粮食主产区。曾经的"南粮北运"已经变成"北粮南运"。

2023年，东北四省区粮食产量3699亿斤，占全国粮食总产量的26.6%，为端牢"中国饭碗"做出了突出贡献。进入12月初，随着东北地区新粮陆续上市，一场横跨南北的粮食"大迁徙"再次开始。

近亿吨的粮食从北方出发，通过"铁路＋海运＋陆运"多式联运的"北粮南运"物流系统，穿越数千公里，抵达南方千家万户的餐桌。由于粮食出运时间节点主要集中在冬季，且以散货运输为主，天气多变及低温等对物流产生了严重的影响。"铁路＋海运＋陆运"多式联运的"北粮南运"物流系统可以大大减少这一影响。该系统将散粮车在港内集结成组，每组50~60车，成组不拆分直接开往产地装车站，装车站完成装车后成组发往港口，由散货船或集装箱班轮运往华东、华南沿海港口，再依托公路运输发往各地的终端用户，完成一个物流循环只需要不到10天的时间。这极大地提高了车辆运转效率，加快了产地粮食周转，有力地保障了"北粮南运"大通道的畅通高效。

【思考】

"北粮南运"的目的是什么？分析"北粮南运"物流系统高效运作的原因有哪些。

单元1 物流系统

物流系统作为现代经济脉络中至关重要的构成部分，承载着物流、信息流和资金流的整合功能，在驱动商业效率提升、供应链优化、环境保护与社会责任履行等方面扮演着不可替代的角色。

一、系统与物流系统

（一）系统概述

1. 系统的含义

系统是由两个或两个以上相互区别或相互作用的单元组合而成，具有特定功能的有机整体。系统所有组成部分或要素之间的相互作用、相互依赖的某种关系，以及该系统与其所处的环境之间的某种关系的集合，就是关系集。系统中每个单元也可以称为一个子系统。系统与系统的关系是相对的，一个系统可以是另一个更大系统的子系统，也可以继续分成更小的系统，成为这些子系统的父系统。在现实中，一个机组、一个工厂、一个部门、一项计划、一个研究项目、一套制度等都可以看成一个系统。

一个系统的形成应具备以下条件：一是由两个或两个以上的要素组成；二是各要素之间相互联系、相互制约，使系统保持稳定的功能；三是具有一定的结构，确保其有序性，从而使系统具有特定功能。

要素是构成系统的必要因素，是系统最基本的单位，也是系统存在的基础和实际载体。

2. 系统的一般模式

系统是相对于外部环境而言的，并且与外部环境的界限往往是模糊过渡的，所以严格地说，系统是一个模糊的集合。外部环境向系统提供劳力、手段、资源、能量、信息，就称为系统的"输入"。将系统的"输入"进行必要的转换处理活动，使之成为有用的产成品供外部环境使用，就称为系统的"输出"。输入、处理和输出是系统的三要素。比如，一个工厂输入原材料，经过加工处理，得到一定的产品作为输出，就形成一个完整的生产系统。外部环境受到资源有限、需求波动、技术进步以及其他各种变化因素的影响，会对系统加以约束或产生影响，这些因素称为系统的干扰因素。此外，输出的成果不一定是理想的，可能偏离预期目标，因此要将输出的信息返回输入，以便调整和修正系统的活动，这称为系统的反馈。系统的一般模式如图 2-1 所示。

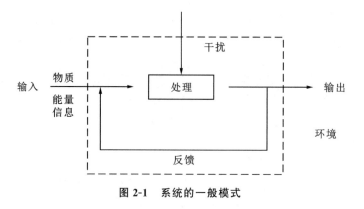

图 2-1 系统的一般模式

3. 系统的特征

随着"系统"概念的出现和发展，人们不再把事物看成孤立不变的，而是将其视为发展的、相互关联的整体。系统一般具有以下特征。

（1）整体性

系统的整体性表现为系统是由两个或两个以上相互区别的要素，按照一定的方式和目的，有秩序地排列而成的，系统的功效大于各要素的功效之和。

（2）相关性

系统的相关性是指系统中各要素和组成是相互联系、相互作用的。如学校作为一个系统，学院与教务处、人事处等子系统有着密切的联系，存在既相互制约又相互依存的关系。

（3）层次性

复杂的系统是有层次的，对某一系统来说，它既是由一些子系统组合而成的，又作为一个子系统去参与组成更大的系统。

（4）动态性

系统是不断运动、变化、发展的，以维持动态平衡。系统的发展变化是由系统内部各要素之间的相互联系和相互作用引起的。

（5）目的性

系统活动最终趋向于有序和稳定。任何一个系统都有明确的总目标，子系统为完成大系统的总目标而协调工作，同时也有自己的分目标。

（6）环境适应性

所有的开放系统，总是在一定的环境中存在和发展的，系统及其子系统与环境不断进行物质、能量、信息的沟通。当环境发生变化时，系统及其子系统的结构和功能也会随之改变，以便适应环境，继续存在和发展。

（二）物流系统

只有系统的概念和特征还不能解决具体问题，现代科学技术把系统的概念应用具体化，建立了包括逻辑推理、数学运算、定量处理系统内部的关系等在内的一整套分析系统的方法。这里简要介绍物流系统。

1. 物流系统的概念

物流系统是指在一定的时间和空间内，由所需输送的物料和包括有关设备、输送工具、仓储设备、人员以及通信联系等若干相互制约的动态要素构成的具有特定功能的有机整体。物流系统分析就是将物流事务和全过程作为一个整体来处理，用系统的观点以及系统工程的理论和方法进行分析研究，以实现其空间和时间的经济效益。物流系统的目的是实现物资的空间效应和时间效应，在保证社会再生产顺利进行的前提下，实现各种物流环节的合理衔接，获得最大的经济效益。

2. 物流系统的一般模式

物流系统和其他系统一样，具有输入、转换处理和输出三大功能。通过输入和输出，系统与环境进行交换，和环境相互依存。此外，物流系统还具有反馈功能，并通过相关调控机能实现调控，以达到预期的目标。物流系统是需要人参与的系统，人是系统结构中的主体，直接或间接地影响着系统或子系统的形成。物流系统的一般模式如图 2-2 所示。

（1）物流系统的环境

物流系统的环境是指物流系统所处的更大的系统，它是物流系统不可或缺的组成部分，是物流系统在进行转换处理时所面对的外部条件。物流系统与其环境之间的相互作用具体表现为物流系统的输入、输出、约束和干扰。它反映了物流系统不断与环境进行物质交换、能量交换与信息交换的本质特征。环境向物流系统提供各种输入和干扰，物流系统通过自身的功能转换，向环境输出信息和服务，而且物流系统功能的实现还受到环境的约束或推动。目前，现代物流系统所处的环境发生了很大的变化，例如，经济全球化导致的物流国际化发展趋势，消费行为的个性化、多样化，企业准时制经营模式的出现，物流管理的信息化等。这些变化使得现代物流向供应链管理方向发展，并呈现多品种化、小批量化、高频率化、快速反应等趋势。

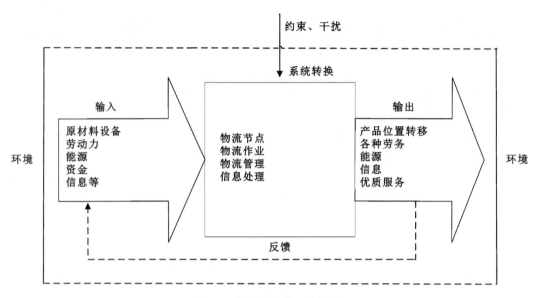

图 2-2 物流系统的一般模式

（2）物流系统的输入和输出

物流系统的输入是环境对物流系统的直接输入，包括原材料设备、资金、能源等，它是物流系统得以运行的前提。物流系统的输出是物流系统对环境的作用和功能的体现，表现为产品位置转移、各种劳务、信息等，它们是通过物流系统的转换处理实现的，包含物流的空间效应和时间效应，最终表现为物流的服务水平和成本效益。另外，物流系统提供物流服务输出时，也会产生一些负面或外部性输出，如环境污染、能源和资源消耗等。

（3）物流系统的约束、干扰和反馈

约束是环境对物流系统的间接输入，包括人力、物力、信息、能源，以及政策法规、政治环境、宏观经济环境、自然环境等。物流系统的运行离不开环境，这是系统必须接受的外部条件，也是物流系统运行的约束条件。例如，国家出于资源环境的考虑，制定了关于废旧电子电器产品回收处理的政策，规定了电子电器产品生产商和销售商对电子产品报废处理和回收处理应负的责任。该政策对电子企业构建物流系统就形成了一个约束，具体来说，电子企业不仅要考虑产品生产和销售的物流需求问题，还要考虑废旧产品回收导致的物流需求问题。物流系统的干扰是一种偶然的约束，也是一种间接的、强迫性的输入。物流系统的反馈主要是信息的反馈，主要存在于输入过程和输出过程中，在约束或干扰中也有。

（4）物流系统的转换处理

物流系统的转换处理是指物流系统本身的转化处理过程，即把输入的物品和信息转化为输出的物品和信息的过程。其基本原理就是通过运输、储存、包装、装卸、搬运、加工、信息处理等作业环节，借助先进的技术与方法，赋予输入的物品或信息空间效应、时间效应或形质效应，使之变成客户所需的物品、信息或服务，并且对环境进行输出。

3. 物流系统的分类

按照不同的分类标准，可以将物流系统分为多种类别，具体如表 2-1 所示。

表 2-1 物流系统的分类

分类标准	种类
研究对象	微观物流系统
	宏观物流系统
物流发生位置	企业内部物流系统
	企业外部物流系统
物流功能	运输物流系统
	仓储物流系统
	装卸搬运系统
	包装系统
	配送系统
	流通加工系统
	物流信息系统
物流在生产中的作用	供应物流系统
	生产物流系统
	销售物流系统
	回收物流系统
	废弃物流系统
物流系统性质	企业物流系统
	行业物流系统
	社会物流系统
物流源头与流向	正向物流系统
	逆向物流系统

4. 物流系统的特征

物流系统除了具有一般系统的层次性、整体性、目的性、环境适应性等共同特征外，还具有以下特征。

（1）物流系统是一个"人机系统"

物流系统由人和形成劳动手段的设备与工具组成。它表现为物流劳动者运用运输设备、搬运装卸机械、仓库、港口、车站等设施，作用于物资的一系列生产活动。在这一系列物流活动中，人是系统中的主体。因此，在研究物流系统各方面的问题时，要把人和物有机地结合起来，将其作为不可分割的整体加以考察和分析，并且始终把如何发挥人的主观能动作用放在首位。

（2）物流系统是一个可分系统

无论一个物流系统的规模多么庞大，它都是由若干个相互联系的子系统组成的。这些子系统的数量和层次的阶数，是随着人们对物流的认识和研究的深入而不断扩充的。系统与子系统之间既存在时间、空间及资源利用方面的联系，又存在总的目标、总的费用及总的运行结果等方面的联系。

（3）物流系统是一个动态系统

由于物流系统一端连着生产者，另一端连着消费者，系统内的各个功能要素和系统的运行会随着市场需求、供应渠道和价格变化而经常发生变化，这就增加了系统优化和可靠运行的难度。物流系统是一个能够满足社会需要、适应环境的动态系统。由于社会环境经常变化，人们必须不断诊断、修改和完善物流系统的各个组成部分，这就使得物流系统具有足够的灵活性与可变性。

（4）物流系统的复杂性

物流系统的运行对象——"物"涉及全部社会物质资源，资源的大量化和多样化决定了物流系统的复杂性。物流系统覆盖生产、流通和消费三大领域，这些人力、物力、财力资源的组织和合理利用是一个非常复杂的问题。在物流活动的全过程中，始终贯穿大量的物流信息。物流系统要通过这些信息把子系统有机地联系起来。如何把信息收集全、处理好，并用其指导物流活动，也是非常复杂的事情。

（5）物流系统是一个多目标函数系统

物流系统的多目标常常出现"效益背反"情况。"效益背反"是指物流系统的各要素之间目标不一致。例如，对物流时间，希望最短；对物流服务，希望最好；对物流成本，希望最低等。物流系统恰恰是在这些矛盾中运行的。其中一个目标的达成，必然影响到另一个目标的实现，稍有不慎就会出现整体恶化的结果。要使物流系统在各方面满足人们的要求，显然要建立物流多目标函数，并在多目标中实现物流的最佳效果。

二、物流系统的构成要素

物流系统的要素可具体分为一般要素、功能要素、流动要素、支撑要素、物质基础要素等。

1. 一般要素

（1）人的要素

人是所有系统的核心要素，也是系统的第一要素。

（2）资金要素

资金是所有企业系统的动力。

（3）物的要素

物的要素包括物流系统的劳动对象，即各种实物。

（4）信息要素

信息要素包括物流系统所需要处理的全部信息，即物流信息。

2. 功能要素

物流系统的功能要素指的是物流系统所具有的基本能力。这些基本能力有效地组合、连接在一起，变成物流系统的总功能，就能合理、有效地实现物流系统的总目的。一般认为，物流系统的功能要素有运输、储存、包装、装卸、搬运、流通加工、配送、物流信息等。

上述功能要素中，运输和储存分别主要解决了供给者与需求者之间场所和时间的分离问题，创造了物流的空间效应和时间效应。

3. 流动要素

流动要素具体包括：流体，即"物"；载体，即承载"物"的设备和这些设备据以运作的设施，如汽车、道路等；流向，即"物"转移的方向；流量，即物流的数量表现；流程，即物流路径的数量表现，也就是物流经过的里程；流速，即流体流动的速度；流效，即流体流动的效率和效益、成本与服务等。

4. 支撑要素

物流系统处于复杂的社会经济系统中，物流系统的建立需要许多必备的支撑，如确定物流系统的地位、协调物流系统与其他系统的关系等。物流系统的支撑要素主要如下。

（1）法律制度

法律制度决定了物流系统的结构、组织、领导和管理方式，为物流系统顺利运行提供了重要保障。

（2）行政命令

物流系统和一般系统的不同之处在于，物流系统关系到国家军事、经济命脉，所以行政命令也是物流系统正常运转的重要支持要素。

（3）标准化

标准化是保证物流环节协调运行，保证物流系统与其他系统在技术上实现连接的重要支撑条件。

（4）商业习惯

了解商业习惯，将使物流系统始终以客户需求为核心进行运营，从而达到企业的目的。

5. 物质基础要素

物流系统的建立和运行需要大量技术装备手段作为支撑。这些手段有机联系在一起，对物流系统的运行有决定性意义。

（1）基础设施

基础设施是物流系统得以运行的基础物质条件，包括物流场站、物流中心、仓库、公路、铁路、港口等。

（2）物流装备

物流装备是保证物流系统顺利启动的条件，包括仓库货架、进出库设备、加工设备、运输设备、装卸机械等。

（3）物流工具

物流工具也是物流系统运行的物质条件，包括包装工具、维修保养工具、办公设备等。

（4）信息技术及网络

信息技术及网络是掌握和传递物流信息的手段，根据所需信息水平的不同，包括通信设备及线路、传真设备、计算机及网络设备等。

（5）组织及管理

组织及管理是物流系统的"软件"，起着连接、调运、运筹、协调、指挥其他各要素以保障物流系统目的实现的作用。

三、智慧物流系统

智慧物流系统具有完成商品的出/入库、货物配送、货物跟踪、客户关系管理等功能，涉及物流、信息流和资金流，能够实现快速、方便、经济、安全的系统运行目标。智慧物流系统还能通过采用各种信息技术，形成智能物流系统网络，对货物的流动进行跟踪，实现对货物在整个流动过程中的实时监控。

以货物追踪系统为例，其智慧物流系统的物流架构如图 2-3 所示。

下面简要介绍 RFID 的识读系统，RFID、GPS、GIS 货物跟踪系统和仓储管理子系统。

1. RFID 的识读系统

RFID 的识读系统由电子标签、天线、远距离识读设备、数据交换系统组成。硬件系统设置在货物通行的地方，当货物通过时，识读设备接收货物电子标签发出的信号，对货物电子标签和数据交换系统进行更新和改写。

构建 RFID 的识读系统时，要考虑 RFID 标签的标准化问题。不同的厂商生产的 RFID 标签都有自己的标准。目前，世界上 RFID 编码体系存在三个标准体系，分别是 ISO 标准体系、EPC Global 标准体系和 Ubiquitous ID 标准体系。而 RFID 不像条形码，其虽然有共同的频率，但厂商在生产时还是可以自行改变信息的。因此，在选择标签时要充分考虑与识读设备衔接的问题。

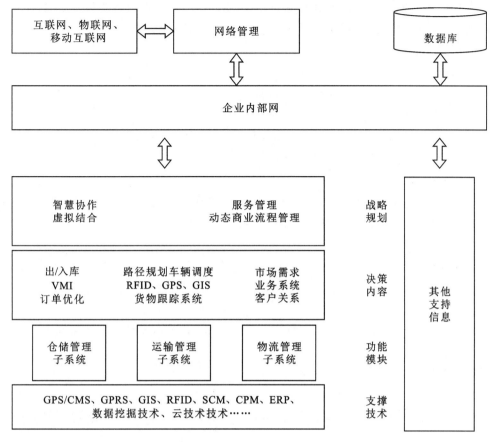

图 2-3　货物追踪系统的智慧物流系统的物流架构

2. RFID、GPS、GIS 货物跟踪系统

货物跟踪系统由 RFID、GPS、GIS 和监控系统组成。GPS 能够对在途货物进行定位，GIS 通过遥感技术实现对路径的规划，并将数据传输至监控系统，对在途货物实现实时跟踪定位。三种技术结合构建智能交通物流网络的原理如下：GIS 能够将识读器获得的道路标签的编码信息进行处理，与电子地图信息库中的具体位置点对照，实现物理位置和电子地图上的显示点之间的对应；GPS 在卫星能够覆盖的地区定位简单、经济实惠，可以实现对大多数路面的定位，但是在卫星的盲区，如高楼密集区、立交桥、高架桥、大型地下停车场等区域可以采用 RFID 进行定位，在这些地区预先进行道路标签的铺设。实现的方法就是将车载终端进行简单改造，将 GPS 终端和阅读器集成在一起，实现城市道路交通的全程全目标监控。构建货物跟踪系统时，要考虑在公共交通繁忙和重要的网络中，能不能进行射频标签的铺设，这应该是政府行为，并且具有导向性，不可能单独由交通管理部分和道路使用部门完成。

3. 仓储管理系统

仓储管理系统负责货物的出/入库、货物盘点、供应商管理库存、货区和货位管理、订单管理等。在这一部分使用的硬件技术有 RFID、条形码、无线传感、立体仓库、AGV 等；使用的软件技术有仓储管理信息系统、订货系统、POS 系统等。其中，仓储管理系统具有如下功能。

（1）订单管理

通过订单管理系统对客户订单进行收集、整理、分类，并提交给出/入库管理人员。

（2）入库管理

对入库货物的名称、种类、等级、时间、存放位置、来源地等信息进行登记，然后贴条形码、在 RFID 标签写入相关信息，入库。

（3）出库管理

对出库货物的名称、数量、种类、货位、时间进行系统登记，同时具有审核功能，如果发现问题，会及时提示管理人员进行复核。

（4）库存管理

对在库货物进行盘点，与供应商进行数据共享，使供应商管理库存，对货位进行整理。

（5）查询与统计

对货物出/入库状态、进/销/存账目、货位利用情况进行审核、查询与统计。

（6）仓储数据交换

与各分销中心或总部进行网上数据传输。

（7）其他

仓储管理系统还具有客户服务功能、市场协调功能、关联单位的业务协同功能等。

 物流技术

每年的"双十一"购物节都是对快递行业的一次大考，虽然快递包裹越来越多，但是人们收到快递的时间并没有变慢，反而越来越快了。请您说一说其中的原因，以及这让物流行业发生了哪些变化。

数字资源 2-1：智慧物流系统来了，这个"双十一"你的货物将如期而至

四、物流系统的冲突与集成

冲突与集成是物流系统各要素有机联系的具体体现，这说明系统内部要素之间、系统与环境之间，既存在整体统一性，又存在个体差异性。物流系统构筑的关键是通过系统的权衡，解决好这些冲突，实现物流系统各要素之间的协同。

（一）物流系统的冲突

1. 各物流要素之间存在目标冲突

物流系统中各功能要素独立存在时，各自的目标有时会互相冲突。例如，运输功能要素追求的目标一般是及时、准确、安全、经济。为达到这样的目标，企业通常会采用最优的运输方案，但在降低运输费用、提高运输效率的同时，可能会导致储存成本的增加。从储存成本角度来看，为了达到降低库存的目的，企业可能会降低每次收货的数量，增加收货次数，缩短收货周期；或者宁可紧急订货，也不愿提前大批量订货，但这样就无法达到运输的经济规模，导致运输成本增加。

2. 物流要素内部存在目标冲突

物流系统的要素可作为子系统来分析。物流系统的功能要素都是物流系统的子系统，如果将物流系统内部功能要素之间的目标冲突应用于任何一个功能要素，物流系统要素内部也存在着类似的目标冲突。以运输功能为例，各种运输方式都有各自的优劣势。比如，采用铁路运输成本比较低，但不够灵活；采用公路运输灵活性强，可提供门到门的服务，但长距离运输费用高，且污染大，也容易发生事故；采用航空运输速度快，不受地形的限制，但成本高。因此，如果追求速度快、灵活性强，就要付出成本的代价。由于任何运输方式都有其特定目标和优势，各种运输方式的优势不能兼得，所以在选择运输方案时要综合权衡。

3. 物流系统与外部系统之间存在冲突

物流系统本身也是一个更大系统的子系统，物流系统要与外部系统发生联系，而构成物流系统环境的就是这些与物流系统处于同一层次的子系统。与物流系统一样，环境中其他系统也有特定的目标，这些目标之间的冲突也是普遍存在的，物流系统以这种方式与环境中的其他系统发生联系。但是，物流系统要素之间的目标冲突不能在要素这个层次得到协调，必须在比要素高一个层次的系统解决。

4. "效益背反"

"效益背反"也称"二律背反"，指的是物流系统要素之间存在损益的矛盾，即在某一要素的优化和利益发生时，必然会发生另一个或另几个要素的利益损失。"效益背反"的特征体现了物流系统中一方利益的追求要以牺牲另一方的利益为代价。这种此消彼长、此盈彼亏的现象，在物流系统中随处可见。

视频1 探寻供应链中的平衡艺术——效益背反

图2-4和表2-2是物流系统中常见的"效益背反"现象。正是由于物流系统存在"效益背反"现象，各环节之间容易出现矛盾和冲突，所以需要运用系统、科学的思想和方法，寻求实现物流系统效益的整体最优。

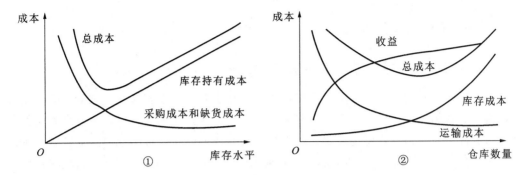

图 2-4 物流系统中常见的"效益背反"现象

表 2-2 物流系统中常见的"效益背反"现象

要素	主要目标	实现目标的主要措施	可能导致的结果	对其他要素的影响
运输	运费最少	大批量运输 铁路运输 水路运输	货物集结时间长 交货批量大 交货期长 运输费用低	在途库存增加 平均库存增加
仓储	仓储费用最少	缩短进货周期 降低每次进货量 增加进货频次 增强信息功能	多频次、小批量送货增加 库存量降低 紧急进货增加	运输成本增加 信息成本增加 装卸成本增加 配送成本增加
包装	包装成本降低	降低包装材料 大包装增多 通用容器增多 反复使用容器增多	包装容器回收费用增加 商品破损率增加	运输破损率增加 容器回收费用增加 降低装卸效率
装卸	降低装卸费用	使用人力、 节约装卸搬运成本 抢装抢卸 延长装卸时间	降低装卸费用 降低装卸效率 商品破损率高	降低运输效率 降低仓库利用率 增加包装费用 增加流通加工成本
流通加工	流通加工费用最少	产品在工厂生产定制化 采用简陋的设备	降低流通加工费用 减少流通加工次数 降低流通加工效率	增加运输成本 增加库存量 增加商品包装费用
物流信息	现代化信息系统	建立计算机信息系统 扩大计算机网络 采用条码、RFID技术 运用GIS、GPS技术	简化作业流程 提供订单处理能力 提高系统响应能力 提高信息传递速度 增加信息费用	降低运输费用 降低仓储费用 降低管理费用

（二）物流系统的集成

"集成"对应的英文 integration，也可译为"一体化"或"整合"。物流系统集成就是将分散的、各自为政的要素集中起来，形成一个新的整体，以发挥单个要素不可能发挥的功能。集成已经成为现代物流发展的一种趋势。

1. 物流系统要素集成原理

物流系统要素集成是指通过一定的制度安排，对物流系统功能、资源、信息、网络要素、流动要素等进行统一规划、管理和评价，通过要素之间的协调和配合使所有要素能够像一个整体一样运作，从而实现物流系统要素之间的联系，达到物流系统整体优化的过程。理解物流系统要素集成原理应注意如下要点。

第一，物流系统要素集成的最终目的是实现物流系统整体最优。没有经过集成的物流系统，均以要素为单位实现最优化，这种最优化是将物流系统内部要素之间的联系作为外部环境来对待，将本来应该内部化的关系外部化，如果外部化后并不能实现应有的协调和合作，就会导致更大的交易成本。为了减少这种成本，应对这些要素进行集成，以恢复要素之间的联系。

第二，所有物流系统要素都应进行集成。物流系统的组成要素有很多，为了实现物流系统整体最优，必须对所有的物流系统要素进行集成，而不是只对其中某些要素进行集成。在物流的网络要素、物质基础要素、功能要素、支撑要素之中，首先最应集成的是功能要素，其他要素的集成是功能要素集成的条件。一个物流系统要素如果不能主动集成别的要素，就会被别的要素集成进去。

第三，物流系统要素集成就是对要素进行统一规划、管理、评价，使要素之间实现协调和配合。不管要素的产权状况、隶属关系、运作安排如何，集成后的完整的物流系统必须能够超越产权界限、隶属关系和运作安排，按照物流系统的规划和管理，统一运作、协调发展，并且按照物流系统的标准对物流系统要素集成进行评价，而不是按照要素自身的标准进行评价。

第四，物流系统要素集成要以一定的制度安排为保障。物流系统要素集成可以采用多种方式，如多边治理、三边治理、双边治理、单边治理等，这些方式构成了物流系统要素集成的制度安排。

第五，物流系统要素集成需要成本，是有条件、分层次的。影响物流系统集成的因素包括物流发展的环境、物流竞争状况、集成者的领导能力等。

2. 物流系统要素集成的范围

（1）物流自身的集成化

物流自身的集成化是指应用物流系统的相关理念，协调运作运输、仓储及其他功能要素，实现系统的统一规划和管理，这可以看作对物流功能要素的整合。物流功能要素的整合也是物流产业化发展过程中要解决的基本问题。

（2）微观物流的集成化

微观物流的集成化是指市场主体企业将物流提高到企业战略的地位，并以物流战略为纽带实现相关企业的联盟。这实质上是供应链中物流要素的集成，即供应商、生产商、分销商通过物流功能的整合，实现优势互补而结成的战略联盟。

（3）宏观物流的集成化

宏观物流的集成化是指物流产业发展到一定的水平，通过产品在社会生产中快速、低成本地流动，使供应链节点企业都能获益，使整个社会获得明显的经济效益，物流系统更加完善，物流产业高度发展，物流产业的产值占到国民生产总值的一定比例，成为社会生产链的协调者，处于社会经济生活的主导地位。

构建一个科学合理的物流系统必须满足三个条件：一是具备构成物流系统所需要的物流要素；二是充分掌握物流系统各要素之间的有机联系；三是按照物流系统各要素间的有机联系来构建。

五、物流系统规划与设计

物流系统规划一般是指对拟建的物流系统做出或绘制长远的、总体性的发展计划或蓝图，有效配置系统中的各项资源，使系统的整体性能绩效达到最优，通常涉及物流系统的战略、运营、组织、实施等多方面的规划。物流系统设计是指针对拟建的物流系统，制订详细可行的方案。在实际操作过程中，往往将物流系统规划与物流系统设计合二为一，统称物流系统规划与设计。

（一）物流系统规划与设计的目的

物流系统规划与设计的目的是从系统分析的角度，应用物流学的相关理论方法，对物流系统的各项功能进行优化组合，确保整个系统的全局优化。具体来说，就是在系统投入最小化、系统运作成本最小化和服务水平最大化之间寻求平衡。

1. 系统投入最小化

实现系统投入最小化，即减少自有设备和库存管理的投入。比如，使用公共配送中心和仓储中心，或者租用公共交通设施和工具。当然，系统投入最小化不可避免地增加了系统的运作成本。

2. 系统运作成本最小化

系统运作成本最小化包括订货成本、库存成本、运输成本等最小化。比如，当企业经营规模达到一定程度时，自行经营配送中心和相应的运输工具会降低系统的运作成本。

3. 服务水平最大化

物流系统的服务水平直接影响客户满意度，进而影响到企业的收益。因此，提高系统的服务水平将增加企业收益。订货周期是衡量服务水平的指标之一。订货周期是指从发出一个订货请求（或服务请求）到订单货物（服务）实际到达所用的时间。一般情况下，提高服务水平会增加系统的运作成本。

一般情况下，以上三个目标是无法同时实现的。比如，一个物流系统拥有自己的配送中心和运输工具，会增加系统投入成本，但是会降低系统运作成本，同时提高系统服务水平。

因此，物流系统规划与设计通常是一个基于系统投入最小化、系统运作成本最小化和服务水平最大化的多目标决策问题，在三者之间寻求平衡。

（二）物流系统规划与设计的原则

物流系统规划与设计必须围绕物流系统整体的目标来进行。而物流系统的整体目标为合理配置资源，包括人力、物力、财力，以及物流、资金流、信息流的合理规划与安排，整体优化系统功能，实现效益最大化。物流系统规划与设计必须遵循一定的原则。

1. 系统性原则

系统性原则是指进行区域物流规划时，必须对区域物流规划中的各种要素进行系统思考和系统设计。这是因为区域物流系统是一个由多种物流要素构成的复杂系统，而且各要素之间存在"效益背反"现象。物流本身的系统性特点就是在进行物流系统规划时，必须对构成要素进行系统思考和系统设计。同时，物流系统是社会经济系统的子系统，两者相互联系、相互制约，因此在进行物流规划时，必须将物流规划置于社会经济与社会发展规划之中。此外，物流系统规划涉及若干个行政区域与行政管理主体，以及大量物流事业主体的管理职能、业务开展与经济利益，因此，在进行物流系统规划时，必须全面考虑各地区、各部门的职能分工、管理权限与既得利益，以减少规划实施的障碍。

2. 可行性原则

物流系统所涉及的资源调配必须符合自身的实际情况，满足一定的约束条件，不可能超出现有的物流发展水平、社会经济总体水平及相应的经济规模，无限额地使用或调配。因而，在规划与设计物流系统时，要确保满足这些资源的约束条件，保证物流系统规划设计无论是从技术上还是从经济上，都可以实现。

3. 经济性原则

物流系统规划与设计所关注的一个重要问题，就是经济性问题。换句话说，物流系统规划与设计的一个重要原则是经济性原则，即在物流系统的功能和服务水平达到一定标准的前提下，追求成本最低，并以此实现系统自身利益的最大化。确保系统的经济性可以从系统的连续性、柔性、兼容性以及资源的高利用率等方面着手。

良好的物流系统规划与设计应保证各物流要素在整个系统运作过程中顺畅流动，没有无谓的停滞，以此来保证整个运作过程的连续性。同时，物流系统要有柔性，即在进行物流系统规划与设计时,充分考虑各种因素可能的变化对系统的影响,便于系统后期的扩充和调整。此外,在进行物流系统规划与设计时,要考虑物流系统的兼容性和通用性,使其能适应不同的物流要素。另外,提高资源的利用率也可以降低物流成本。

4. 社会效益原则

近年来,逆向物流、绿色供应链、绿色制造、绿色物流等备受关注,这些都是社会效益原则的体现。一个好的物流系统不仅考虑经济性原则,也要注重自身对环境的污染、可持续发展及社会资源节约等问题。绿色物流是我国目前倡导的循环经济的重要组成部分。政府在法律法规方面也开始对物流系统的社会效益问题做出规定和引导。

5. 系统总成本最优原则

企业物流管理在操作层面上出现的许多问题皆是因为企业系统本身在设计上存在矛盾。因此,在物流系统规划与设计之初,就需要将某项具体决策的所有影响都考虑进去。具体来说,在进行物流系统规划与设计时,应追求系统总成本最优,追求整体效益最大化,而不能只考虑单个部门、单项物流活动的效益。

6. 客户服务驱动原则

在当今消费者占主导地位的时代,一切经济活动必须以市场为中心、以客户为中心。客户服务驱动原则,要求在进行物流系统规划与设计时以客户为中心,从客户的角度看问题,而不是以企业为中心或以产品为中心。要考虑给客户提供时间、地点和交易的便捷性,尽可能增加产品或服务的附加值,从而提高客户的满意度和忠诚度。理想的物流系统规划与设计的思路应为:识别客户的服务需求—定义客户服务目标—规划与设计物流系统。

(三)物流系统规划与设计的基本内容

按照不同的分类标准,物流系统可以分为不同的类型,其规划与设计也包含不同的内容。

1. 按层面划分

按照不同的层面,物流系统可分为物流系统战略层面、物流系统营运层面和物流系统作业操作层面。各层面物流系统规划与设计的基本内容如下。

物流系统战略层面主要是对物流系统的建设与发展做出长期总体谋划,即长远规划;物流系统营运层面是对物流系统营运进行规划与设计,即物流运作方案策划、物流系统营运设计,这属于物流战略实施与落实的进一步具体规划;物流系统作业操作层面关注每时或每天频繁进行的物流作业及其管理,强调如何利用战略规划和系统营运设计所确定的物流渠道快速、有效地运送产品。这三个层面的区别如表2-3所示。

表 2-3 不同层面物流系统规划与设计内容

系统层面 物流职能	物流系统战略层面	物流系统营运层面	物流系统作业操作层面
选址	设施的数量、规模和位置	库存水平定位	线路选择、发货、派车
运输	选择运输方式	明确运输服务内容	确定补货数量和时间表
订单处理	选择和设计订单录入系统	确定处理客户订单的先后顺序	发出或接受订单
客户服务	设定标准	贯彻执行	具体操作执行
仓储	物流网络布局及仓库地点选择	仓库设施布局，存储空间选择	订单履行，收发货物或货物维护与保养
采购	制定采购政策	选择、管理供应商	洽谈合同、发出订单

2. 按行政级别和地理范围划分

物流系统规划与设计按其涉及的不同行政级别和地理范围，可分为国家级物流系统规划与设计、区域级物流系统规划与设计、行业物流系统规划与设计、企业物流系统规划与设计。

国家级物流系统规划与设计注重以物流基础节点和物流基础网络为内容的物流基础平台规划。区域级物流系统规划与设计注重地区物流基地、物流中心、配送中心三个层次的物流节点及综合物流园区的规模和布局的规划。行业物流系统规划与设计是指在物流基础平台之上，使大量企业和经济事业单位进行运作，如供应、分销、配送、连锁经营等。企业物流系统规划与设计是最微观层面的物流体系规划，其以上述物流规划为基础，关注个体的差异性和细节。

（四）物流系统规划与设计的步骤

在进行物流系统规划与设计之前，必须明确系统规划与设计的目标及各种限制，因为规划目标、各种限制条件会对物流系统的规划内容、系统规模、资源的可得性等产生决定性影响。由若干个子系统组成的物流系统，需要对每个子系统或环节进行规划与设计。每个子系统的规划与设计都要和物流系统其他组成部分的规划与设计保持平衡、实现协调。因此，物流系统规划与设计首先要确定一个总体框架，在总体框架的基础上采用系统分析的方法对整个系统的各个部分进行规划与设计，最后把各个独立部分结合成一个整体，按照"基础资料的调查与分析—规划方案的制定—规划方案的仿真—规划方案的评价与实施"这一流程进行规划与设计。

1. 基础资料的调查与分析

物流系统规划与设计的首要工作是根据规划与设计的内容进行大量的相关基础资料

的调查与分析,将其作为系统规划和设计的依据。基础资料的调查与分析包括确定所需数据及其来源、确定样本容量、分析所得数据的全面性和准确性、对数据进行分类汇总、确定收集辅助数据的方法、对特殊数据进行估计等内容。

2. 规划方案的制定

在对基础资料进行调查与分析之后,根据整体考虑、各部分独立设计,将各部分结合成整体的指导思想,分别进行物流网络规划、物流设施平面布局规划、物流设备选择与设计等,最后形成物流系统的整体规划与设计方案。

3. 规划方案的仿真

规划方案的仿真过程就是对规划与设计的物流系统模型进行测验的过程,其目的在于利用人为控制的环境条件,通过改变特定的物流参数,观察系统模型的反应,以预测和分析规划方案在实施时可能出现的现象和运行过程,进而对规划方案进行评价、选择和修正。计算机仿真方法相对于解析法能够更加全面、准确地描述复杂系统及其运行过程,因此成为物流系统规划与设计的重要方法。

4. 规划方案的评价与实施

基于仿真结果,对系统规划与设计方案进行评价,并选择最优方案实施,其实施阶段主要涉及设施的建设、设备与设施的投入运行以及实施效果评价与反馈等内容。通过对实施效果进行跟踪监测,分析方案实施前后的变化,可为方案再评估和修正提供依据。

练一练

请扫码完成练习。

数字资源2-2:练一练

单元 2　物流标准化

物流标准化是一项系统工程,涉及物流管理的每个环节,是保证物流环节协调运行,物流系统与其他系统在技术上实现联结的重要支撑条件,也是实现物流现代化、国际化的重要途径,对于提升国家和地区的物流竞争力有着重要作用。随着全球经济一体化趋势加剧，物流标准化的地位和作用将会进一步凸显，并成为推动物流行业高质量发展的关键因素之一。

一、物流标准化的含义及作用

（一）标准和标准化

标准以科学、技术和经验的综合成果为基础，是通过标准化活动，按照规定的程序经协商一致制定，为各种活动或其结果提供规则、指南或特性，供共同使用和重复使用的文件。

标准化是为了在既定范围内实现最佳秩序，促进共同效益，对现实问题或潜在问题确立共同使用和重复使用的条款以及编制、发布和应用文件的活动。标准是标准化活动的结果。

随着经济全球化进程的加快，标准化工作发挥的作用越来越大，所涉及的领域也越来越广泛。标准化工作开展较为普遍的领域是产品标准，这也是标准化的核心。此外，工程标准、工作标准、环境标准、服务标准等也呈现迅速发展的趋势。

（二）物流标准化的含义

物流标准化是指以物流系统为研究对象，围绕运输、储存、装卸、搬运、流通加工、信息处理等物流活动，制定、颁布、实施有关技术和工作方面的标准，并按照技术和工作方面的标准的要求，统一整个物流系统标准的过程。

物流标准化的含义包括以下几点。其一，物流标准化是以制订标准、贯彻标准，并随着发展的需要而修订标准的活动过程，是一个不断循环、螺旋式上升的过程。每完成一个循环，标准的水平就提高一步。其二，物流标准是物流标准化活动的产物。标准化的目的和作用，都是通过制定和贯彻具体标准来实现的。因此，制定、修订和贯彻物流标准，是物流标准化的基本任务和主要内容。其三，物流标准化的效果只有通过在社会实践中实施标准，才能表现出来。其四，物流标准化是一个相对的概念。

（三）物流标准化的作用

物流标准化的基本作用表现在以下方面。

1. 统一国内物流概念，促进物流理论的发展

我国的物流发展借鉴了很多国外的经验，但由于各国基于对物流的不同认识形成了众多学派，国内学者对物流概念的理解也有一定的分歧。物流发展的目的是为国民经济服务、创造更多的实际价值。物流标准化有助于人们厘清物流的概念问题，对物流涉及的相关内容形成统一的认识，为加快我国物流发展扫清理论上的障碍。

2. 规范物流企业，促进物流管理现代化

目前，我国物流企业发展程度不一，物流队伍良莠不齐，物流业整体水平不高，不同程度地存在市场定位不准确、服务产品不合格、内部结构不合理、运作经营不规范等问题，影响了物流业的健康发展。建立与物流业相关的国家标准，对已经进入物流市场的企业和即将进入物流市场的企业进行规范化、标准化管理，是保证物流业稳步发展的需要。

3. 提高效率，促进物流整体功能的发挥

物流标准化是将物流作为一个大系统，制定系统内部设施、机械设备、专用工具等各个子系统的技术标准；制定系统各个分领域（如包装、装卸、搬运、运输等）的工作标准，以系统为出发点，研究各子系统与分领域技术标准与工作标准的配合性，统一整个物流系统的标准；研究物流系统与相关其他系统的配合性，进一步谋求物流系统的标准统一，进而促进物流效率的提高。

4. 使国内物流与国际接轨，促进国际贸易的发展

国际标准作为协调各国经济共同发展的技术纽带，已成为世界范围内的人们进行技术经济交流所共同遵守的准则。在国际经济交往中，各国或地区的标准不一，严重影响着一个国家进出口贸易的发展。因此，要使国际贸易更快地发展，必须在运输工具、包装、装卸、搬运、仓储、信息、资金结算等方面广泛采用国际标准，实现国际物流标准统一化，开拓国际物流市场。

物流标准

随着物流业的迅速崛起，物流界对物流活动的认识不断加深。在物流行业的各种实践过程中，物流管理运作内容和用语开始出现新的变化。为了与时俱进，物流术语被不断赋予全新的概念和更深层的内涵。对比2006年发布的《物流术语》，请分析2021版《物流术语》中增加、更改和删除了哪些术语。

数字资源2-3：
国家标准《物流术语》
（GB/T 18354—2021）

二、物流标准体系的主要内容

物流标准化涉及的内容很多，如物流用语的标准化、物流技术的标准化、物流作业的标准化、物流管理的标准化、物流服务的标准化、物流信息系统的标准化等。标准体系是一种现有的和预计发展的标准的全面蓝图，是指导标准制（修）订计划的依据和基

础。2003年，全国物流标准化技术委员会和全国物流信息管理标准化技术委员会成立，其在国家标准化管理委员会的支持和指导下，制定了我国的物流标准体系。

（一）物流标准化对象

制定物流标准体系，首先要明确物流标准化对象。物流功能和物流对象是物流系统的基本要素。对于物流标准化对象，可以从两个方向挖掘其共性特征：一是在物流功能方面挖掘各物流专业（运输、储存、装卸、搬运、包装、配送、流通加工和信息处理）的共性特征；二是在物流对象方面挖掘物品大类的共性特征。两者交叉便形成物流系统的特定标准化空间，如图2-5所示。这个空间包括大量的物流标准化对象，当然，并不是说这些都要制定成标准。

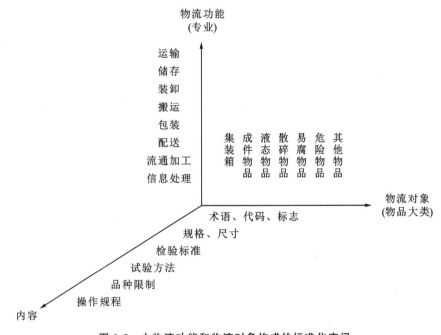

图2-5 由物流功能和物流对象构成的标准化空间

（二）物流标准的分类方法

物流标准有四种传统的分类方法，即根据法律约束性分类、根据适用范围分类、根据标准性质分类和根据标准化对象和作用分类。物流标准四种分类方法的组合关系如图2-6所示。

（三）物流标准体系的层次关系

物流标准体系的层次关系与其他标准类似，全国物流标准体系由全国通用物流标准、行业通用物流标准、专业通用物流标准、门类通用物流标准和个性标准（产品、过程、服务、管理标准）五个层次构成；行业物流标准体系由后四个层次构成，专业物流标准体系由后三个层次构成，如图2-7所示。

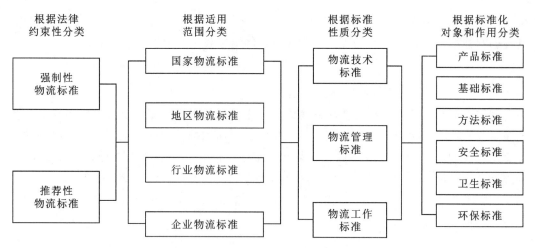

图 2-6 物流标准四种分类方法的组合关系

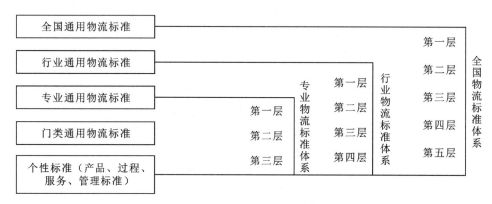

图 2-7 物流标准体系层次构成示意图

（四）我国物流国家标准体系

我国物流国家标准体系主要包括物流通用基础标准、物流技术标准、物流信息标准、物流管理标准和物流服务标准，如图 2-8 所示。

物流通用基础标准主要包括物流术语、物流计量单位类标准、物流基础模数尺寸标准等。

物流技术标准主要包括物流技术基础标准、物流设施与设备标准和物流技术方法标准。其中，物流技术基础标准包括物流技术术语标准以及保证物流设施设备与物流技术方法协同一致的技术要求；物流设施与设备标准可以分为物流设施与设备基础标准、专业物流设施标准、集装化单元器具标准和物流设备标准；物流技术方法标准包括物流技术基础标准、物流综合技术方法标准、物流环节技术方法标准、物流增值业务作业标准和特定产品物流作业方法标准。

物流信息标准包括物流信息基础标准、物流信息技术标准、物流信息管理标准和其他相关标准。其中，物流信息技术标准可以分为物流信息分类编码标准、物流信息采集标准、物流信息交换标准、物流信息系统与信息平台标准。

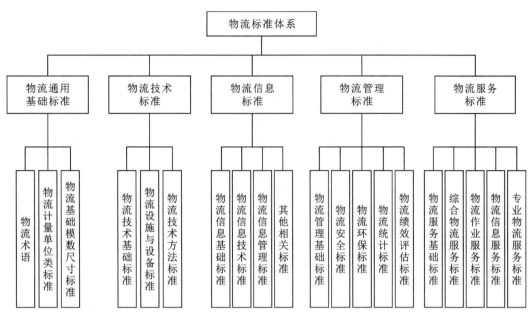

图 2-8　物流国家标准体系框架

物流管理标准包括物流管理基础标准、物流安全标准、物流环保标准、物流统计标准和物流绩效评估标准五个部分。其中，物流管理基础标准主要包括物流管理术语标准、物流企业分类标准等；物流安全标准包括物流安全基础标准、物流设施设备安全标准、物流作业安全标准、物流人员安全标准、危险品/特殊货物安全标准等；物流环保标准包括物流环保基础标准和物流业务环保标准；物流统计标准主要指物流产业规模统计的标准；物流绩效评估标准包括物流绩效评估基础标准、物流成本评估标准、物流风险评估标准、物流效率评估标准、物流客户服务评估标准。

物流服务标准包括物流服务基础标准、综合物流服务标准、物流作业服务标准、物流信息服务标准、专业物流服务标准等。

根据我国《标准化法》的规定，我国标准分为国家标准、行业标准、地方标准和团体标准、企业标准。这几类标准的区别主要在于适用范围不同，而不是标准技术水平的分级。

 物流标准

近些年，全国范围内的叉车事故屡有发生，造成一些人员伤亡。为进一步规范物流园区叉车作业和安全管理，防范叉车安全事故发生，河北省邢台市市场监督管理局发布了《物流园区叉车使用管理规范》。请在学习该规范之后，说说物流园区叉车在使用过程中应注意哪些事项。

数字资源 2-4：
地方标准《物流园区叉车使用管理规范》
（DB1305/T 108—2024）

三、物流标准化的方法

(一)确定物流的基础模数尺寸

模数是指某种系统(建筑物或制品)的设计、计算和布局中普遍重复应用的一种基准尺寸。模数的应用起源于建筑业,在对建筑物进行设计、布局,以及设计和制造建筑物的构件,如砖、砌块、窗、门和卫生设备时,以选定的模数为基础规定它们的尺寸,可以实现设计标准化、构件加工预制工厂化和施工作业机械化。物流基础模数尺寸的作用和建筑模数尺寸的作用大体是一样的,其考虑的基点主要是简单化。物流基础模数尺寸是物流标准化的基础,物流基础模数尺寸一旦确定,物流系统中设备的制造、设施的建设,物流系统中各环节的配合与协调,物流系统和其他系统的配合就要以此为依据。

目前,国际标准化组织(ISO)制订的物流基础模数尺寸的标准主要如下:物流基础模数尺寸为 600 mm×400 mm;物流集装基础模数尺寸为 1200 mm×1000 mm,也允许 1200 mm×800 mm、1100 mm×1100 mm 等规格尺寸。物流基础模数尺寸与集装基础模数尺寸的配合关系如图 2-9 所示。

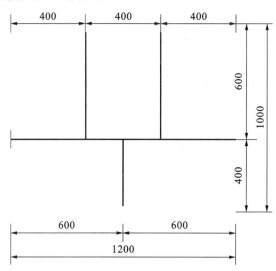

图 2-9 物流基础模数尺寸与集装基础模数尺寸的配合关系(单位:mm)

在确定物流基础模数尺寸时,主要考虑对物流系统影响最大且最难改变的输送设备,采用"逆推法",由输送设备的尺寸来推算最佳的基础模数,同时也要考虑当前通行的包装模数、已使用的集装设备、人体可能操作的最大尺寸,以及对社会的影响等因素。

(二)确定物流模数

由于物流标准化是建立在集装基础上的,因此应确定物流模数,而物流模数就是集装基础模数,也是最小的集装尺寸。物流模数是物流系统各环节标准化的核心,是形成系列化的基础。

物流模数尺寸以 1200 mm×1000 mm 为主，也允许 1200 mm×800 mm 等规格，这是因为集装单元基础模数是按物流基础模数 600 mm×400 mm 的倍数系列推导出来的，是在满足 600 mm×400 mm 基础模数的前提下，根据卡车或大型集装箱的分割系列推导出来的。日本在确定物流模数时，就是以卡车（早已大量生产并实现了标准化）的车厢宽度为确定物流模数的起点，推导出集装基础模数尺寸。我国也制定了一系列分系统标准，如叉车、汽车、吊车等已全部或基本确定了国家或部门标准；包装模数及包装尺寸、联运用托盘也制定了国家标准。

（三）以分割与组合的方法确定物流系列尺寸

将物流模数作为物流系统各环节标准化的核心，是形成系列尺寸的基础。依据物流模数进一步确定有关系列的尺寸，再从中选择全部或部分作为定型的生产制造尺寸，由物流模数体系可以确定包装容器、运输装卸设备、储存设备等的系列尺寸，这样就完成了该环节的标准系列。

由物流模数体系，可以确定各环节的系列尺寸，如根据物流模数可以推导包装的系列尺寸。例如，在日本工业标准中，1100 mm×1100 mm 集装尺寸可以分割成 60 个运输包装系列尺寸，1200 mm×1000 mm 集装尺寸可以分割成 40 个运送包装系列尺寸。系列尺寸推导关系如图 2-10 所示。

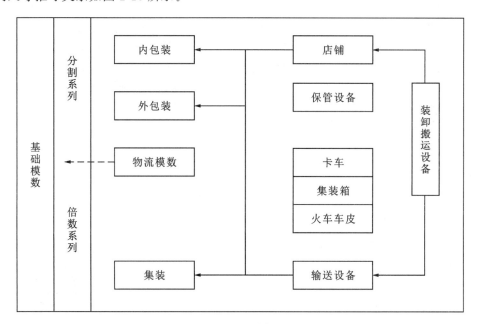

图 2-10　系列尺寸推导关系

四、托盘标准化

根据《物流术语》（GB/T 18354—2021）的相关界定，托盘是指在运输、搬运和存储过程中，将物品规整为货物单元时，作为承载面并包括承载面上辅助结构件的装置。

托盘是物流作业中最基本的集装单元，托盘作业是迅速提高搬运效率和使材料流动过程有序化的有效手段，在降低生产成本和提高生产效率方面发挥着巨大的作用，被认为是20世纪物流产业中的关键性创新之一。

托盘随着产品在生产企业、物流企业、零售企业和用户之间流通，它与产品生产线、产品包装、叉车、货架、公路铁路运输车辆、轮船、集装箱和仓储设施等有较为严格的尺寸匹配关系。

（一）托盘标准

世界各国使用托盘的尺寸各不相同，但为实现国际联运，托盘尺寸逐渐走向统一。依据国际标准化组织制定的ISO 6780《联运通用平托盘主要尺寸及公差》，最初确定了4种托盘规格：1200mm×800mm，欧洲规格；1200mm×1000mm，欧洲、加拿大及墨西哥；1219mm×1016mm，美国规格；1140mm×1140mm，亚洲规格。2003年，国际标准组织通过新方案，新增1100mm×1100mm与1067mm×1067mm两种规格，至此托盘标准规格增至6种。

（二）我国托盘标准

我国已建立覆盖托盘通用基础标准、技术标准、信息标准及管理标准的托盘标准体系，现行的标准主要有：《联运通用平托盘 主要尺寸及公差》（GB/T 2934—2007）、《联运通用平托盘试验方法》（GB/T 4996—2014）、《托盘单元化物流系统 托盘设计准则》（GB/T 37106—2018）、《托盘共用系统信息化管理要求》（GB/T 38115—2019）、《托盘术语》（GB/T 3716—2023）等国家标准，以及《联运通用平托盘 钢质平托盘》《托盘共用系统运营管理规范》和《托盘租赁企业服务规范》等行业标准。

《联运通用平托盘 主要尺寸及公差》（GB/T 2934—2007）适用于公路、铁路和水路的联运通用平托盘，规定了此类托盘的平面尺寸及公差、其他主要尺寸及公差，明确托盘平面尺寸为1200 mm×1000 mm和1100 mm×1100 mm两种，1200 mm×1000 mm为优先推荐尺寸。

（三）选择托盘尺寸要考虑的因素

托盘作业不仅显著提高了装卸效果，还使得仓库建筑的形式、船舶的构造、铁路和其他运输方式的装卸设施以及管理组织发生了变化。在货物包装方面，托盘作业促进了包装规格化和模块化，对装卸以外的一般生产活动方式也会产生显著的影响。随着生产设备越来越精密，自动化程度越来越高，生产的计划性越来越强和管理方式的逐步先进，工序间的搬运和向生产线供给材料和半成品的工作愈发重要。

视频2 塑料托盘的"七十二变"——常见类型大揭秘

在选择托盘尺寸时应该考虑以下因素。

(1) 运输工具和运输装备的规格尺寸

选择的托盘尺寸应符合运输工具的尺寸，可以充分利用运输工具的空间，提高装载率，降低运输费用，尤其要考虑海运集装箱和运输商用车的箱（车）体内尺寸。

(2) 托盘装载货物的包装规格

根据托盘装载货物的包装规格选择合适的托盘，最大限度地利用托盘的表面积，控制所载货物的重心高度。托盘承载货物的合理指标为：达到托盘80%的表面积利用率，所载货物的重心高度不应超过托盘宽度的三分之二。

(3) 托盘尺寸的通用性

尽可能选用国际标准的托盘规格，以便于托盘的交换和使用。

(4) 托盘尺寸的使用区域

装载货物的托盘流向直接影响托盘尺寸的选择。通常，去往欧洲的货物要选择1210系列托盘（1200 mm×1000 mm）或1208托盘（1200 mm×800 mm）；去往日本、韩国的货物要选择1111系列托盘（1100 mm×1100 mm）；去往大洋洲的货物要选择尺寸为1140 mm×1140 mm或1067 mm×1067 mm的托盘；去往美国的货物要选择1219 mm×1016 mm（48英寸×40英寸，1英寸约为25.4毫米）的托盘，国内常用1210系列托盘发往美国。尺寸为1200 mm ×1000 mm的托盘在全球范围内应用最广，在中国也得到了最广泛的应用。

 物流技术

托盘种类繁多，结构各异，请选择一种托盘说说它的规格、结构特点及适用场景。

数字资源2-5：常见的托盘

 练一练

请扫码完成练习。

数字资源2-6：练一练

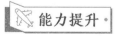

物流系统认知实训

【实训目的】

通过实训让学生进一步理解物流系统的概念，充分掌握物流系统的构成要素，增强学生的专业素养，培养学生精益求精的职业精神。

【实训方式】

以个人网上购物为例,将货物的流动过程视为物流系统,分析从订单下达到收到货物的整个过程。

【实训步骤】

① 任意选取一款网购货物。

② 从物流信息中追踪货物的整个物流过程。

③ 分析从订单下达到收到货物的整个过程,思考如何操作可使物流总时间缩短。

【实训结果】

实训报告应包括选取货物的种类,订单下达时间、发货时间、到达时间以及物流过程(包括运输时间、储存保管时间)等,并为缩短物流总时间提出改进措施。

自我总结

1. 通过学习本模块内容,您对物流系统与物流标准化相关内容的认识发生了哪些变化?试列出两点。

2. 本模块内容中哪些部分激发了您的学习兴趣?您将继续进行哪些探索性学习?

Project

03

模块三
智慧物流与供应链的空间效应

单元1　智慧物流与供应链空间效应和运输
单元2　运输组织方式
单元3　运输质量

导语

物流空间效应是在"物"的流动过程中,由"物"的空间转换所产生的效应。运输对"物"进行空间位移,改变了"物"的空间位置,使其发挥使用价值。运输有五种基本方式,它们各具特点。为了满足社会经济发展需求,还形成了多式联运、集装箱运输等具有特殊功能的运输组织方式。北斗卫星导航系统、物流定位跟踪平台等智慧物流技术的运用,大大提升了运输的服务质量。

导学

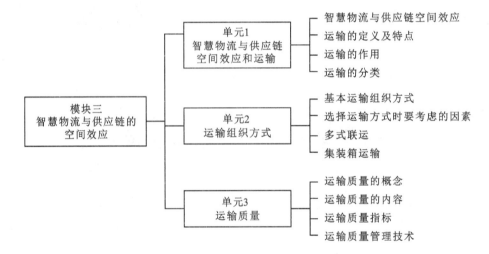

学习目标

1. 熟悉物流空间效应的概念和内容,掌握运输的定义、特点、作用和分类。

2. 掌握基本运输方式的优缺点和适用范围。

3. 掌握多式联运、集装箱运输等运输组织方式。

4. 掌握运输质量的概念及内容,熟悉运输质量体系、影响运输质量的因素和运输质量管理技术。

5. 能够根据货物特点选择合适的运输方式,并能够在这一过程中考虑到影响货物运输质量的因素。

6. 培养爱国敬业、热爱物流事业的精神。

7. 培养劳动精神、工匠精神、安全意识,养成良好的物流职业行为习惯。

释迦果的不同价格

释迦果,学名番荔枝,原产于热带美洲地区,因其外形酷似荔枝,且由国外引入,所以得名"番荔枝"。成熟的释迦果,果肉香甜软糯,有人将其比作自带香气的冰激凌,足见其美味程度。对于许多南方人而言,释迦果承载着童年的美好记忆。作为一种特色鲜明的水果,释迦果也吸引了北方市场的关注。然而,在北方市场,它的价格通常高达50元一斤,这主要有两方面原因造成。一方面,从南方运输到北方,路途遥远,运输成本较高;另一方面,释迦果不耐储存,成熟后若不及时食用,极易腐烂变质,所以在北方售价居高不下。

但某年冬季释迦果在南方地区上市时,却面临低价困境。在广西部分地区,品相良好的释迦果每斤仅售4元,即便如此,销售情况依然不佳。究其原因,一是由于多种因素影响,物流运输受阻,南方诸多水果难以顺利运往北方地区,释迦果在本地市场供过于求,价格大幅下跌。第二,释迦果成熟后极易裂果,因此必须在成熟前销售。如果有销往北方的渠道,果农可以采摘稍生的果实,让其在运输和存放过程中自然成熟,消费者可随吃随取。而当年,由于运输不畅,大量释迦果滞留在树上,随着时间推移,裂果数量不断增加。无奈之下,果农只能选择降价抛售。

【思考】
为什么释迦果在南北方出售价格不一样呢?您认为商品价格包括哪些部分?运输对商品价格会产生怎样的影响?

单元1 智慧物流与供应链空间效应和运输

从智慧物流与供应链的角度看,运输作为供应链中的关键环节,扮演着连接各参与方的角色,不仅承担着实体物品移动的功能,还在供应链的高效运转中发挥着桥梁作用,是实现智慧物流与供应链空间效应的基础。

一、智慧物流与供应链空间效应

（一）空间效应的含义

效应可以理解为，在特定环境下，用一些因素和结果构成的某种因果现象描述某种自然现象和社会现象。但"效应"一词的使用范围较广，并不一定指严格的科学定理或定律中的因果关系，如温室效应、蝴蝶效应、木桶效应等。笼统地理解，效应就是物理或化学的作用所产生的效果。经济学意义上的效应，一般指商品或行为满足人们欲望的能力，或人们消费商品时所感受到的满足程度。

根据效应的内涵，我们可以将物流效应界定为因物流活动而产生的具有一定内在联系的因果现象。物流空间效应，是指在"物"的流动过程中，由"物"的空间转换所产生的效应。具体来说，是由于供求之间客观存在空间的距离，"物"在不同的地理位置具有不同层次的价值，其使用价值的实现程度也不同，通过运输对"物"进行空间的位移，改变了"物"的空间位置，使其最大限度地发挥使用价值，创造了物流空间效应。

（二）物流空间效应的内容

物流空间效应是随着"物"的流动实现的，内容十分丰富。根据"物"的流动方向和流动过程，可以从三个方面来理解物流空间效应，即基于分散生产的空间效应、基于集中生产的空间效应、基于中间集散的空间效应。

1. 基于分散生产的空间效应

受自然条件、产品生产方式、产品技术经济特征、社会分工深化等因素影响，现实中广泛存在分散生产的情况。这种生产方式需要完善的物流体系做支撑，使与之相关的"物"实现顺利流动。分散生产的情形在现实中有很多。例如，粮食是在适宜耕种的土地上分散生产的，而大城市居民对粮食的需求相对大规模和集中，通过物流活动实现分散生产的粮食向需求地的顺利流动；再如，一个汽车生产厂需要成百上千的零部件，各生产商在当地生产零部件，最后通过物流活动集中在一个集装厂进行装配。

2. 基于集中生产的空间效应

随着时间的推移，各区域的资源、人力、基础设施等生产要素出现差异，各地的区域特征日益显现，在经济大系统中的功能分工出现差异化，也必然会出现较之其他地区更适合生产的产品、更有比较优势的地区。充分利用这种比较优势生产特定产品，就需要相关的原材料、资本、信息、人力、管理等生产要素不断从其他地区流入。

集中生产不仅能使企业通过规模化获得竞争优势，还可以通过产业集群的形式进一步提升企业的市场竞争力。通过聚集形成的互相支撑、彼此关联的产业群，形成了巨大的竞争力和经济效益。现代化大生产的特点之一也是通过集中的大规模的生产提高生产效率、降低成本，但由于集中生产的产品需求市场相对分散，有时可能覆盖国内大面积的需求地区，有时可以覆盖一个国家、若干个国家甚至全球区域，所以要通过物流活动将产品从集中的生产地转移到分散的需求地，从而创造空间效应。

3. 基于中间集散的空间效应

社会分工的深入和细化，使得生产环节变得越来越多，需要资源、能源、人力等经济要素的频繁流动予以支持。由于消费者对"物美价廉"的追求和生产者对利润的追求，再加上信息不对称的影响，大大增加了交易成本，商品交易往往要借助中间集散地来顺利实现。集中交易能够极大地降低流通成本。如果交易双方直接一对一地进行交易，那么每种商品都需要交易一次，如果需要的产品种类繁多、数量巨大，那么所产生的流通成本甚至会超过交易本身所带来的收益。而通过中间集散地的方式，在众多供应者和消费者之间加入一个中转环节，可以大大降低流通成本，提高流通效率。

中间集散地是指在市场交易过程中，为了解决信息不对称带来的交易困难问题，而出现的不以最终消费为目的，而是主要以中间集散为目的的集中交易市场（也可能包括一部分最终消费，但不占主要部分，这也是中间集散地区别于一般市场的重要特征）。中间集散地的功能是为交易双方提供一个中间交易平台，集中交易双方的需求，促使交易信息能够在平台上得到较好的流动与利用，避免交易双方在寻求交易对象的过程中由于信息不对称而产生额外费用，从而降低商品的交易成本。

二、运输的定义及特点

（一）运输的定义

根据《物流术语》（GB/T 18354—2021）的相关界定，运输（transport）是指利用载运工具、设施设备及人力等运力资源，使货物在较大空间上产生位置移动的活动。它是在不同的区域范围内，以改变"物"的空间位置为目的的活动，是对"物"进行的空间位移。运输和搬运的区别在于，前者是较大范围的活动，而搬运是在同一个区域的活动。

日常生活中一般意义上的运输是指"人"和"物"的载运及输送，包括客运和货运。物流学中的运输专指生产或流通领域物品的载运及输送。它是在不同地域范围内（如两个城市、两个工厂之间，或一个大企业内相距较远的两地之间），以改变"物"的空间位置为目的的活动，对"物"进行空间位移。一般运输与物流运输的区别如图3-1所示。

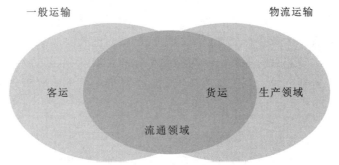

图 3-1　物流运输与一般运输的区别

（二）运输的特点

运输是一种特殊的物质生产活动，具有很强的服务性。和工农业生产相比，运输在社会再生产中的地位、运输生产过程和产品的属性等有自身的特点。

1. 运输联系的广泛性

运输生产是一切经济部门生产过程的延续，通过各种运输方式，既可以把原材料、燃料等送达生产地，又可以把产品运往消费地。运输贯穿整个社会再生产过程，因而和其他活动的联系比生产活动更广泛，它几乎和所有的生产经营活动都产生直接或间接的联系。运输线路是否畅通，对企业连续生产、充分发挥生产资金的作用、加速商品流通等，有极其重要的影响。

2. 运输不创造新的产品

正常条件下，运输生产的产品是货物在空间上的位移。其他生产活动是通过物理、化学或生物作用的过程改变劳动对象的数量和质量，从而得到新的产品，以满足人们的需要。运输生产则不同，它虽然也创造使用价值与价值，但不创造新的产品，它创造的是一种特殊的产品即位置移动。它把价值追加到被运输的货物上，实现货物位置的变化。基于这一点，在满足运输需要的前提下，如果产生了多余的运输产品和运输支出，对社会来说就是一种浪费。因此，在物流活动中，充分考虑节省运输能力、降低运输成本，具有极其重要的意义。

3. 运输生产的非实体性

运输产品是看不见、摸不着的与被运输的实体产品结合在一起的产品，是实体产品的空间位移。因此，运输产品的生产和消费是同一过程，不能脱离生产过程而独立存在。也就是说，运输过程对从业者来说是生产过程，而对用户来说是消费过程。因此，运输产品既不能储存，做到以丰补歉，又不能调拨，在地区间调剂余缺，只能通过调整运输能力来满足运量的波动和特殊的需要。

由于运输生产是在广大空间范围内进行的活动，各种运输线路和港站集散能力一旦形成，就具有了该地区的运输能力，因此运输能力在地域上的布局应力求与货物的分布相适应。

另外，运输生产不需要原料，运输部门也就不需要原料储备、半成品和成品储备。与工业部门相比，在生产资金构成中，其固定资产所占的比重较大，这就决定了运输部门的生产资金和运输成本具有特殊的结构，燃料费和折旧费在运输成本中占有较大的比重。因此，充分发挥运输设备及工具的作用，对于降低运输成本和节省运输费用具有重要意义。

4. 运输生产的连续性

运输生产是在特定线路上完成的，空间范围极为广阔，好像一个极大的"露天工厂",而且货物运输往往需要由几种运输方式共同完成,而不像工农业生产那样在一定范围内即可完成。因此,在物流规划中,保证运输生产的连续性,以及根据运输需求按地区和货流形成综合运输能力,具有重要意义。也正是由于这一特点,物流规划必须充分重视自然条件,运用有利因素,克服不利因素,提高物流活动中的运输效率和经济效益。

5. 各种运输方式产品的同一性

各种运输方式虽然在线路、运输工具及技术装备上各不相同,但其生产的是同一种产品,即货物在空间上的位移,对社会具有同样的效用。而工农业生产各部门,由于生产工艺不同,产品规格有很大的差别。在物流规划中,必须研究各种运输方式在运输网中的地位和作用,促使各种运输方式实现合理分工与综合利用,形成综合运输网。

6. 各种运输方式之间的替代性较强

实现货物的位移,往往可以采用不同的运输方式。由于各种运输方式下的同一个产品都能产生相同的位移,因此一种运输方式有可能被另一种运输方式替代。这种运输需求在运输方式之间转移的可能性,产生了各种运输方式之间一定的替代和竞争关系,而工农业部门的内部生产以及它们相互之间的生产内容一般是不可替代的。例如,工业内部的冶金、机械不能代替纺织、食品加工等。运输方式的代替性,使得人们有可能通过调节不同运输方式的供求关系,使运量在各种运输方式之间合理分配,形成较为科学的综合运输体系。运输的需求者可以根据货物运输的具体要求,选择适当的运输方式。当然,由于各种运输方式的经济技术特征不同,在完成同一运输任务时的经济效益存在差异,所以,对运输生产者来说,应在满足用户运输需要的前提下,形成适应性较强的服务能力,以提高运输产品的竞争力。

三、运输的作用

(一)运输是物流的主要功能要素之一

根据物流的概念可知,物流是"物"的物理性运动,这种运动不但改变了"物"的时间状态,也改变了"物"的空间状态。运输承担了改变"物"的空间状态的主要任务,是改变"物"的空间状态的主要手段,其配以搬运、配送等活动,就能圆满完成改变"物"的空间状态的全部任务。

(二)运输是社会物质生产的必要条件之一

运输是国民经济的基础和先行条件。马克思将运输称为"第四个物质生产部门",将运输看作生产过程的继续,这个"继续"虽然以生产过程为前提,但如果没有运输,生产过程也不能完成。虽然运输的这种生产活动和一般生产活动不同,它并不能创造新的物质产品,不会增加社会产品数量,也不赋予产品新的使用价值,而只是变动其所在的空间位置,但这一变动使生产继续下去,使社会再生产不断推进。因此,我们将其看作物质生产部门。运输作为社会物质生产的必要条件,主要表现在以下几个方面。其一,在生产过程中,运输是生产的直接组成部分。没有运输,生产内部的各环节就无法连接。其二,在社会上,运输是生产过程的延续。这一活动不仅连接着生产与再生产、生产与消费,连接着国民经济的各部门、各企业,还连接着城乡、连接着不同国家和地区。其三,运输可以创造空间效应。通过运输,"物"被运送到场所效用更高的地方,"物"的潜力得到挖掘,资源的优化配置得以实现。

(三)运输是"第三利润源"的主要源泉

第一,运输是运动中的活动,它和静止的保管不同,要靠大量的动力消耗来实现。运输承担着大跨度空间转移的任务,所以活动的时间长、距离长、消耗大,消耗的绝对数量大,其节约的潜力也大。

第二,从运输费用来看,其在全部物流费用中占最大的比例,若综合分析计算社会物流费用,运输费在其中约占50%的比例,有些产品的运输费用甚至高于产品的生产费用。所以,节约的潜力还是很大的。

第三,由于运输总里程远,运输总量大,对运输质量的管理可大大提高运输质量,从而获得更高的收益。

  物 流 人 物

成卫东是一名普通的拖车司机,面对工作中的种种困难,他是如何处理的?这给您带来了哪些启示?

数字资源3-1:
天津港的"拖车王"
——记"大国工匠"成卫东

四、运输的分类

运输涉及的范围很广,为了系统认识运输,须对其进行分类研究。

(一)按运输任务完成的主体不同划分

按运输任务完成的主体不同或其经营活动的性质、服务对象不同,运输可以分为营业性运输和非营业性运输(或称公共运输和自有运输)。

营业性运输是指面向社会提供运输劳务，收取运费并承担纳税义务的运输活动。从事营业性运输的企业，需得到政府有关部门的许可，持有工商行政管理部门颁发的运输营业执照，遵守政府的有关法令和规定，在指定的经营范围内，为社会各部门、单位或个人提供运输劳务，收取运费，并按规定向国家缴纳税金。

与营业性运输相对应的是非营业性运输，一般指利用自有运输工具完成的自有运输，以满足本企业或本单位的运输需要为基本特征。

营业性运输时刻受到自给自足的非营业性运输的潜在威胁。

（二）按运输工具不同划分

特定的运输工具通过特定的运输通道进行运输。按照运输工具（或运输通道）不同，运输可以分为公路运输、铁路运输、水路运输、航空运输和管道运输五种基本运输方式。

公路运输是在公路上运送旅客和货物的运输方式。运输工具是汽车或其他无轨车辆。由于现代公路运输的主要运输工具是汽车，也称为汽车运输。铁路运输是使用铁路列车运送旅客和货物的运输方式，也称火车运输。水路运输是以船舶为主要运输工具、以港口或港站为运输基地、以水域（包括海洋、河流和湖泊）为运输活动范围的一种运输方式，也称船舶运输。航空运输是使用飞机、直升机及其他航空器运送人员、货物、邮件的一种运输方式，也称飞机运输。管道运输是运输工具和运输通道合二为一的运输方式，是将管道作为运输工具的一种长距离输送液体和气体物资的运输方式。

（三）按运输对象不同划分

按运输对象不同，运输可以分为旅客运输和货物运输。旅客运输是指以旅客为运输对象，使用载客运输工具所进行的运输活动。旅客运输反映了人们的生产、生活的交往与联系，其规模与构成取决于一国的经济发展水平、国民收入总额及其分配和社会物价水平等。货物运输是指以货物为运输对象，使用载货工具所进行的运输活动。货物运输是实现部门间、企业间、地区间、城乡间乃至国家间经济联系的物质条件。

（四）按运输涉及的空间范围不同划分

按运输涉及的空间范围不同，运输可以分为市内运输、城市与其腹地间运输、城市间运输和乡村运输。根据是否跨国界，运输又可分为国内运输和国际运输。以生产过程或企事业单位管辖来分，运输可分为内部运输和外部运输。

练一练

请扫码完成练习。

数字资源3-2：练一练

单元 2　运输组织方式

运输组织方式也称运输组织模式,是指运输企业根据货流情况、用户要求及其他运输条件组织货物运输的方式。由于不同的组织模式会产生不同的运输产品(服务),因此,从客户的角度来理解,运输组织方式是运输企业可为客户提供的货运业务方式。显然,在实践中,为了满足不同层次的客户需求,运输企业通常会拥有多种运输组织方式。

一、基本运输组织方式

按照运输过程中经常使用的设施的不同,可以将运输组织方式分为公路运输、铁路运输、水路运输、航空运输和管道运输五种。

1. 公路运输

从广义上来说,公路运输是指利用特定的载运工具(汽车、拖拉机、畜力车、人力车等)沿公路实现旅客或货物空间位移的过程。从狭义上来说,公路运输即汽车运输。我国交通基础设施和运输装备不断改善,为公路运输市场快速发展创造了有利条件,也使公路客货运输的平均运距不断延长。公路运输工具如图 3-2 所示。

图 3-2　公路运输工具

公路运输有明显的优缺点及适用条件,具体如表 3-1 所示。

表 3-1　公路运输的优缺点及适用条件

公路运输的优点	公路运输的缺点
机动灵活,可以实现门到门运输	单位运输能力比较弱,运输耗能比较高

续表

公路运输的优点	公路运输的缺点
投资少，修建普通公路的材料和技术比较容易解决，易在全社会广泛发展	单位运输成本比较高，劳动生产率比较低
公路比较适宜在内陆地区运输短途货物，可以与铁路、水路、航空联运，为货运站、港口、机场集疏运货物，也可以深入山区及偏僻农村进行货物运输，还可以在远离铁路的区域从事干线运输	

2. 铁路运输

铁路运输是指利用机车、车辆等技术设备沿铺设轨道运行的运输方式。铁路运输是一种适宜远距离的大宗客货运输的重要运输方式。在我国，铁路运输不论在目前还是在可以预见的未来，都是运输网络中的骨干和中坚力量。铁路运输工具如图 3-3 所示。

图 3-3 铁路运输工具

铁路运输的优缺点及适用条件如表 3-2 所示。

表 3-2 铁路运输的优缺点及适用条件

铁路运输的优点	铁路运输的缺点
连续性强，运行速度较快，运输能力强，受自然条件限制较小	工程量大，建设周期较长，投资额比较高
运行比较平稳，安全可靠，到发时间准确性较高	灵活性较差
平均运距较长，能耗较少，成本较低	货损率较高
铁路适合在内陆地区运送中长距离、大运量、时效性强、可靠性要求高的一般货物和特种货物。从投资效果看，在运输量比较大的地区之间建设铁路比较合理	

3. 水路运输

水路运输是利用船舶，在江、河、湖泊、人工水道以及海洋运送旅客和货物的一种运输方式。在现代运输方式中，水路运输是一种最古老、最经济的运输方式。水路运输的生产过程相当烦琐，具有点多、线长、面广、分散流动、波动大的特点。水路运输的生产过程主要包括货物在起运港接收、仓储、装船，船舶运行到到达港，在到达港卸船、仓储、疏运或交付收货人等过程。对于海上运输而言，其通航能力几乎不受限制。一般来说，水运系统综合运输能力主要由船队的运输能力和港口的通过能力决定。水路运输工具如图3-4所示。

图 3-4　水路运输工具

水路运输的优缺点及适用条件如表 3-3 所示。

表 3-3　水路运输的优缺点及适用条件

水路运输的优点	水路运输的缺点
运输能力强，通用性好，可以运送各种货物，尤其是大件货物	受自然条件影响较大
建设投资费用低，运输成本低	运送速度慢，在途时间长
平均运距长，劳动生产率高	可达性较差
水路运输的综合优势较为突出，适宜运距长、运量大、时效性要求不太高的各种大宗物资运输，如谷物、矿石、煤炭、石油等	

4. 航空运输

航空运输是一种快捷的现代运输方式。航空运输除具有速度快、货运质量高、超越地理限制、运价高等特点之外，在运输市场中还具有以下特征：航空货物运输的对象十分广泛（如邮件、鲜花、贵重物品、易腐和危险物品等）、货物运输具有方向性（通常是经济发达和对外开放程度高的地区货运量较大）。由于班机有固定航线、固定停靠港且定期开航，因此国际货物流通多使用班机运输方式，能安全、迅速地到达世界上各通航地点，便于收、发货人确切掌握货物起运和到达的时间，这对市场上急需的商品、鲜活易腐货物以及贵重商品的运送是非常有利的。航空运输的优缺点及适用条件如表 3-4 所示。航空运输工具如图 3-5 所示。

表 3-4　航空运输的优缺点及适用条件

航空运输的优点	航空运输的缺点
运行速度快	飞机造价高、能耗大、运输能力小、成本高
机动性能好	技术复杂
航空运输适宜远距离、体积小、价值高的货物运输，以及鲜活产品、时令性产品和快件等	

图 3-5 航空运输工具

5. 管道运输

管道运输是以管道运送流体货物的一种运输方式。管道运输是随着石油和天然气产量的增长而发展起来的,目前已成为陆上油、气运输的主要运输方式,如我国的西气东输管道,其施工建设如图 3-6 所示。

图 3-6 管道运输工具

管道运输的优缺点及适用条件如表 3-5 所示。

表 3-5 管道运输的优缺点及适用条件

管道运输的优点	管道运输的缺点
运输量大,占地少,损耗少	专用性强
安全可靠,无污染	管道起输量与最高运输量间的幅度小
管道运输适宜流量大且稳定的液体、气体、粉末类等货物运输	

二、选择运输方式时要考虑的因素

运输方式的选择受运输货物的种类、运输量、运输距离、运输时间、运输成本等多种因素的影响。这些因素不是相互独立的,而是紧密联系、相互影响的。

(一)运输货物的种类

运输货物的价值、形状、单件的重量、容积、危险性等都是影响运输方式选择的重要因素,货物的自然属性直接影响着对运输方式的选择。一般来说,原材料等大批量的货物、价格低廉或体积庞大的货物适合铁路运输或水路运输;重量轻、体积小、价值高的货物适合航空运输;生活用品、食品等适合公路运输。

(二)运输量

各种运输工具都有其优势领域,要根据货物数量、运送频率对运输工具进行优化选择。一般大批量货物选择铁路或水路运输,小批量货物选择公路或航空运输。

(三)运输距离

在运输活动中,由于运输工具、运输时间、运输成本、运输方式、货损、运费等都与运输距离的长短有一定的关系,因此运输距离的长短是判断运输方式合理与否的一个重要因素。缩短运输距离既涉及宏观的社会效益又涉及微观的企业效益。通常长距离运输适合选择铁路运输、水路运输或航空运输,中短距离适合选择公路运输。

(四)运输时间

运输时间与客户要求的交货时间直接联系,也与运输企业的服务水平相联系。客户要求的运输期限不同,或运输企业为客户承诺的运输期限不同,就需要考虑选择不同的运输方式。比如,对于市场急需的商品,承运人必须选择速度快的运输工具,如航空或汽车,以免贻误时机;反之,则可选择成本较低而速度较慢的运输工具。

(五)运输成本

运输成本会因货物的种类、重量、容积、运距不同而不同,而且运输工具也会影响运输成本。运输成本的高低直接受到不同经济实力的运输企业承受能力的制约,并直接影响企业经济效益的高低。因此,企业进行运输决策时,经济实力以及运输成本是影响运输方式选择的重要因素。在考虑运输成本时,必须注意运输费用与其他物流子系统之间存在的互为利弊的关系,不能仅通过运输费用来决定运输方式,而要从运输总成本的角度选择适当的运输方式。

 物流发展

资料从哪些方面介绍了我国大幅提升的交通运输综合实力？请结合自身经历，说说您的感受。

数字资源3-3：
我国交通运输综合实力大幅跃升

三、多式联运

随着国际贸易的不断发展和国内产品的快速流通，货主对运输服务的要求越来越高，不再满足于单一运输方式提供的不连贯运输。在这样的需求背景下，多式联运迅速发展起来。

（一）多式联运的概念及特征

根据《物流术语》（GB/T 18354—2021）的相关界定，多式联运（multimodal transportation/intermodal transportation）是指货物由一种运载单元装载，通过两种或两种以上运输方式连续运输，并进行相关运输物流辅助作业的运输活动。

多式联运是综合性的运输组织工作，是组织两种以上的运输方式或两程以上的衔接运输，以接力运输来实现全程运输，也是对各种运输方式的综合组织与合理运用。在多式联运工作中，不仅要考虑各种运输方式的特点和优势，合理地选择各区段的运输方式，还要考虑各种运输方式组成的运输线路的整体功能和各种方式优势的充分发挥。只有综合利用各种运输方式的技术和经济特性，扬长避短，相互补充，才能提供优质、方便、高效、快捷的运输服务，实现以最小的社会劳动消耗、最好的服务质量、最合理的运输组织满足社会对运输需要的目标。

多式联运的基本特征如下。

1. 全程性

多式联运是由联运经营人完成和组织的全程运输。无论运输中包含几个运输区段，包含几种运输方式，有多少个中转环节，多式联运经营人均要对运输的全程负责，完成或组织全程运输中所有的运输及相关的服务业务。

2. 简单性

多式联运实行"一次托运、一份合同、一张单证、一次保险、一次结算费用、一票到底"方式，因此，比传统分段运输手续简便，大大方便了货主，还可以提前结汇，缩短货主资金占用时间，提高社会效益和经济效益。

3. 通用性

多式联运涉及两种以上运输方式的运输和衔接配合，与按单一运输方式的货运法规来办理业务不同，所使用的运输单证、商务规定、货运合同、协议、法律、规章等必须适用于两种以上的运输方式。

4. 多式联运经营人具有双重身份

多式联运经营人在完成或组织全程运输的过程中，首先要以本人身份与托运人订立联运合同。在该合同中，多式联运经营人是承运人。之后，又要与各区段不同方式的承运人分别订立各区段的分运合同。在这些合同中，多式联运经营人是以托运人和收货人的身份出现的。这种做法使多式联运经营人具有了双重身份。就其业务内容和性质来看，多式联运经营人的运输组织业务主要是各区段运输的衔接组织，是服务性工作，这与传统的货运代理人业务较为相似。

（二）常见的多式联运方式

1. 海-空（sea-air）联运

这种联运方式兼有海运的经济性和空运的速度，在远东—欧洲的国际贸易中运用得越来越广泛，适用于电器、电子产品、计算机和照相器材等高价值商品，以及玩具、时装等季节性需求较强的商品。

2. 海-铁（sea-train）联运

这是一种铁路和海运联合的运输方式，最初产生于美国。它类似于滚装运输系统，不同的是，滚装运输的工具是火车车厢。这种方式将不同大陆的铁路系统通过海上运输工具连接起来，尤其适用于重型货物的运输。

3. 航空-公路（air-road）联运

长途运输（尤其是国际长途运输）中，航空与公路的联合十分常见，行包运输和件杂货运输就经常使用这种联运方式。在欧洲和美国，很多航空货物由卡车经长途运输到达各大航空公司的基地，再由飞机运往目的地。欧洲的许多大型航空公司为此建立了卡车运输枢纽作为公路运输经营的据点。

4. 铁路/公路-内河（train/road-inland）与海上-内河（sea-inland）联运

在内河运输较方便的地区，将内河运输方式与公路/铁路运输方式联合可以充分利用内河运输廉价的优点。例如，我国的北煤南运就经常使用这种联运方式。

海上-内河联运是一些内河运输网发达的国家或地区（如欧洲莱茵河流域、北美五大湖区）在国际物流运作时经常使用的联运方式。通常，出口货物首先使用内河运输方式从内陆地区运到港口，再通过海运方式由港口运输到目的国。目前，欧洲已有一些国家使用一种河海两用的船舶，使货物无须经过海港中转就可直接从内河港口运到海上，出口各国。

 物流创新

请您说一说多式联运"一单制"能够为企业解决什么问题，以及为助力多式联运发展，调动广大企业的积极性，内蒙古自治区人民政府和企业都做了什么。

数字资源3-4：
"一单到底"多式联运：
跑出交通运输新速度

四、集装箱运输

集装箱可以说是20世纪最伟大的发明之一。集装箱系统最大的成就在于将全世界的物流系统进行了统一，一个载重几十吨的货物容器实现了尺寸标准化，使得全球范围内的船舶、港口、航线、公路、桥梁、隧道被整合进配套的物流系统，运输系统成为现代物流系统的基石。

（一）集装箱的基本概念

根据《物流术语》（GB/T 18354—2021）的相关界定，集装箱（container）是指具有足够的强度，可长期反复使用的适于多种运输工具而且容积在1立方米以上（含1立方米）的集装单元器具。集装箱又称"货箱"或"货柜"，是一种具有一定强度和刚度的大型载货容器。

根据《集装箱术语》（GB/T 1992—2023）的相关界定，集装箱应具备下列条件：一是具有足够的强度，在有效使用期内能反复使用；二是适用于一种或多种运输方式运送货物，途中无须倒装；三是设有快速装卸的装置，便于从一种运送方式转换为另一种运输方式；四是便于箱内货物装满和卸空；五是内容积大于或等于1立方米。

集装箱的特点使其在国际货物运输中具有独一无二的优越性。然而，在集装箱使用之初，各国的集装箱大小标准不一，大大影响了集装箱在运输中优势的发挥。为了有效地开展国际集装箱多式联运，国际标准化组织 ISO/TC104 技术委员会自1961年成立以来，对集装箱国际标准做过多次补充、增减和修改，现行的国际标准为第1系列，共13种规格，其宽度均一样（2438 mm）、长度有四种（12192 mm、9125 mm、6058 mm、2991 mm）、高度有四种（2896 mm、2591 mm、2438 mm、小于2438 mm）。

为了便于统计集装箱船的装箱能力和集装箱拥有量，使集装箱箱数计算统一化，人们把20英尺（1英尺约为30.5厘米）集装箱作为一个计算单位，简称标箱（twenty-foot equivalent unit，TEU）。例如，一个40英尺的集装箱相当于两个计算单位，即两个标箱。集装箱船均以标箱为单位来表示它的载箱量，港口也以标箱为单位统计集装箱货物进出口量。

物流发展

集装箱的形式多样、种类丰富，可以满足不同的集装货物和使用场合要求。资料主要介绍了集装箱按照用途的分类，请您查找相关资料，说一说按照尺寸、材料、结构等，集装箱还可以怎样分类。

数字资源3-5：
常见的集装箱

（二）集装箱运输的特点

集装箱运输是指利用集装箱运输货物。集装箱运输以大型容器将货物集合组装起来，方便大型运输机器装卸搬运，从而更好地实现货物门到门运输，是一种新型、高效率和高效益的运输方式。与传统货物运输相比，集装箱运输具有以下特点。

1. 提高装卸效率，减轻劳动强度

集装箱的装卸基本不受恶劣天气的影响，船舶非生产性停泊时间缩短。在整个运输过程中，完全以集装箱为运输单元，由于每个集装箱都是标准尺寸，可以利用专用的机械操作工具和运输工具装运，缩短了等待装卸的时间，提高了装卸效率，加快了货物与运输工具的周转速度。对搬运集装化货物的工人而言，集装箱装卸也更加安全，因为操作的机器与人有一定的安全距离。在以前的货物装运中，工人与货物近距离接触，如果货物坠落或飞出，就容易导致附近的人受伤甚至死亡。在现代化集装箱码头，已经很少看见工人在卡车驾驶台和起重机防护外作业。

2. 简化包装，节约包装费用

为了避免货物在运输途中受到损坏，必须有坚固的包装，而集装箱具有坚固、密封的特点，其本身就是一种极好的包装。由于货物直接装在集装箱内，无须倒装，因而使用集装箱可以简化包装，有的不需要对货物另行包装，实现各种杂货无包装运输，可大大节约包装费用。

3. 减少货损货差，保证运输安全

集装箱运输能够有效减少货损货差，保证运输安全，提高货物运输质量。首先，货物放置在集装箱，难以接近。其次，集装箱通过标于外部的序列号来辨别，要想得知集装箱内装载物的方法是开箱或者了解其序列号编码方式，货物因此得到了保护。

再次，堆场中放置着上千个集装箱，通过打开集装箱偷走高价值货物的概率很低。最后，集装箱的箱门设有铅封，铅封一旦遭到损毁，即表明集装箱被侵入了。承运人在接收集装箱时，发现铅封损坏，会在货物运单上如实注明，在此情况下，如果出现货物丢失，承运人则无需承担责任。当收货人接收货物时，若铅封损坏，则有权拒绝签收货物。

4. 简化运输手续

货物完成装箱，施加铅封后，在整个运输过程各环节交接转换时，无需进行拆箱倒载作业，也不用开箱检验，直接整箱交接即可。因此，极大地减少了中间环节，提高了货物运输速度。尤其是集装箱联运，托运人仅需办理一次托运，使用一张运单便可完成全程运输，极为便捷高效。

（三）集装箱运输关系方与交接方式

1. 集装箱运输关系方

集装箱运输涉及许多方面，需要多方面相互协调和配合，以提高集装箱运输效率。集装箱运输关系方除货主外，还有以下几种。

（1）实际承运人

经营集装箱运输的轮船公司、公路运输公司、航空运输公司等是实际承运人。这些轮船公司不但拥有集装箱运输船，通常还备有大量集装箱，便于发货人使用。

（2）集装箱租赁公司

集装箱租赁公司专门经营集装箱的出租业务，承租人一般是轮船公司或货主。通常，货主不必租箱，轮船公司免费提供集装箱给货主使用。

（3）集装箱堆场

集装箱堆场是集装箱码头装卸区的组成部分，是整箱货物在码头交接、装卸和保管的场所。

（4）集装箱货运站

集装箱货运站一般设在内陆交通比较便利的大、中城市，是提供拼箱货装箱和拆箱服务的专门场所。

2. 集装箱运输交接方式

根据货物装箱数量和方式，集装箱运输交接方式可以分为整箱和拼箱两种。

整箱（full container load，FCL）是指发货方将货物装满整箱后，以箱为单位托运的集装箱。一般做法是由承运人将空箱运到工厂或仓库，在海关人员的监督下，货主把货装入箱内、加封铅封后交承运人并取得场站收据（dock receipt），最后凭场站收据取提单。

拼箱（less than container load，LCL）是指一个集装箱内装入多个货主或多个收货人的货物。当个别货主的货物批量小而不足以装满一个集装箱时，通常由集装箱货运站将分属不同货主但目的地相同的货物合并装箱，经海关检验后，对集装箱施加铅封。运至目的地后，在集装箱货运站拆箱分别交货。拼箱货的接收、装箱或拆箱、交货等工作，一般在承运人码头集装箱货运站或内陆集装箱货运站进行。

集装箱交接方式大致有四类，即整箱-整箱、拼箱-拼箱、整箱-拼箱、拼箱-整箱。其中，以整箱-整箱交接效果最好，其在整个运输过程中，完全以集装箱为单元进行运输，因此最适合门到门运输。

练一练

请扫码完成练习。

数字资源3-6：练一练

单元3　运 输 质 量

一、运输质量的概念

运输质量是指运输服务提供者能够满足客户基本运输要求和个性化要求的程度。运输质量管理就是对物流运输的全过程进行计划、组织、领导、协调和控制。

运输质量的客观依据是用户的合理需要，评价标准在于用户的满意程度。运输涉及千家万户，所运货物也千差万别，用户对运输质量的共同要求构成了运输质量的基本内容。

二、运输质量的内容

运输质量包括三个相互联系的方面，即运输产品质量、运输服务质量和运输工作质量。人们通常所讲的运输质量，指的是前两者，是狭义的运输质量概念。运输产品质量是指满足旅客、货主对客、货位移特定需求的一种特性，反映了客户在物质方面的需求；运输服务质量是指在实现运输对象位移的过程中，运输生产应能满足客户精神、文化需求方面的一种特性，它反映了客户在精神方面的需求；运输工作质量是指在运输生产过程中，所涉及的各种设施、设备、制度、规范、文化等符合有关质量要求的特性，它是运输产品质量和运输服务质量的保障。上述三者互为补充、缺一不可。运输质量的构成如图3-7所示。

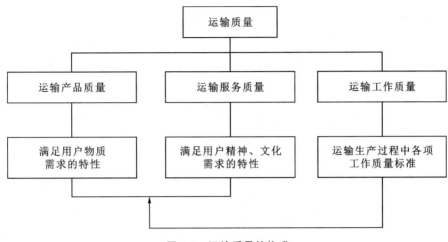

图 3-7　运输质量的构成

三、运输质量指标

在物流运输服务活动过程中，由于服务人员的素质、能力以及客户的需要存在差异，物流运输服务很难有统一的衡量标准，这决定了物流运输质量评价的复杂性。一般运输质量可以使用安全性、可靠性、可达性、一票运输率、客户满意率、意见处理率等指标来衡量，具体如表 3-6 所示。

表 3-6　运输质量指标

指标	二级指标	定义	公式
安全性指标	运输损失率	一种方式是以损失货物总价值与运输货物总价值进行比较。这种方式适用于货物企业的运输损失绩效考核	运输损失率 = $\dfrac{损失货物总价值}{运输货物总价值} \times 100\%$
		另一种方式是用损失赔偿金额与运输业务收入总额的比值来反映。这种方式适用于运输企业或物流企业为货主企业提供运输服务时的货物安全性绩效考核	运输损失率 = $\dfrac{损失赔偿金额}{运输业务收入总额} \times 100\%$
	货损货差率	指在办理发运货物总票数中货损货差票数所占的比例	货损货差率 = $\dfrac{货损货差票数}{办理发运货物总票数} \times 100\%$

续表

指标	二级指标	定义	公式
安全性指标	事故频率	指单位行程内发生行车安全事故的次数，一般只计大事故和重大事故。它反映了车辆运行过程中随时发生或遭遇行车安全事故的概率	事故频率（次/万千米）= $\dfrac{\text{报告期事故次数}}{\text{报告期总运输千米数}/1000}$
	安全间隔里程	指平均每两次行车安全事故之间车辆安全行驶的里程数。该指标是事故频率的倒数	安全间隔里程 = $\dfrac{\text{报告期总运输千米数}/1000}{\text{报告期事故次数}}$
可靠性指标		是评价运输可靠性的主要指标，它可以反映运输工作的质量，促使企业做好运输调度管理工作，采用先进的运输管理技术，保证货物流转的及时性	正点运输率 = $\dfrac{\text{正点营运次数}}{\text{营运总次数}} \times 100\%$
可达性指标		由于有些运输方式如铁路、航空等，不能直接把货物运至最终目的地，所以要利用可达性这个指标（一般显示为货物直达率）来评价物流企业提供多式联运服务的能力。尤其是当货物来往于机场、铁路端点站、港口时，可达性就显得尤为重要	货物直达率 = $\dfrac{\text{直达票号数}}{\text{同期票号数}} \times 100\%$
一票运输率		货主一次购票（办理托运手续）后，由企业全程负责，提供货物中转直至送达最终目的地的运输服务，这被称为一票运输。一票运输率反映了联合运输或一体化服务程度的高低	一票运输率 = $\dfrac{\text{一票运输票号数}}{\text{同期票号数}} \times 100\%$
客户满意率		对货主进行满意度调查时，凡在调查问卷上回答对运输服务感到满意及以上档次的货主，称为满意货主。客户满意率是对运输服务质量的总体评价	客户满意率 = $\dfrac{\text{满意货主数}}{\text{被调查货主数}} \times 100\%$

续表

指标	二级指标	定义	公式
意见处理率		意见处理率反映了对客户信息的及时处理能力，在货主针对运输服务质量问题提出的诸多意见中，企业予以及时处理并给予货主必要的物质或精神补偿，取得满意效果的意见，称为已处理意见	意见处理率 = $\dfrac{\text{已处理意见数}}{\text{货主提出意见数}} \times 100\%$

四、运输质量管理技术

运输质量管理水平的提高在很大程度上需要依赖技术。以下主要介绍北斗卫星导航系统、物流定位跟踪平台在运输质量管理中的应用情况。

（一）北斗卫星导航系统

1. 北斗卫星导航系统概述

北斗卫星导航系统是我国为满足全球导航系统的需求而开发的自主导航系统，是我国正在建设的重要的空间信息基础设施。北斗卫星导航系统于2012年年底完成区域系统的空间组网，并向亚太地区提供定位、导航和授时服务。北斗卫星导航系统能够发送高精度、全天时、全天候的导航、定位和授时信息，广泛应用于航天、航空、

视频3　北斗领航，开启智能物流时代

物流、交通、电力、通信、渔业、农业、林业、国土等关键领域，为国民经济和国家安全重要基础设施提供空间和时间基准，是现代信息社会的基础，是涉及国家战略安全的重大空间基础设施。在关系国计民生的关键行业和领域，可以利用北斗卫星导航满足国家和经济安全的需求。利用北斗卫星导航进行智慧物流系统建设，是涉及国家重要战略物资如危化品运输、应急物资、军事物资等的物流运输行业的使命要求，也是中国智慧物流发展的必然趋势。

我国实施北斗卫星导航系统建设"三步走"规划。第一步，北斗一号，解决有无。1994年，启动北斗一号系统建设；2000年发射2颗地球静止轨道（GEO）卫星，建成系统并投入使用，采用有源定位体制，为中国用户提供定位、授时、广域差分和短报文通信服务；2003年，发射第3颗地球静止轨道卫星，进一步增强系统性能。第二步，北斗二号，区域无源。2004年，启动北斗二号系统建设；2012年，完成14颗卫星、即5颗地球静止轨道卫星、5颗倾斜地球轨道卫星（IGSO）和4颗中圆地球轨道卫星（MEO）的发射组网。北斗二号在兼容北斗一号技术体制基础上，增加无源定位体制，

为亚太地区提供定位、测速、授时和短报文通信服务。第三步，北斗三号，全球服务。2009年，启动北斗三号系统建设；2020年，全面建成北斗三号系统。北斗三号系统是由3GEO+3IGSO+24MEO构成的混合导航星座，系统继承有源服务和无源服务两种技术体制，为全球用户提供基本导航（定位、测速、授时）、全球短报文通信和国际搜救服务，同时可为中国及周边地区用户提供区域短报文通信、星基增强和精密单点定位等服务。

北斗卫星导航系统能够实现国外导航系统如GPS、GLONASS系统的所有功能，同时还具有自己的特点。北斗卫星导航系统在物流运输中具有很多应用优势，具体包括以下几点。

第一，北斗卫星导航系统完全自主，相对安全可靠，对于军用物资、战略性物资、应急资源等关系国计民生的物流运输显得相当迫切和必要。

第二，北斗卫星导航系统有斜轨道卫星，在遮挡物复杂的地形或地表的定位信号更强、精度更高（如城市高楼集中的CBD），相较于其他系统，其能够更好地为物流运输提供服务。而且现在研发的接收机设备一般支持多模，以"北斗+GPS"双模进行定位，比一般GPS导航定位更快、更准。

第三，北斗卫星导航系统支持短报文传讯功能，终端设备不仅能接收到北斗卫星系统的定位信号，还能发送终端信息到卫星或调控中心。这一特点使其支持地面移动网络服务盲区的通信，能够让海外或沙漠等偏远地区的物流车辆多一条通信渠道，实现对偏远地区的物流监控。

第四，北斗卫星导航系统是目前第一个在两个民用频点上播发导航电文的导航系统，为国内外导航企业研制开发高精度的接收机设备奠定了基础。它运用于物流领域，可以提供精准到车道级监控的服务。

2. 北斗卫星导航系统在运输中的应用

（1）实时监控

北斗卫星导航系统可以提供高精度的实时位置信息，这对于运输过程中的车辆和货物监控至关重要。通过实时定位，物流企业可以实时了解货物的位置信息，提高运输效率。

（2）路径优化

北斗卫星导航系统结合大数据分析和人工智能技术，可以帮助物流企业优化运输路线，降低空驶率，提高运输效率和市场竞争力。

（3）智能调度

北斗卫星导航系统可以辅助调度人员进行车辆和货物的调度，提高运输组织效率，降低成本。

（4）安全预警

北斗卫星导航系统可以实时监测货物的位置和速度，对于异常情况及时预警，保障运输安全。例如，当车辆速度过快或出现紧急情况时，系统会自动报警并通知相关人员进行处理。

（5）物流全流程管理

北斗卫星导航系统可以对原材料和产品运输、储存、送达最终用户的物流全流程进行监控和管理，并辅助司机和调度人员做出决策，分析物流系统存在的问题并进行流程优化。

（6）数据分析与优化

通过北斗卫星导航系统提供的数据，物流企业可以优化运输路线、进行市场预测等。例如，通过分析历史运输数据和市场趋势，可以预测未来的运输需求和运输路线，提高运输效率和市场竞争力。

 物流技术

全国道路货运车辆公共监管与服务平台是12吨以上重载货车的国家级监管平台，试说说该平台具有哪三个自动功能，并谈一谈您对材料中"对于货车司机来说，安装、使用北斗卫星定位装置可使运输更加安全"这句话的理解。

数字资源 3-7：
12家央企联手共建北斗产业生态，为道路运输精准"导航"

（二）物流定位跟踪平台

1. 物流定位跟踪平台设计

物流定位跟踪平台是基于 GIS、电子地图、卫星定位、移动通信、卫星通信、云计算等技术，实现对整个物流过程中的车辆、货物等位置信息的实时采集和处理，同时将视频、音频等传感器的信息连同位置信息一并进行处理，从而实现对整个物流过程中的车辆、货物等信息的全方位的实时的监控管理，并能够扩展到提供在线物流交易功能。

物流定位跟踪平台的主要用户包括个人或企业的车主、货主和物流企业。对于车主来说，利用物流定位跟踪平台，能够实时获取自己车辆的位置信息、视频信息等，根据货物位置进行车辆调度，紧急情况下还能进行报警提示；对于货主来说，利用物流定位跟踪平台，能够实时监控自己货物的位置信息、某个位置上的状态信息等。

物流定位跟踪平台的典型系统架构包括应用支撑层、应用层和服务展现层。其中，应用支撑层包括各类硬件服务器、网络设施等硬件设施，数据库资源和应用服务层；应用层包括数据服务、业务应用及业务接入层；服务展现层包括界面的展示，主要是 PC 端的界面展示和移动客户端的界面展示。

物流定位跟踪平台可以根据不同功能分为支撑平台分系统和业务应用分系统。支撑平台分系统包括应用网关子系统、报警网关子系统、应用服务引擎子系统、数据服务引擎子系统、运营支撑管理子系统、GIS 子系统 6 个部分。其中，数据服务引擎子系统包括实时数据库、分布式数据库、关系数据库和 GIS 数据库。支撑平台分系统封装系统底层的计算资源、存储资源和网络资源，实现全部硬件资源的统一管理和集成服务。另外，平台对外屏蔽内部细节，采用统一的接口封装形式，为系统运行提供定位终端接入、流程调度、数据管理、GIS、报警处理、运营管理等基础服务支撑。业务应用分系统包括运输过程监控、运输智能调度和增值服务 3 个部分。业务应用分系统直接面向用户的部分包括运输过程的全要素、全过程监管，运输任务的智能化调度等，并通过 B/S（浏览器/服务器）、移动应用、第三方应用等接入形式，向物流企业相关人员（如监控调度员、其他管理人员）等提供界面风格统一的访问服务。因此，业务应用分系统包括物流服务子系统、车辆监控子系统、报警处理子系统、多媒体管理子系统、车辆调度子系统、货物单号管理子系统等，提供运输监控的全业务管理服务。

2. 物流定位跟踪平台应用

物流定位跟踪平台在现代物流管理中发挥着至关重要的作用，其应用涵盖多个方面，包括但不限于以下几个领域。

（1）实时定位与监控

物流定位跟踪平台能够实时追踪运输工具（如车辆、船舶、飞机等）和货物的位置，提供精确的地理坐标信息。这不仅有助于物流企业监控运输过程，还能让客户实时了解货物的状态，提高透明度和信任度。

（2）环境监测与货物保护

在冷链物流等对环境条件要求较高的场景中，物流定位跟踪平台可以实时监测温度、湿度等环境参数，确保货物在适宜的条件下运输，从而保证货物的质量和安全。

（3）安全与风险管理

平台可以设置电子围栏、超速报警等功能，一旦运输工具或货物偏离预设的安全范围或出现异常情况，系统会立即发出警报，帮助企业及时应对风险。

（4）客户服务与满意度提升

通过提供实时物流信息，物流定位跟踪平台可以显著提升客户的服务体验，增强客户满意度，从而提高客户忠诚度和企业的市场竞争力。

物流定位跟踪平台的应用不仅提高了物流运作的效率和安全性，还让企业提高了商业智能和客户服务能力，是现代物流与供应链管理不可或缺的工具。随着技术的不断进步，物流定位跟踪平台的功能和应用范围将不断扩展和深化。

练一练

请扫码完成练习。

数字资源 3-8：练一练

能力提升

运输认知实训

【实训目的】

让学生了解各类货物所采用的运输方式和不同运输工具,掌握运输在物流及现代社会中的重要地位,培养学生自主探索获取信息的能力。

【实训方式】

采用文献查找、网上调查和实地调研相结合的方式,从日用百货、农产品、煤炭、粮食等货物中任意选择两种货物,分析这两种货物的特征,以及在运输距离、数量、客户对时间要求的不同条件下运输方式选择的变化。

【实训步骤】

① 通过文献查找、网上调查和实地调研分析所选货物的特征。

② 查找与运输相关的主要门户网站,如中国道路运输网、物通网等,了解常见的运输活动。

③ 分析所选货物在运输距离、数量、客户对时间要求的不同条件下所适宜的运输方式的变化。

【实训结果】

完成实训报告。报告应包括以下内容:所选两种货物的特征,在运输距离、数量、客户对时间要求的不同条件下,所选运输方式的变化。

自我总结

1. 通过学习本模块内容,您对智慧物流与供应链的空间效应相关内容的认识发生了哪些变化?试列出两点。

2. 本模块内容中哪些部分激发了您的学习兴趣?您将继续进行哪些探索性学习?

Project

04

模块四
智慧物流与供应链的时间效应

单元1　智慧物流与供应链的时间效应和仓储
单元2　存储设施设备
单元3　仓储作业绩效评价

导语

物流创造产品的时间效应，仓储增加产品的时间效应。产品出现剩余以及流通需要促使仓储形成和发展。在产品生产、流通过程中，因客户订单或企业生产预测前置，企业提前储备原材料、半成品、成品等而产生了仓储。仓储也可以集中反映企业生产、经营活动综合状况。因此，仓储是生产制造与产品流通的重要环节，是物流活动的重要内容，也是供应链中承担物质与信息流通的重要一环，承担着将原料、生产制造、销售连接起来，形成一个完整链条的重要职能。

导学

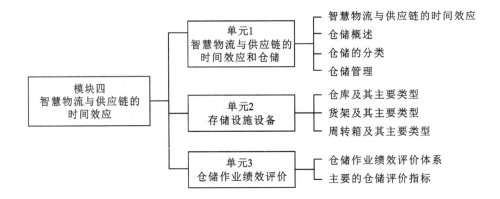

学习目标

1. 熟悉时间效应的概念，了解时间效应的获得形式。
2. 理解仓储的含义与分类。
3. 掌握仓储管理的含义、原则及内容，掌握仓储业务流程。
4. 了解仓库、货架、周转箱的功能和主要类型。
5. 熟悉仓储作业绩效评价体系，掌握主要的仓储评价指标计算公式。
6. 培养对"物流事业传承有我"的使命认同以及以技报国的理想追求。
7. 培养信息获取能力和精益求精的工匠精神。

案例导入

日日顺供应链携手三柏硕，打造国内首个运动器械智能仓

2022年9月，国内首个运动器械智能仓在青岛正式启用。该智能仓由日日顺供应链科技股份有限公司（以下简称日日顺供应链）与青岛三柏硕健康科技股份有限公司（以下简称三柏硕）携手打造，通过定制并应用智能硬件设备及仓储管理系统，实现仓内存储数字化、分拣自动化、取货无人化、出货智能化的全流程作业能力，打造了行业智能仓储新样板。

作为此次运动器械智能仓项目的方案提供商，日日顺供应链依托大数据、云计算、物联网等信息技术，针对三柏硕的使用需求及运动器材在仓储管理环节的特点，定制了包括前期市场调研、项目规划、仓内设计、仓内实施、设备集成、科技指导等覆盖各节点的仓储智能升级解决方案，对三柏硕原有的普通成品仓库进行了全方位的智能化改造，有效提高了空间利用率和货物流通效率，降低了仓储管理成本。

具体来说，升级后的智能仓通过充分利用仓内空间，设置立体货架，使得货位相较于平面仓储模式增加了2倍以上；同时，智能化仓储系统的应用有效衔接了生产端和物流端，解决了存储丢件、过期出货、分拣失误、产品漏扫等此前运营过程中的多发问题，实现出库效率提升30%，入库效率提升50%，成品发货准确率达100%；此外，RGV穿梭车、智能四向穿梭车、全自动智能码垛机器人等智能化硬件设备的应用，实现了运动器械成品从生产下线到打包运输，再到成品存储、分拣出货等一条龙自动化作业，这在减少产品搬运次数的同时，降低了产品在分拣过程中的包装破损率。

三柏硕是国内蹦床制造行业领军企业，经过近20年的发展，它已成为集研发、设计、生产、销售于一体的健身休闲运动器材提供商。在发展壮大的过程中，三柏硕十分重视完整高效的供应链建设。此次智能仓的启用，将进一步完善三柏硕敏捷、柔性的一体化供应链体系，助力其提升市场响应速度、交付能力、服务效率等，成为其高效供应链管理中的重要一环。

作为中国领先的供应链管理解决方案及场景物流服务提供商，日日顺供应链不断探索科技创新与应用，实现园区、仓库、设备的高度信息化，真正做到物流设施集约化、物流运作共同化、城市物流设施空间布局合理化，积累了丰富的智能化供应链管理经验。凭借不断得到市场认证的端到端的一体化供应链服务能力，日日顺供应链已覆盖并赋能家电、家居、汽车、健身、出行、跨境、冷链、光伏、快消等众多领域。此次携手三柏硕打造国内首个运动器械智能仓，也进一步展示了其在供应链管理服务领域的实力。

【思考】

您认为仓储管理会对企业运营起到什么样的作用？智能化仓储管理系统如何有效提升仓储空间利用率、货物流通效率和降低管理成本？

单元 1　智慧物流与供应链的时间效应和仓储

一、智慧物流与供应链的时间效应

（一）时间效应的概念

时间效应是指"物"从供给方到需求方有一段时间差，通过改变这一时间差所创造的效应。从形式上看，物流的时间效应是把握"物"的流动时机，从而形成的效益；从构成实质上看，包括提高资金使用效率和把握商机形成增量效益。时间效应不是单独追求物流过程中某个单独变量的变化，如仅仅追求收入增加或资源消耗的减少等，而是整体把握相关收入的增加，资源占用及资源消耗（包括各种不同性质资源的消耗，如人力资源消耗、原材料消耗、固定资产消耗等）成本的减少。

物流的时间效应表现为通过流通过程中的劳动消除产品生产和消费时间上的不一致。这种不一致包括多种情况，比如农产品是间断性生产和连续性消费、一些季节性或集中性消费产品的生产是长期连续的。更多的情况是，虽然生产和消费都是连续的，但是产品从生产到消费有一定的时间差，这种时间差表现为产品生产与消费的时间矛盾等。物流中的仓储等活动投入的劳动可以解决这种矛盾，具体表现为产品时间效应的增加。

对于企业来说，产品不仅要送达消费者需要的地点，还应在消费者需要的时间送达，这样才能实现产品的价值。企业通过仓储改变产品的供应时间，带来时间效应。时间效应强调减少备货时间。面对激烈的市场竞争，仓储变得越来越重要。

（二）时间效应的实现方式

具体来说，物流的时间效应可以通过缩短时间、弥补时间差和延长时间差等方式实现。

1. 缩短时间

缩短物流时间，可获得多方面的好处，如减少物流损失、降低物流消耗、提高物流货运周转率、节约资金等。马克思从资本角度指出：流通时间越接近零，资本的职能就越大，资本的生产效率就越高，它的自行增殖就越大。

这里所讲的流通时间完全可以理解为物流时间，因为物流周期的结束是资本周转的前提条件。这个时间越短，资本周转越快，表现出资本的增殖速度越快。所以，通过缩短物流时间可以实现较高的时间效应。

2. 弥补时间差

在经济社会中，由于需要和供给的不对称性和不均衡性，二者之间普遍存在时间差。许多产品的生产是连续的，而消费者对这些产品的需求未必仅在产品的产出时间，有一定的季节性和周期性。如，空调器等产品的生产连续进行，但人们的消费有明显的季节性，这种连续产出所形成的供给和集中需求之间存在时间差。物流过程是一个中转和物资的储存过程，产品在从生产部门到消费者的流通过程中必然存在一个停留期，通过储存弥补产品生产与消费在时间上的差异，创造时间效用，以保证流通和生产的顺利进行。这就是物流弥补时间差而创造出的时间效应。

3. 延长时间差

延长时间差可以创造效应，这是因为延迟物流时间可以使产品在更好的时间点获得更高的实现价值。由于产品生产的技术经济特征，在现有科学技术条件下不大可能通过即时生产、配送来消除时间差，即使能通过科学技术的发展实现即时生产、配送，也不经济。因此，只能通过延长时间差来实现产品的效益，即通过"物"的储备有意识地延长物流时间，以均衡人们的需求。因此，利用延长时间差来创造时间效应成为物流服务的一个效益创造手段。

物流的时间效应对于某些季节性产品效益的实现十分重要，因为其在不同的时间点上的实现价值可能相差很大。秋季集中产出的粮食、水果等，通过物流的储存活动，有意识地延长物流时间，以均衡人们的需求。在某些具体物流中经常存在人为地、能动地延长物流时间来创造价值的活动。比如：产品待机销售，在储存中寻找进入市场的理想时间；备战、备荒所形成的战略性储备；囤积性营销活动等等。这些都是通过物流环节有意识地延长物流时间、增大时间差来创造价值的。

二、仓储概述

（一）仓储的定义

根据《物流术语》（GB/T 18354—2021）的相关界定，仓储（warehousing）是指利用仓库及相关设施设备进行物品的入库、储存、出库的活动。

我们可以从"仓"和"储"两个方面来认识仓储。"仓"也称"仓库"，是存放物品的建筑物和场地，如房屋建筑、大型容器、洞穴或特定的场地等，具有存放和保护物品的功能。"储"表示收存以备使用，具有收存、保管、储藏和交付使用的含义。

仓储具有生产性质，但其与物质资料的生产活动有很大的区别，主要表现为以下几点：一是仓储不创造使用价值，只是增加价值；二是仓储具有不均衡和不连续性；三是仓储具有服务性质。

（二）仓储的作用

1. 仓储的正向作用

第一，仓储是物流的主要功能要素之一。在物流体系中，运输和仓储被称为两大支柱。运输承担着改变物品空间状态的重任；仓储则承担着改变物品时间状态的重任。

第二，仓储是整个物流业务活动的必要环节之一。仓储作为物品在生产过程中各间隔时间内的物流停滞，是保证生产正常进行的必要条件，它使生产活动顺利进行到下一步。

第三，仓储是保持物资原有使用价值和物资使用合理化的重要手段。生产和消费的供需在时间上的不均衡、不同步造成物资使用价值在数量上减少，质量上降低。只有通过仓储，才能减少物资损害程度，防止产品一时过剩而浪费，使产品在效应最大的时间发挥作用，充分发挥潜力，实现最大效益。

第四，仓储是加快资金周转，节约流通费用，降低物流成本，提高经济效益的有效途径。有了仓储的保证，就可以免除加班赶工的费用，避免紧急采购的成本增加。同时，仓储也必然会消耗一定的物化劳动和活劳动，还会大量占用资金，这些都说明仓储节约的潜力是巨大的。通过仓储的合理化，可以加速物资的流通和资金的周转，从而节省费用支出，降低物流成本，开发"第三利润源泉"。

2. 仓储的负向作用

仓储是物流系统中一种必要的活动，但也具有削减物流系统效益、恶化物流系统运行的负面作用，甚至有人认为，仓储中的库存是企业的"癌症"。因为仓储会使企业付出巨大的代价。这些代价主要体现在以下几方面。一是固定费用和可变费用支出。仓储要求企业在仓库建设、仓库管理、仓库工作人员工资和福利等方面支出大量的成本费用，使得企业开支增加。二是机会损失。储存物资会占用大量资金以及资金利息，这些资金如果用于其他项目，可能会产生更大的收益。三是陈旧损失与跌价损失。随着储存时间的增加，存货发生陈旧变质，严重的甚至完全丧失价值和使用价值；同时，一旦错过有利的销售期，又会因为必须低价贱卖，而不可避免地面临跌价损失。四是保险费支出。为了分担风险，很多企业对储存物采取投保即缴纳保险费的方法。保险费支出在仓储物资总值中占了相当大的比例。在信息经济时代，随着社会保障体系和安全体系日益完善，这个费用支出的比例还会呈上升趋势。

上述各项费用支出都是降低企业效益的因素，再加上在企业运营过程中，仓储对流动资金的占用达40%～70%，有的企业库存在某段时间甚至占用了全部流动资金，使企业难以正常运转。

（三）仓储的功能

1. 储存功能

现代社会生产的一个重要特征就是专业化和规模化生产，劳动生产率极高，产量巨大，绝大多数产品都不能被即时消费，需要通过仓储手段进行储存，这样才能避免生产过程堵塞，保证生产继续进行。

2. 保管功能

生产出的产品在消费之前必须保持其使用价值，否则将会被废弃。这项任务就由仓储来承担。仓储过程中，仓库相关人员对产品进行保护、管理，防止产品因损坏而丧失价值。

3. 加工功能

在产品保管期间，保管人根据存货人或客户的要求对保管物的外观、形状、成分构成、尺度等进行加工，使其发生人们所期望的变化。

4. 整合功能

整合是仓储活动的经济功能。通过整合功能，仓库可以将来自多个制造企业的产品或原材料整合成一个单元，实行一票装运。

5. 分类和转运功能

分类就是将来自制造商的组合订货分类或分割成个别订货，然后安排适当的运力将其运送给制造商所指定的个别客户。

6. 支持企业市场形象的功能

从满足需求的角度来看，从距离较近的仓库供货比从生产厂商处供货方便得多，同时，仓库也能提供更为快捷的递送服务。

7. 市场信息的传感器

任何产品的生产都必须满足社会的需要，生产者需要把握市场需求的动向。社会仓储产品的变化是了解市场需求的极为重要的途径。

8. 提供信用的保证

购买方可以到仓库查验货物。由仓库保管人出具的货物仓单是实物交易的凭证，可以作为对购买方提供的保证。

9. 现货交易的场所

存货人要转让在仓库存放的产品时，购买人可以到仓库查验产品和取样化验，双方可以在仓库进行转让交割。

三、仓储的分类

仓储的本质是储存和保管，但由于仓储经营主体、仓储对象、仓储功能、仓储物的处理方式等不同，不同的仓储活动具有不同的特征，也可以进行不同的分类。

（一）按仓储经营主体划分

1. 企业自营仓储

企业自营仓储包括生产企业和流通企业的自营仓储。其仓储对象较多，目的是支持企业的销售活动。

2. 商业营业仓储

商业营业仓储是指仓储经营人以其拥有的仓储设施，向社会提供商业性仓储服务的仓储行为。仓储经营人与存货人通过订立仓储合同的方式建立仓储关系，并依合同约定提供服务和收取仓储费。

3. 战略储备仓储

战略储备仓储是国家根据国防安全、社会稳定的需要，对战略物资进行储备而产生的仓储。战略储备由国家政府进行控制，通过立法、行政命令的方式进行。

（二）按仓储对象划分

1. 普通物品仓储

普通物品仓储是指不需要特殊保管条件的物品仓储。一般的生产物资、生活用品、普通工具等杂货类物品，不需要针对货物设置特殊的保管条件，可以在无特殊装备的通用仓库或货场存放。

2. 特殊物品仓储

在保管中有特殊要求和需要满足特殊条件的物品仓储，如危险品仓储、冷库仓储、粮食仓储等。

（三）按仓储功能划分

1. 储存仓储

储存仓储是物资需较长时期存放的仓储。由于物资存放时间长，储存费用低廉就很有必要。储存仓储一般在较为偏远的地区进行。储存仓储的物资较为单一、品种少，但存量大，且存期长，因此要特别注意物资的质量保管。

2. 物流中心仓储

物流中心仓储是以物流管理为目的的仓储活动，是为了实现有效的物流管理，对物流的过程、数量、方向进行控制，以实现物流的时间价值的活动。

3. 配送仓储

配送仓储也称配送中心仓储，是产品在配送交付消费者之前所进行的短期仓储，是产品在销售或供生产使用前的最后储存，并在该环节进行销售或使用的前期处理。配送仓储一般在产品消费的经济区间进行。

4. 运输转换仓储

运输转换仓储一般在不同运输方式的相接处进行，如在港口、车站等场所进行的仓储。运输转换仓储是为了保证不同运输方式的高效衔接，减少运输工具的装卸和停留时间。

（四）按仓储物的处理方式划分

1. 保管式仓储

保管式仓储是指以保管物原样保持不变的方式进行的仓储，也称纯仓储。存货人将特定物品交由保管人进行保管，到期后保管人将原物交还存货人。

2. 加工式仓储

加工式仓储是保管人在仓储期间，根据存货人的要求对保管物进行一定加工的仓储方式。

3. 消费式仓储

保管人在接受保管物时，同时接受保管物的所有权，保管人在仓储期间有权对仓储物行使所有权。

四、仓储管理

（一）仓储管理的含义

仓储管理是指对仓库和仓库中储存的货物进行管理。从广义上看，仓储管理是对物流过程中货物的储存，以及由此带来的商品包装、分拣、整理等活动进行的管理。

仓储管理是一门经济管理科学，同时涉及应用技术科学，属于边缘性学科。仓储管理将仓储领域的生产力、生产关系以及相应的上层建筑中的有关问题进行综合研究，以探索仓储管理的规律，不断促进仓储管理的科学化和现代化。

（二）仓储管理的基本内容

仓储管理的对象是仓库和库存货物，其基本内容涉及以下几个方面。一是仓库的选址与建筑。比如，仓库的选址原则、仓库建筑面积的确定、仓库内运输道路与作业区域的布置等。二是仓库机械作业的选择与配置。比如，如何根据仓库作业的特点和所储存货物的种类及其理化特性，配备合适的机械装备以及如何对这些机械进行管理等。三是仓库的业务管理。比如，如何组织货物的出入库，如何对在库货物进行储存、保管与养护等。四是仓库的库存管理。此外，仓库业务的考核，新技术、新方法在仓库管理中的应用，仓库安全与消防等，也是仓储管理所涉及的内容。

（三）仓储作业管理

1. 入库管理

入库业务也称收货业务，它是仓储作业的开始。商品入库管理，是根据商品入库凭证，对接收入库商品所进行的卸货、查点、验收、办理入库手续等各项业务活动的计划和组织。

（1）入库前的准备

仓库应根据仓储合同或入库单，即时地进行库场准备，以便货物能按时入库，保证入库工作的顺利进行。

货物的入库准备包括以下工作：熟悉入库货物，掌握仓库库场情况，制订仓储计划，妥善安排货位，合理组织人力，做好货位准备，准备苫垫材料和作业用具，验收准备，装卸搬运工艺设定，文件单证准备。

（2）货物接运

货物接运是入库业务流程的第一道作业环节，它的主要任务是即时、准确地提取入库货物，要求手续清楚、责任分明，为货物入库验收工作创造有利条件。

（3）货物入库验收

凡进入仓库储存的货物，必须经过检查验收环节。货物入库验收是仓库把好"三关"（入库、保管、出库）的第一步，抓好货物入库质量关，能防止劣质商品进入流通领域，划清仓库与生产部门、运输部门、供销部门的责任界线，也可以为货物在库场中的保管提供第一手资料。

（4）入库交接

入库货物经过点数、查验之后，就可以安排卸货、入库堆码。

① 交接手续。交接手续是仓库针对收到的货物向送货人进行的确认，表示仓库已接收货物。这意味着划清运输、送货部门和仓库的责任。完整的交接手续包括接收货物、接收文件、签署单证。

② 登账。货物入库后，仓库应建立详细反映货物仓储的明细账，登记货物入库、出库、结存的详细情况，用以记录库存货物动态和入出库过程。登账的主要内容包括物品名称、规格、数量、件数、累计数或结存数、存货人或提货人、批次、金额、货位号或运输工具、收（发）货经办人等。

③ 立卡。货物入库或上架后，将货物名称、规格、数量或出入状态等内容填在料卡上，称为立卡。料卡插放在货物下方的货物支架上或摆放在货垛正面明显位置。

2. 在库管理

保管保养是仓库的基本任务，库存损耗是衡量仓库管理水平的重要指标。对于仓储管理人员来说，要认识和掌握各种库存物变化的规律，采取相应的组织管理和技术管理措施，有效地抑制外界因素的影响，为库存物创造适宜的保管环境，最大限度地减缓和控制货物的质量变化速度和程度，维护库存物的使用价值和价值。

（1）库存物质量变化的形式

① 物理机械变化。物理变化是指只改变物质本身的外表形态，而不改变其本质，没有新物质生成，并且有可能反复发生变化的现象。机械变化是指物品在外力的作用下发生形态变化。物理机械变化的结果不是数量损失，就是质量降低，甚至会使物品失去使用价值。物品常发生的物理机械变化主要有挥发、溶化、熔化、渗漏、串味、冻结、沉淀、破碎、变形等。

② 化学变化。化学变化与物理变化有着本质的区别。化学变化是构成物品的物质发生变化后，不仅改变了物品的外表形态，也改变了物品的本质，并且有新物质生成，且不能恢复原状的变化现象。物品的化学变化过程即质变过程，严重时会使物品失去使用价值。物品的化学变化形式主要有氧化、分解、水解、化合、聚合、裂解、老化、曝光、锈蚀等。

③ 生化变化及其他生物引起的变化。生化变化是指有生命活动的有机体物品在生长发育过程中，为了维持生命，本身所发生的一系列生理变化。比如，粮食、水果、蔬菜、鲜鱼、鲜肉、鲜蛋等有机体物品，在储存过程中，受到外界条件的影响和其他生物作用，往往会发生这样或那样的变化。这些变化主要有呼吸、发芽、胚胎发育、后熟、霉腐、虫蛀等。

（2）影响库存物变化的因素

物品的质量变化是由一定的因素引起的。通常情况下，引起物品质量变化的因素可分为内因和外因两种，内因决定了物品质量变化的可能性和程度，外因是促进这些变化发生的条件。

① 影响物品质量变化的内因。物品本身的组成成分、分子结构，以及其所具有的物理性质、化学性质和机械性质，决定了其在储存期发生损耗的可能程度。通常情况下，有机物比无机物更容易发生变化，无机物中的单质比化合物更容易发生变化；固态物品比液态物品稳定且易于保存保管，液态物品又比气态物品稳定且易于保存保管；化学性质稳定的物品不易变化、不易产生污染；物理吸湿性、挥发性、导热性都差的物品不易变化；机械强度高、韧性好、加工精密的物品易于保管。

② 影响物品质量变化的外因。物品储存期间的变化虽然是物品内部活动的结果，但也与储存的外界因素有密切关系。这些外界因素主要包括自然因素、人为因素和储存期。自然因素主要指温度、湿度、有害气体、日光、尘土、杂物、虫鼠雀害、自然灾害等。人为因素是指人们未按物品自身特性的要求或未认真按有关规定和要求作业，甚至违反操作规程而使物品受到损害和损失的情况。储存期主要指物品在仓库中停留的时间越长，受外界因素影响发生变化的可能性就越大，而且发生变化的程度也越深。

（3）保管保养措施

对库存物进行保管保养不仅是一个技术问题，更是一个综合管理问题。由于现代物流技术不断提高，库存物养护技术不断简单化，所以制定必要的管理制度和操作规程并严格执行，显得尤其重要。

① 仓库作业过程管理措施。仓库应高度重视库存物保管工作，以制度、规范的方式确定保管保养工作责任，并针对各种库存物的特性制订保管方法和程序，充分利用现有的技术手段开展针对性的保管和维护。"以防为主、防治结合"是库存物保管保养的核心。

② 仓库温度、湿度控制方法。仓库的温度、湿度控制是一项基本工作。仓库员工要定时观测并记录仓库的绝对湿度、相对湿度、温度、风力、风向等。控制仓库温度、湿度的方法有很多，如人工吸潮、排潮、加热、降温和密封库房等。此外，利用自然通风方法调节库内温度、湿度，对于库存物保管更具经常性和普遍性应用价值。

③ 采取其他必要措施。为了保证保管质量，除了温度、湿度、通风控制外，仓库应根据库存物的特性采取相应的保管保养措施，如涂刷保护漆料，除锈、加固、封包、密封，发现虫害及时杀虫，置放防霉药剂等。必要时进行转仓处理，将库存物转入具有特殊保护条件的仓库，如冷藏库。

（4）盘点作业

为了对库存物的数量进行有效控制，并查清其在库中的质量状况，必须定期或不定期地对各储存场所进行清点、查核，这一过程称为盘点作业。盘点的结果通常会出现较大的盈亏，因此，通过盘点可以查出作业和管理中存在的问题，并通过解决问题提高管理水平，减少损失。

盘点可以分为账面盘点和现货盘点。

账面盘点又称永续盘点，就是把每天入库和出库货品的数量及单价记录在电脑或账簿上，而后不断地累计加总算出账面上的库存量和库存金额。

现货盘点亦称实地盘点或实盘，就是实际去清点仓库内的库存数，再根据货品单价计算出实际库存金额。按盘点时间频率的不同，现货盘点又可以分为期末盘点和循环盘点。期末盘点是指在会计计算期末统一清点所有货品数量；循环盘点是指在每天、每周清点一小部分货物，一个循环周期将每种货物至少清点一次的方法。

盘点作业主要内容包括以下几点。

① 查数量。通过点数计数查明库存物的实际数量，核对库存账面资料与实际库存数量是否一致。

② 查质量。检查库存物质量有无变化，有无超过有效期和保质期，有无长期积压等现象。

③ 查保管条件。检查保管条件是否与各种库存物的保管要求相符。

④ 查安全。检查各种安全措施和消防设备或器材是否符合安全要求，建筑物和设备是否处于安全状态。

物流热点

阅读材料想一想，新建仓库的建筑设计须满足哪些消防要求？仓库内部布局有哪些具体规定？仓库防火负责人的职责有哪些？

数字资源 4-1：
《仓库防火安全管理规则》

3. 出库管理

出库管理是指仓库按照货主的调拨出库凭证或发货凭证（提货单、调拨单）所注明的货物名称、型号、规格、数量、收货单位、接货方式等，进行的核对凭证、备料、复核、点交、发放等一系列作业和业务管理活动。

出库业务是保管工作的结束，既涉及仓库与货主或收货企业以及承运部门的经济联系，也涉及仓库各有关业务部门的作业活动。仓库必须建立严格的出库和发运程序，严格遵循"先进先出，推陈储新"的原则，尽量一次完成，避免出现差错。

（1）货物出库的依据

出库工作必须由货主的出库通知或请求驱动。不论在任何情况下，仓库都不得擅自动用、变相动用或外借货主的库存物。

（2）货物出库的要求

货物出库要做到"三不、三核、五检查"。"三不"，即未接单据不翻账，未经审单不备库，未经复核不出库；"三核"，即在发货时，要核实凭证、核对账卡、核对实物；"五检查"，即对单据和实物进行品名检查、规格检查、包装检查、件数检查、质量检查。

（3）货物出库的方式

选用哪种方式出库，要根据具体条件，由供需双方事先商定。货物主要的出库方式包括送货、收货人自提、过户、取样、转仓。

（4）货物出库的业务程序

① 出库前的准备工作。出库前的准备工作可分为两个方面：一方面是做好计划工作，即根据货主提出的出库计划或出库请求，预先做好货物出库的各项安排，包括货位、机械设备、工具和工作人员等方面的安排，提高人、财、物的利用率；另一方面是做好出库货物的包装和标志/标记工作。

② 出库程序。出库程序包括核单备货、复核、包装、点交、登账、清理等。出库必须遵循"先进先出，推陈储新"的原则，使仓储活动的管理实现良性循环。

在整个出库业务程序过程中，复核和点交是两个最为关键的环节。复核是避免出现差错的必不可少的环节，而点交则是划清仓库和提货方责任的必要手段。

仓储作业流程如图 4-1 所示。

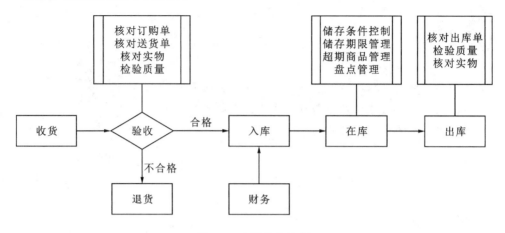

图 4-1　仓储作业流程

练一练

请扫码完成练习。

数字资源 4-2：练一练

单元 2　存储设施设备

一、仓库及其主要类型

根据《物流术语》（GB/T 18354—2021）的相关界定，仓库（warehouse）是用于储存、保管物品的建筑物和场所的总称。仓库通常由储存保管物品的库房、运输传送设施（如吊车、电梯、滑梯等）、出入库房的输送管道和设备，以及消防设施、管理用房等组成。我国早在《诗经·小雅》中就出现了"乃求千斯仓"的描述，由此可知仓库建筑源远流长。现代仓库更多的是考虑经营上的收益而不仅仅为了储存。这是它同旧式仓库的区别之所在。因此，现代仓库在运输周转、储存方式和建筑设施等方面都很重视通道的合理布置、货物的分布方式和堆积的最大高度，并配置经济有效的机械化、自动化存取设施，以提高储存能力和工作效率。

（一）仓库的功能

1. 储存和保管功能

仓库具有一定的空间，用于储存物品，并根据储存物品的特性配备相应的设备，以保持储存物品的完好性。例如：储存挥发性溶剂的仓库，必须设有通风设备，以防止空气中挥发性物质含量过高而引起爆炸；储存精密仪器的仓库，需要防潮、防尘、恒温，因此应配有空调、恒温等设备。在仓库作业时，还要防止搬运和堆放时碰坏、压坏物品，这要求人们不断改进和完善搬运器具和操作方法，使仓库真正起到储存和保管的作用。

2. 调节供需功能

创造产品的时间效应是物流的两大基本职能之一。物流的这一职能是由物流系统的仓库来完成的。现代化大生产的形式多种多样，从生产和消费的连续性来看，每种产品都有不同的特点，有些产品的生产是均衡的，而消费是不均衡的；有些产品的生产是不均衡的，而消费是均衡的。要实现生产和消费的协调，就需要仓库来发挥"蓄水池"的调节作用。

3. 调节货物运输能力

各种运输工具的运输能力是不一样的。船舶的运输能力很大，海运船一般是万吨级，内河船舶也有几百吨至几千吨的。火车的运输能力较小，每节车皮能装运 30～60 吨，一列火车的运量最多可达几千吨。汽车的运输能力很小，一般每辆车装 4～10 吨。它们之间的运输衔接是很困难的，这种运输能力的差异也是通过仓库进行调节的。

4. 流通配送加工的功能

现代仓库的功能逐渐由保管型向流通型转变，即仓库由储存、保管货物的中心，向流通、销售的中心转变。仓库不仅要有储存、保管货物的设备，还要增加能实现分拣、配套、捆绑、流通加工、信息处理等功能的设备。这既扩大了仓库的经营范围，提高了仓库的综合利用率，又方便了消费，提高了服务质量。

5. 信息传递功能

随着以上功能的改变，仓库出现了对信息传递的需求。在处理与仓库活动有关的各项事务时，需要依靠计算机和互联网，通过电子数据交换（EDI）和条形码技术来提高仓储物品信息的传输速度，及时准确地了解仓储信息，如仓库利用水平、进出库频率、仓库运输情况、客户的需求、仓库人员的配置等。

> **物流发展**
>
> 两个企业共建云仓数智化升级新方案解决了仓储面临的哪些痛点问题？该方案在仓储管理方面进行了哪些改革？
>
>
> 数字资源 4-3：Syrius 炬星科技与中通云仓科技共建云仓数智化升级新方案

（二）仓库的主要类型

按不同标准可对仓库进行不同的分类，企业应根据自身的需求选择合适的仓库类型。

1. 按用途不同分类

按照仓库在商品流通过程中所起的不同作用，可以将仓库分为以下几种。

（1）批发仓库

批发仓库主要用于储存从采购供应库场调进或在当地收购的商品。这类仓库一般贴近商品销售市场，规模与采购供应仓库相比一般要小一些。它既从事批发供货业务，也从事拆零供货业务。

（2）采购供应仓库

采购供应仓库主要用于集中储存从生产部门收购的和供国际进出口贸易的商品。这类仓库一般设在商品生产比较集中的大、中城市，或商品运输枢纽所在地。

（3）加工仓库

加工仓库是指具有储存和加工双重职能的仓库。对某些必须进行加工整理才可发运的商品，可以设加工专用仓库，对库存商品进行挑选、整理、加工、包装、储运等，然后出运。如农副产品、畜产品、中药材加工仓库。

（4）中转仓库

中转仓库处于货物运输系统的中间环节，存放那些等待转运的货物，一般货物在此仅临时停放。这类仓库一般设置在公路、铁路的场站和水路运输的港口码头附近，以方便货物在此等待装运。

（5）零售仓库

零售仓库主要用于为商业零售业提供短期储货服务。零售仓库的规模较小，所储存的物资周转快。

（6）储备仓库

这类仓库一般由国家设置，以保管国家应急的储备物资和战略物资。这类仓库中的物资储存时间一般比较长，并且会定期更新，以保证质量。

（7）保税仓库

保税仓库是指为满足国际贸易的需要，设置在一国国土之上但在海关关境以外的仓库。外国企业可以办理海关申报手续，经过批准后，在保税仓库对货物进行储存、加工等作业。

2. 按存储货物特性不同分类

按照存储货物的不同特性，可以将仓库分为以下几种。

（1）原料仓库

原料仓库（见图4-2a）是用来储存生产所用的原材料的。这类仓库一般比较大。

（2）产品仓库

产品仓库（见图4-2b）一般用来存放已经完成但还没有进入流通区域的产品。这类仓库通常附属于产品生产工厂。

（3）冷藏仓库

冷藏仓库（见图4-2c）用来储存那些需要进行冷藏储存的货物，如对储存温度有特定要求的农副产品、药品等。

（4）恒温仓库

恒温仓库（见图4-2d）和冷藏仓库一样，也是用来储存对储存温度有要求的产品。

（5）危险品仓库

危险品仓库（见图4-2e），从字面上就比较容易理解它是用于储存危险品的。由于危险品可能对人体以及环境造成危险，因此在此类物品的储存方面一般会有特定的要求。例如，许多化学用品是危险品，对于它们的储存有专门的条例规定。

（6）水面仓库

水面仓库（见图4-2f）是指利用货物的特性以及宽阔的水面来保存货物的仓库，主要用于原木的收发与储存。例如，利用水面保管圆木、竹排等。与陆地传统仓库相比，水面仓库储存保管能力小且必须有广阔的水域。此外，还面临木材的流失、沉没、污浊水使材料性质改变、废弃的表皮污染水质、装卸作业效率低等问题。

3. 按建筑结构分类

按照不同的建筑结构，可以将仓库分为以下几种。

（1）平房仓库

平房仓库（见图4-3a）结构比较简单，建筑费用低廉，人工操作比较方便。

（2）楼房仓库

楼房仓库（见图4-3b）是指两层以上的仓库，它可以减少土地占用面积。由于物品上下移动作业复杂，进出库作业可采用机械化或半机械化，楼房隔层间可依靠垂直运输机连接，也可用坡道连接。

（3）罐式仓库

罐式仓库（见图4-3c）的构造比较特殊，呈球形或柱形，主要用来储存石油、天然气和液体化工品等。

a. 原料仓库

b. 产品仓库

c. 冷藏仓库

d. 恒温仓库

e. 危险品仓库

f. 水面仓库

图 4-2 不同存储货物特性的仓库

（4）简易仓库

简易仓库（见图 4-3d）构造简单，造价低廉，一般是在仓库不足而又不能及时建库的情况下采用的临时代用办法，包括一些固定或活动的简易货棚等。

（5）高层货架仓库

高层货架仓库（见图 4-3e）的建筑物本身是平房结构，但高层棚的顶很高，内部设施层数多，具有可保管 10 层以上托盘的仓库棚。在作业方面，高层货架仓库主要使用计算机控制，堆垛机、吊机等装卸机械自动运转，能实现机械化和自动化操作，也称自动化仓库或无人仓库。

 物流创新

请比较云仓和前置仓在物流体系中的不同作用和优势，并说说其为物流与供应链管理带来了哪些好处。

数字资源 4-4：
云仓和前置仓

a. 平房仓库

c. 罐式仓库

b. 楼房仓库

d. 简易仓库

e. 高层货架仓库

图 4-3　不同建筑结构的仓库

二、货架及其主要类型

根据《物流术语》（GB/T 18354—2021）的相关界定，货架（rack）是指由立柱、隔板或横梁等结构件组成的储物设施。

货架成为一个行业可以追溯到 20 世纪八九十年代。当时，德国和我国香港地区的企业集中在沪宁线上设立仓储设备公司，主要生产仓库货架。投资方逐渐看到了货架行业在中国的发展前景。随后，瑞士企业陆续在上海成立货架公司，货架制作技术在国内自此发展起来。随着中国本地的货架制作技术逐渐完善，为了节约成本，越来越多的外资企业选择采购本地货架，中国的货架行业就相应产生了。

货架是现代化仓库提高效率的重要工具，随着企业不断增产扩容，企业仓库标准化、高效化也自然而然地提上了日程。

（一）货架的作用

货架具有以下几个方面的作用：其一，货架是一种架式结构物，可充分利用仓库空间，提高仓库容量利用率，增强仓库储存能力；其二，货架中的货物存取方便，便于清点和计量，可实现先进先出、百分之百的挑选能力、流畅的库存周转；其三，货架上的物品不会互相挤压，损耗小，可完整保存物品本身的功能，降低物品的损失；其四，货架上的货物一目了然，便于清点划分、计量等管理工作的进行；其五，满足大批量、品种繁多货物的存储与集中管理需要，配合机械搬运工具，能实现存储与搬运的井然有序；其六，货架能满足现代化企业低成本、低损耗、高效率的物流供应链的管理需要。

（二）货架的主要类型

1. 货架的分类

① 按货架的发展，可以将其分为传统货架和新型货架。其中，传统货架包括层架、层格式货架、抽屉式货架、橱柜式货架、U形架、悬臂架、栅架、鞍架、气罐钢筒架、轮胎专用货架等；新型货架包括旋转式货架、移动式货架、穿梭车货架、装配式货架、调节式货架、托盘货架、进车式货架、高层货架、阁楼式货架、重力式货架、屏挂式货架等。

② 按货架的适用性，可以将其分为通用货架和专用货架。

③ 按货架的制造材料，可以将其分为钢货架、钢筋混凝土货架、钢与钢筋混凝土混合式货架、木制货架、钢木合制货架等。

④ 按货架的封闭程度，可以将其分为敞开式货架、半封闭式货架、封闭式货架等。

⑤ 按货架的结构特点，可以将其分为层架、层格架、橱架、抽屉架、悬臂架、三脚架、栅型架等。

⑥ 按货架的可动性，可以将其分为固定式货架、移动式货架、旋转式货架、组合货架、可调式货架、流动储存货架等。

⑦ 按货架的载货方式，可以将其分为悬臂式货架、橱柜式货架、棚板式货架等。

⑧ 按货架的构造，可以将其分为组合可拆卸式货架、固定式货架等。

⑨ 按货架高度，可以将其分为低层货架（高度在5米以下）、中层货架（高度为5~15米）、高层货架（高度在15米以上）。

⑩ 按货架载重量，可以将其分为重型货架、中型货架和轻型货架。其中，重型货架每层载重量在500千克以上，中型货架每层载重量为150~500千克，轻型货架每层载重量在150千克以下。

⑪ 按货架存取的不同方式，可以将其分为人工存取和机械存取。人工存取即使用人力存取货物，一般隔板式货架、层板式货架采用这种方式。机械存取是指使用叉车、穿梭车等机械进行存取，如横梁式货架、驶入式货架、穿梭式货架等。

2. 常见的货架

（1）轻型货架

轻型货架（见图4-4a）用优质钢板制造，表面采用静电喷涂处理，防腐、防锈，坚固美观。货架承重为每货格1000~2500牛顿（1牛顿的力大约相当于0.1千克物体的重力，相当于拎起两个鸡蛋的力），其各种规格及承重设计可满足工厂、仓库、装配线、超市仓储的使用要求。轻型货架还可组成平台使用，适合储存轻型散件物品和超市仓储使用。

轻型货架的特点是：使用插接方式组装，安装拆卸方便，用途广泛；钢层板可上下任意调节，能够满足多种使用要求。

（2）中型货架

中型货架（见图4-4b）具体可以分为中型挂板式货架、中型挂梁式货架、中重型货架等。

① 中型挂板式货架。这种货架采用优质冷轧板冲压成型，经磷化处理粉末喷涂而成；结构合理，坚实耐用，每个货格承重可达到5000牛顿；可随意组合，拆装方便，能充分利用空间，层高可自由调整，适合中型仓库使用。

中型挂板式货架的特点是：插接式连接，除顶层和底层不可调节外，层与层之间的高度可按物品的尺寸任意调节，节省仓储空间；货架表面进行防腐、防锈处理，坚固实用。

② 中型挂梁式货架。这种货架通过横梁与立柱之间的拉力及侧片斜支承与横支承的作用，使货架增强了坚固性和稳定性。每个货格在均匀分布状态下可承重4000～8000牛顿。货架的两个柱片之间由横梁连接，隔板铺设在横梁上，因此比挂板式货架具有更大的载重量。主、副架的连接形式可节省空间和费用，横梁之间可铺设纵梁隔网和各种隔板。隔板可以使用钢板层、木板层、中密度板等。

中型挂梁式货架的特点是：每层高度都可以调整，使货架的间距可随着摆放物品的大小任意调整，增强存货的随意性和灵活性。

③ 中重型货架。这种货架结构简单，安装拆卸方便，可在50毫米间距内任意调整，视野宽阔，层距任意调节，主副架无线连接，可增加货架的牢固度，节省投资。中重型货架适用于大中型仓储企业。

（3）重型货架

重型货架（见图4-4c）又称选取式托盘货架，是使用最广泛的托盘类物品存储系统，有较强的通用性。其结构是：货架沿仓库的宽度方向分成若干排，其间有一条巷道，供堆垛机、起重机、叉车或其他搬运机械运行。每排货架沿仓库纵方向分为若干列，在垂直方向又分为若干层，从而形成大量的货位，可以用托盘存储物品。

重型货架的特点是：每一托盘均能单独存入或移动，而不用移动其他托盘，适用于各种类型的物品，可按物品尺寸要求调整横梁高度；配套设施简单，成本低，便于安装和拆除，使得物品能够迅速装卸。重型货架主要适用于整托盘出入库或大件物品的存放，能尽可能多地利用仓库的上层空间。

（4）驶入式货架

驶入式货架（见图4-4d）又称通廊型货架，是指可供叉车（或带货叉的无人搬运车）驶入并存取单元托盘物品的货架。这是一种不以通道分割的、连续性的整栋式货架，在支撑导轨上，托盘按深度方向存放，一个紧接着一个，这使得高密度存储成为可能。物品存取从货架同一侧进出，遵循"先存后取、后存先取"原则。前移式叉车可方便地驶入货架中间存取物品。

驶入式货架投资成本相对较低，适用于横向尺寸较大，品种较少，数量较多且物品存取模式可预定的情况，常用来储存大批相同类型的物品。由于其存储密度大，对地面空间利用率较高，所以常用在冷库等存储空间成本较高的地方。

驶入式货架的特点是：品种少而数量多的物品，每一开口一个品种，先入先出或先入后出；搬运车辆可以驶入内部选取物品，支承结构稳妥，便于滑动。

（5）阁楼式货架

阁楼式货架（见图4-4e）的底层货架不但是保管物品的场所，而且是上层建筑承重梁的支承（柱），可设计成多层楼层（通常2~3层），配楼梯、扶手和物品提升电梯等。阁楼式货架适用于库房较高、物品较轻、人工存取、储货量较大的情况，也适用于现有旧仓库的技术改造，可提高仓库的空间利用率。其底层承重梁的跨距如果缩小，就可以大大降低建筑费用。

（6）悬臂式货架

悬臂式货架（见图4-4f）适用于存放超长物品、环形物品、板材、管材和不规则物品。托臂可以是单面，也可以是双面。其前伸的悬臂具有结构轻、载重能力强等特点。这种货架在增加隔板后，特别适合空间小、高度低的库房，管理方便，视野开阔。与普通搁板式货架相比，悬臂式货架的空间利用率更高，存取物品更方便、快捷，管理人员对物品的存放位置一目了然。

悬臂式货架的特点是：适合细长物品的保管和整理；加固的立柱结构可承重20~30千牛顿，悬臂单臂可承重2~5千牛顿；设计背拉增加稳定程度；安装简易、配件齐全。

（7）流利式货架

流利式货架（见图4-4g）使得物品从有坡度的滑道上端存入，当在低端取货时，物品借助重力自动下滑，可实现"先进先出"作业，使用成本低，存储密度大，广泛用于超市、医药、化工、电子等行业。流利式货架的主要部件包括架体、滑轨、滚轮、滚轴等。

流利式货架在存放散货时可以很方便地为操作人员提供物品，提高工作效率，加快生产流水线的工作速度。

（8）抽屉式货架

抽屉式货架（见图4-4h）用于存放中小型模具，顶部选配手拉葫芦移动车，便于模具的起吊和存取。抽屉板下设有滚轮轨道，使操作人员在载重很大的情况下依然能用很小的力轻松拉动。通常每层承载量小于500千克。重型抽屉式货架可用于存放特重型模具和物品。

抽屉式货架的特点如下：一是节省场地，一个占地面积仅1.8平方米的抽屉式货架，可存放几十套中小型模具；二是结构简单，由多种组合部件装置而成，便于拆卸、运输和组装；操作轻便，三是采用轴承组合，滑动平稳并附有独立的吊模装置；四是安全可靠，附加定位保险装置，使用起来安全可靠。

（9）移动式货架

移动式货架（见图4-4i）又叫动力式货架，是指可在轨道上移动的货架。地面上设有轨道，货架底部装有滚轮，通过电机驱动装置，可以沿水平方向移动。移动式货架平时密集相接排列，因此大幅度减少了通道数，提高了仓库利用率，使得地面使用率高达80%。另外，移动式货架可直接存取每一项物品，不受"先进先出"的限制。移动式货架主要适用于仓库面积有限但数量多的物品的存储。但相对来说，移动式货架电工装置较多，建造成本较高，维护也比较困难。

（10）重力式货架

重力式货架（见图4-4j）是一种密集存储单元物品的货架系统。在货架每层的通道上，都安装了有一定坡度的、带有轨道的导轨，入库的单元物品在重力的作用下，由入库端流向出库端。重力式货架的基本结构与普通层架类似，但是比一般层架深得多，且每一层隔板呈前端（出货端）低、后端（进货端）高的一定坡度，让物品在重力的作用下自动向低端滑移。

重力式货架有如下特点：使得单位库房面积存储量增大；固定了出入库位置，缩短了出入库工具的运行距离；由于入库作业和出库作业完全分离，两种作业可各自向专业化、高效率发展，而且在出入库时，工具不交叉，不会互相干扰，事故率降低，安全性增加；能够保证物品先进先出。

重力式货架主要适用于大批量、少品种储存物品的存放或出库前准备等场景。

a. 轻型货架

b. 中型货架

c. 重型货架

d. 驶入式货架

e. 阁楼式货架

f. 悬臂式货架

g. 流利式货架

h. 抽屉式货架

i. 移动式货架

j. 重力式货架

图4-4 主要货架

物流技术

ACR箱式仓储机器人系统应用了哪些新技术？
该系统是如何运作来提高仓库空间利用率的？

数字资源 4-5：
ACR 箱式仓储机器人系统为什么牛？

三、周转箱及其主要类型

根据《物流术语》（GB/T 18354—2021）的相关界定，周转箱（returnable container）是指用于存放物品，可重复、循环使用的小型集装器具。周转箱帮助完成物流容器的通用化、一体化管理，是生产及流通企业进行现代化物流管理的必备品，广泛应用于零售业、生产线、物流等领域，机械、汽车、家电、轻工、电子、食品、医药等行业。

（一）周转箱的优点

1. 良好的力学性能

周转箱的特殊结构，使其具有韧性好、耐冲击、抗压强度高、缓冲防震、挺硬性高、弯曲性能良好等优良的力学性能。

2. 质轻节材

周转箱为塑料制品。与其他材料相比，要达到同样的力学性能效果，使用塑料中空板耗材少、成本低、质量轻。

3. 隔热、隔声

由于周转箱为中空结构，其传热、传声效果明显低于实心板材，具有良好的隔热、隔声效果。

4. 防静电、导电、阻燃

采用改性、混合、表面喷涂等方法可以使周转箱的塑料中空板具有防静电、导电、阻燃性能。

5. 化学性能稳定

周转箱可以防水、防潮、防腐蚀、防虫蛀、免熏蒸，因此与纸板或木板相比具有明显优势。

6. 表面光滑美观、颜色齐全

周转箱具有特殊的成型工艺，通过色母粒的调色技术可以产出任意颜色，而且表面光滑，易于印刷。

7. 环保效果明显

周转箱具有无毒、无污染等特点，废弃处理简单，不会对环境造成污染；也可废物再利用，做成其他塑料制品。

8. 优越的耐冲击性

周转箱在重压或撞击时不易碎裂，不会留下刮痕，可终身使用。凭借合理的设计、优良的品质，周转箱适用于工厂物流中的运输、配送、储存、流通加工等环节。

9. 抗折、抗老化，承载强度大

周转箱既可用于周转，又可用于成品出货包装，轻巧、耐用、可堆叠。

（二）周转箱的主要类型

1. 周转箱的分类

根据周转箱的用途，可将其分为防静电周转箱、导电周转箱、阻燃周转箱、零部件周转箱、仪器周转箱、饮料周转箱、农药周转箱、精密仪器周转箱、水果周转箱等。

根据周转箱使用的行业规范标准，可将其分为电子元器件周转箱，食品、饮料行业周转箱，药品和实验室用周转箱，烟草配送专用周转箱，图书配送专用周转箱，邮件物流专用周转箱，服装行业物流周转箱，汽车、机械零部件专用周转箱等。

根据周转箱的不同性能，可将其分为可堆式周转箱、可插式周转箱、折叠式周转箱、万通板周转箱等。

根据周转箱的物理性能，可将其分为防静电周转箱、导电周转箱、绝缘周转箱等。

不少企业管理者并不完全了解周转箱的一些特殊性，他们往往只根据箱子的尺寸来选择所需的周转箱。但专业生产厂家应当了解客户对产品的一些特殊要求，引导客户在选择适用尺寸的基础上，选择合适的材料进行加工。

2. 主要的周转箱

（1）可堆式周转箱

可堆式周转箱（见图4-5a）的箱体四面均有新型一体化无障碍把手，这符合人体工程学原理，便于操作人员更有效、更安全地抓取箱体，使搬运更加舒适方便；光滑的内表面及圆角设计，既增加了承载强度又便于清洗。箱体四面都设计了卡槽，可根据需要安装易装卸式塑料卡片夹。底部设计有密集型小方格的加强筋，能非常平稳地在流利架或滚道流水线上运行，更有利于存储和拣选作业。底部与箱口的定位点配合设计，堆叠稳固，不易翻倒。箱体四边预留条形码位置，方便永久性条码的粘贴并有效防止脱落。四角设计特别牢固的加强筋，提高箱体承载能力及堆码时的稳定性。选配平面型箱盖，并可选择与箱体配套的金属铰链、提手等配件。

（2）折叠式周转箱

折叠式周转箱（见图4-5b）是周转箱行业近几年很火的一种新型的具备折叠功能的周转箱，其广泛应用于机械、汽车、家电、轻工、电子等行业，能耐酸耐碱、耐油污，无毒无味，可用于盛放食品等，清洁方便，零件周转便捷、堆放整齐，便于管理。因为具有合理的设计、优良的品质，折叠式周转箱适用于工厂物流中的运输、配送、储存、流通加工等环节。周转箱可与多种物流容器和工位器具配合，用于各类仓库、生产现场等多种场合。在物流管理越来越得到广大企业管理者重视的今天，周转箱帮助完成物流容器的通用化、一体化管理，是生产及流通企业进行现代化物流管理的必备品。其周转方式有卡扣式、内倒式两种。折叠后的体积只有原产品体积的1/4。

折叠周转箱的产品尺寸误差±3%，质量误差±3%，侧壁变形率≤1%，箱底平面变形量≤5 mm，箱体内对角线变化率≤1%，均属于企业标准允许的范围。适应环境温度为－25 ℃至60 ℃（尽量避免阳光暴晒或靠近热源）。所有产品均可按照客户要求加工成抗静电或导电制品。

a. 可堆式周转箱

b. 折叠式周转箱

图4-5　主要的周转箱

练一练

请扫码完成练习。

数字资源4-6：练一练

单元 3　仓储作业绩效评价

一、仓储作业绩效评价体系

仓储作业绩效评价体系主要由六大指标组成，即仓储作业效率指标、仓储作业效益指标、仓储作业设施设备利用程度指标、仓储作业消耗指标、仓储作业质量指标和物品储存的安全性指标。这些指标从不同方面反映了仓储部门经营管理、作业质量及经济效益的水平。

仓储作业效率指标是衡量仓储作业速度和能力的关键指标，包括物品吞吐量、订单按时完成率、数据与信息传输准时率、全员劳动生产率、库存周转率、仓库作业效率、人均仓储收入、人均日拣货量、人均日订单处理量和加工包装率等。这些指标能够全面反映仓储作业的处理能力和效率，帮助管理者了解仓储部门的运营状况，并有针对性地进行优化。

仓储作业效益指标是衡量仓储作业经济效益的重要指标，包括仓储收入利润率、企业净资产收益率、利润增长率、成本利润率、每吨物品保管利润等。这些指标能够反映仓储作业的收入、成本、利润等经济效益情况，帮助管理者了解仓储部门的盈利能力，并制定相应的经营策略。

仓储作业设施设备利用程度指标是衡量仓储设施设备利用效率的重要指标，包括仓库物品周转率、单位仓库面积产值、仓库面积（容积、货位）利用率、机械化作业率等。这些指标能够反映仓储设施设备的利用情况，帮助管理者了解仓储设施设备的运营效率，并优化设施设备的配置和使用。

仓储作业消耗指标是衡量仓储作业消耗情况的重要指标，包括材料、燃料和动力消耗指标、平均储存费用和单位仓库面积能耗等。这些指标能够反映仓储作业过程中的消耗情况，帮助管理者了解仓储作业的成本构成，并制定相应的成本控制措施。

仓储作业质量指标是衡量仓储作业质量的重要指标，包括单据与信息传递准确率、设备完好率、责任货损率、账货相符率、出库差错率、有效投诉率等。这些指标能够反映仓储作业过程的质量状况，帮助管理者了解仓储作业的服务水平，并提升作业质量。

物品储存的安全性指标是衡量仓储作业安全程度的重要指标，主要包括人身伤亡事故、仓库失火、爆炸、被盗事故，机械损坏事故等。这些指标能够反映仓储作业过程中的安全状况，帮助管理者了解仓储作业的安全风险，并制定相应的安全管理措施，确保仓储作业的安全进行。

综上可知，仓储作业绩效评价体系涵盖仓储作业效率、效益、设施设备利用程度、消耗、质量以及安全性等多个方面，为仓储部门的经营管理提供了全面的评估和改进方向。不断优化这些指标可以提升仓储部门的整体运营水平，实现更好的经济效益和社会效益。

二、主要的仓储评价指标

（一）仓储作业效率指标

1. 物品吞吐量

物品吞吐量也叫物品周转量，即一定时期内入库和出库的仓储物品总量，通常以吨数表示。物品吞吐量常以年吞吐量计算。物品吞吐量是衡量仓库生产规模情况及其在物流业中所起作用的主要数量指标，也是进行仓库设计规划的主要依据。其计算公式为：

$$物品吞吐量 = 一定时期内入库总量 + 同期出库总量$$

2. 订单按时完成率

订单按时完成率，是指考核期内按时完成客户订单数占订单总数的比例。它既能反映仓储服务质量，又能反映仓储的劳动效率。订单按时完成率应大于等于95%。其计算公式为：

$$订单按时完成率 = 按时完成订单数 \div 订单总数 \times 100\%$$

3. 数据与信息传输准时率

数据与信息传输准时率，是指考核期内按时向客户传输数据或信息的次数占传输总次数的比例。数据与信息传输准时率应大于等于99%。其计算公式为：

$$数据与信息传输准时率 = 传输准时次数 \div 传输总次数 \times 100\%$$

4. 全员劳动生产率

全员劳动生产率，即一定时期内，仓库全体员工平均每人完成的出入库物品的数量，一般以年为单位。其计算公式为：

$$全员劳动生产率 = 仓库年吞吐量 \div 年平均员工人数 \times 100\%$$

5. 库存周转率

库存周转率是反映仓储工作水平的重要效率指标，一般按年度评价。库存周转率可以用库存周转天数和库存周转次数两个指标来反映。库存周转天数计算公式为：

$$库存周转天数 = 日平均储存量 \times 365 \div 年发货量$$

或者，

$$库存周转天数 = 年平均储存量 \div 平均日发货量$$

库存周转次数计算公式为：

$$库存周转次数 = 年发货量 \div 年平均储存量$$

或者，

$$库存周转次数 = 365 \div 库存周转天数$$

其中，年发货量是指通过出库操作的物品总量，可按吨、立方米、托盘计数等计算；年平均储存量是指一年内物品储存量的平均值，可按吨、立方米、托盘计数等计算。年平均储存量＝每天存储量的总和÷365。库存周转次数越多，库存周转天数越少，表明仓储活动的效率与效益越高。

6. 仓库作业效率

仓库作业效率用平均每人每天完成的出入库物品量来表示。其计算公式为：

$$仓库作业效率＝年物品出入库总量÷仓库全体员工年制度工作日数×100\%$$

7. 人均仓储收入

人均仓储收入是指仓储从业人员人均仓储收入，以万元为单位，一般按年度评价。其计算公式为：

$$人均仓储收入（人均产值）＝年仓储收入÷年仓储从业人员平均人数$$

其中，仓储从业人员是指从事仓储活动的一线操作人员及从事仓储经营管理活动的管理者。

$$年仓储从业人员平均人数＝一年内每月从业人数之和÷12$$

8. 人均日拣货量

人均日拣货量可分为每台叉车日均拣货量、人均日整件拣货量和人均日拆零拣货量，一般按年度评价。

（1）每台叉车日均拣货量

每台叉车日均拣货量可以吨、立方米、托盘计数等为计算单位，其计算公式为：

$$每台叉车日均拣货量＝年叉车拣货总量÷年叉车使用台数$$

其中，年叉车使用台数为一年内每个工作日叉车使用数量之和。

（2）人均日整件拣货量

人均日整件拣货量可按吨、立方米、包装件数计算，其计算公式为：

$$人均日整件拣货量＝年整件拣货总量÷年作业人员总数$$

其中，年作业人员总数是指一年内从事整件拣货作业人员的总数。

（3）人均日拆零拣货量

人均日拆零拣货量可按吨、立方米、单品件数计算，其计算公式为：

$$人均日拆零拣货量＝年拆零拣货总量÷年作业人员总数$$

其中，年作业人员总数是指一年内从事拆零拣货作业人员的总数。

9. 人均日订单处理量

人均日订单处理量一般按年度计算。其计算公式为：

$$人均日订单处理量＝年订单处理总量÷年作业人员总数$$

其中，年订单处理总量是指一年内接收并完成物品出库的订单总量，按单计算；年作业人员总数是指一年内扣除加工包装等专项服务人员与装卸人员之外，所有与订单处理相关的一线操作人员总数。

10. 加工包装率

加工包装率是指加工包装总量与储存总量的比例，一般按年度计算。其计算公式为：

$$加工包装率＝加工包装总量÷储存总量×100\%$$

其中，加工包装总量是指在仓储环节对产品实施的简单物理性作业活动（如包装、分割、刷标志、拴标签、组装等）的物品总量；储存总量是指累计存储物品的总量。

（二）仓储作业效益指标

1. 仓储收入利润率

仓储收入利润率是指仓储经营活动的利润与收入的比例，用以反映仓储收入与仓储利润之间的关系，一般按年度评价。其计算公式为：

$$仓储收入利润率＝仓储利润÷同期仓储收入×100\%$$

其中，仓储利润＝仓储收入－同期仓储成本，单位为万元。

仓储收入包含存储费（可按面积、托盘、质量等收取），以及出入库、装卸、搬运、加工包装、质押监管、配送、信息资讯等与仓储相关的所有服务性收入，但不包含仓储企业兼营的商品贸易收入、与仓储物品没有连带关系的运输收入，单位为万元。

同期仓储成本指的是按仓储收入同口径计算的仓储活动直接成本，包含仓储设施设备折旧，或租金、直接人工成本、加工材料、配送成本、因仓储活动所产生的动力能源及水电消耗，但不包含企业管理费用，单位为万元。

2. 企业净资产收益率

企业净资产收益率是指净利润与净资产的比例，用以衡量企业运用自有资本的效率，一般按年度评价。其计算公式为：

$$企业净资产收益率＝净利润÷净资产×100\%$$

净利润是指企业总收入扣除企业总成本、总费用与税金之后的余额。

净资产即所有者权益（或股东权益），按企业财务报表中的数额计算。

3. 利润增长率

利润增长率是指利润增长额与上一年度利润总额的比例，用以衡量利润增长速度。其计算公式为：

$$利润增长率＝（当年利润总额－上年利润总额）÷上年利润总额×100\%$$

4. 成本利润率

成本利润率是指一定时期内仓储企业利润总额和同期仓储成本总额的比例。它反映了成本支出的获利程度。成本利润率高，说明仓库收入大于支出，其经济效益就高。其计算公式为：

$$成本利润率＝利润总额÷同期仓储成本总额×100\%$$

5. 每吨物品保管利润

每吨物品保管利润是指报告期实现的利润总额与同期物品储存总量（单位为吨）的比例。其计算公式为：

$$每吨物品保管利润 = 报告期利润总额 \div 报告期物品储存总量$$

这里的报告期物品储存总量一般可以用报告期出库的物品总量来衡量。

（三）仓储作业设施设备利用程度指标

1. 仓库物品周转率

仓库物品周转率是衡量物品周转速度的指标。一般用一定时间内出库量与平均库存量的百分比来表示。该项指标能够反映仓库的作业规模，也能够反映仓库的利用情况，从而有利于管理者从总量上把握仓储管理水平，衡量仓库的能力。其计算公式为：

$$仓库物品周转率 = 一定时间内出库量 \div 平均库存量 \times 100\%$$

2. 单位仓库面积产值

单位仓库面积产值是指每万平方米仓库面积总收入，以万元为单位，一般按年度评价。其计算公式为：

$$单位仓库面积产值 = 仓储收入 \div 仓库总面积$$

这里的仓库总面积是指仓库的建筑面积，单位为万平方米。

3. 仓库面积（容积、货位）利用率

仓库面积（容积、货位）利用率是指实际使用仓库面积（容积、货位）与仓库总面积（容积、货位）的百分比。其计算公式为：

$$仓库面积（容积、货位）利用率 = 实际使用仓库面积（容积、货位） \div 仓库总面积（容积、货位） \times 100\%$$

其中，实际使用仓库面积（容积、货位）是指库内存放物品实际所占用的面积（容积、货位）。

4. 机械化作业率

机械化作业率是指使用机械设备的作业总量与物品吞吐量的百分比，一般按年度评价。其计算公式为：

$$机械化作业率 = 使用机械设备的作业总量 \div 物品吞吐量 \times 100\%$$

物品吞吐量是指进出库物品的总量，可按吨、立方米、托盘计数等计算。其计算公式为：

$$物品吞吐量 = 入库物品量 + 出库物品量$$

使用机械设备的作业总量可以用仓库物品吞吐总量减去完全手工操作处理的物品总量来得到，可按吨、立方米、托盘计数等计算。

(四)仓储作业消耗指标

1. 材料、燃料和动力消耗指标

这类指标有很多种,由于各仓储企业所用设备不同,因此没有一个统一的标准,各企业考核大多与企业同期比较。这类指标有机械设备耗油量、苫垫物料年消耗量、苫垫物料重复使用率、月摊销额等。

2. 平均储存费用

平均储存费用是指保管每吨物品的旬、月、季、年平均所需费用开支。物品在保管过程中消耗的一定数量的活劳动和物化劳动的货币形式就是各项仓储费用。这些费用包括在物品出入库、验收、储存和搬运过程中消耗的材料、燃料、人工工资和福利费、固定资产折旧、修理费、照明费、租赁费、利息及应分摊的管理费等。这些费用的总和构成了储存费用总额。

平均储存费用是仓库经济核算的主要经济指标之一。它可以综合反映仓库的经济成果、劳动生产率、技术设备利用率、材料和燃料的节约情况和管理水平等。其计算公式为:

$$平均储存费用 = 储存费用总额 \div 同期平均储存量$$

3. 单位仓库面积能耗

单位仓库面积能耗是指单位面积年消耗的能源量(水、电、油),一般按年度评价。其计算公式为:

$$单位仓库面积能耗 = 能耗总量(水、电、油) \div 仓库总面积$$

能耗总量按照水、电、油分别计算,是指累计消耗水、电、油的总量。

(五)仓储作业质量指标

1. 单据与信息传递准确率

单据与信息传递准确率是指考核期内向客户传递的单据、信息的准确次数占单据、数据传递总次数的百分比。单据与信息传递准确率应大于等于99.5%。其计算公式为:

$$单据与信息传递准确率 = 传递准确次数 \div 传递总次数 \times 100\%$$

2. 设备完好率

设备完好率是指在一定时期内,仓库设备处于完好状态并能随时投入使用的台数与仓库所拥有的设备台数的百分比。它反映了仓库设备所处的状态。其计算公式为:

$$设备完好率 = 完好设备台时数 \div 生产设备总台数 \times 100\%$$

完好设备台时数是指设备处于良好状态的累计台数,不包括正在修理或待修理设备的台数。

3. 责任货损率

责任货损率是指在考核期内，由作业不善而造成的物品霉变、残损、丢失、短少等损失的件数占期内库存总件数的百分比，也可以按物品损耗额占物品保管总额的比例计算。责任货损率应不大于0.05%。其计算公式为：

$$责任货损率 = 期内残损件数 \div 期内库存总件数 \times 100\%$$

或者，

$$责任货损率 = 期内残损金额 \div 期内库存总金额 \times 100\%$$

对于那些易挥发、易破碎的物品，应制定一个相应的损耗标准，将物品损耗率与物品损耗标准相比较，凡是超过限度的就属于超限损耗。

4. 账货相符率

账货相符率是指经盘点，库存物品账货相符的笔数与储存物品总笔数的百分比。账货相符率应不低于99.5%。其计算公式为：

$$账货相符率 = 账货相符的笔数 \div 储存物品总笔数 \times 100\%$$

需要注意的是，同一品种、规格（批次）为一笔。

5. 出库差错率

出库差错率是指考核期内发货累计差错件数占发货总件数的百分比。它反映了发货作业的准确度。出库差错率是仓储管理的重要质量指标，可用于保证仓储服务质量。出库差错率应小于等于0.1%。其计算公式为：

$$出库差错率 = 累计差错件数 \div 发货总件数 \times 100\%$$

6. 有效投诉率

有效投诉率是指考核期内客户有效投诉涉及订单数占订单总数的百分比。有效投诉率应小于等于0.8%。其计算公式为：

$$有效投诉率 = 有效投诉涉及订单数 \div 订单总数 \times 100\%$$

有效投诉是指因仓储服务商引起，经查证确属仓储服务商过失的客户投诉。

（六）物品储存的安全性指标

物品储存的安全性指标用来反映仓库作业的安全程度，主要用发生的各种事故的大小和次数来表示，有人身伤亡事故、仓库失火、爆炸、被盗事故、机械损坏事故等。这类指标一般不需要计算，只需要根据实际出现事故的损失大小来划分等级。

练一练

请扫码完成练习。

数字资源4-7：练一练

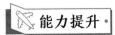

案例分析：戴尔——用信息代替库存①

无论从哪个角度来看，戴尔都与整个IT发展的大潮流相去甚远。一方面，它只进入已经标准化的通用市场，比如PC、服务器、打印机等，而且它从不将制造环节外包到远东市场——戴尔最新投产的工厂位于美国。另一方面，财务数据显示它是近10年来投资回报最好的IT公司，超过IBM、微软、思科等明星公司。

一个值得关注的数字是，戴尔每年的研发投入不到5亿美元，却拥有500多项管理和流程方面的专利。对于生产和流程的精益追求，是戴尔决胜千里的唯一秘诀，而非秘密，因为这个秘诀早已经外化到整个供应链的各个环节。

1. 虚拟车间

事实上，戴尔的运作模式并不神秘。通常情况下，客户可以通过电话下单，也可以通过戴尔的官方网站下单，"这有点儿像给病人看病，开处方。"戴尔（中国）有限公司副总裁兼中国客户中心总经理李元钧这样解释，"销售人员依据客户的个性需求提供的配置就是配方，这些信息会被存储到戴尔的数据中心。"戴尔在厦门的客户中心永远是一片繁忙的景象，除了1000多台24小时运转的服务器外，看起来和其他工厂并无太大的区别。每隔1.5小时，生产区的进货门会打开一次，物料进入后被分配到生产笔记本、PC和服务器的生产线上，流水线前端的工人根据配方"抓药"，即通过系统自动生成的配置清单选料，放进一个长方形的塑料盒子里，每件物料在经过条形码的扫描确认后，传送到装配工人那里。"戴尔并不是流水线生产，而是单元制生产。"戴尔中国的公关总监张飒英如此介绍。而在生产区的楼上，就是销售中心，销售人员通过800电话不停地接电话，并不断地输入新的信息，这就是戴尔的销售生产流程图。数据中心每隔1.5小时会运行一次，统计这段时间内的清单，并列出所需零部件的清单，采购部门会根据这张清单进行采购，同时，这张清单会直接转到一个由独立第三方物流公司管理的公共仓库，第三方物流公司会在1小时内把货配好，20分钟后，所需的全部零配件将运抵戴尔的工厂。从理论上来说，在客户下单之前，戴尔工厂的车间里是没有工料的，而每个能被拉进来的零部件已经确定了买主，一旦整机组装完成，马上可以发货运走。这就解释了戴尔为什么在实现成品零库存之余，零部件几乎也达到了零库存的水平。对于戴尔来说，如果非要找出库存的话，那只能是在公路上高速行驶的大型货车。

"我们，包括我们的供应商和市场的需求只有一个半小时的差异，而传统的按计划生产的差异是几个星期，甚至几个月。"从供应零部件的角度来看，供应商的工厂就相当于戴尔的车间，只不过这些车间并不存在于戴尔工厂的高

---

① 赵平. 戴尔：用信息代替库存 [J]. 商学院，2006 (8)：54-55.

墙之内，"对于这些车间的管理，戴尔有一个交易引擎的概念。"李元钧说。而所谓"交易引擎"，其实就是一个戴尔和供应商最大限度共享信息的沟通平台。"这好像一个大的 ERP 系统，不局限在戴尔内部，而且一直管到供应商，供应商通过一个专属的 ID 密码，也可以登录这个信息平台，看到和他相关的所有信息。"而这样做对于戴尔来说还有一个好处，"订单一进入系统就会被自动分解，也就是说，任何一台机器的生产所需的零部件信息都是公开的，我们完全可以跟踪到一台机器的一个零部件是由哪个供应商提供的，甚至是由哪个工人生产出来的，这些信息同时会进入售后服务系统。"张飒英说。

戴尔并非完全不做预测，事实上，当戴尔每隔 1.5 小时把零配件清单发送给公共仓库时，也会发送给供应商的总部，供应商的总部会对公共仓库及时补货，同时也会做出相应的生产调整。而对于大多数供应商来说，他们定期（每个星期）收到更新的下三个月的生产预测，但是对于那些需求变化比较大的零部件，戴尔每天就要更新一次数据。这保证了戴尔在无限接近零库存的同时，也能拥有足够的产能应付突发事件。

2. 组合市场最优元素

曾经在通用汽车公司任职的李元钧比较了戴尔供应链更加精益的特征。"传统上，汽车行业是'肥水不流外人田'，汽车工厂围墙内有很大的加工深度，大部分配件都由自己的子公司提供，形成整车的元素并不是最优的。"但是戴尔的理想却是让每个环节精益求精。交易引擎作为一个工具，首先帮助戴尔和供应商组合成一个虚拟的企业。"所以，有时供应商的供应商也会涵盖进来，比如一些关键的元器件，像 LCD 面板等。戴尔在中国的几十位采购员基于这个交易引擎平台管理各自对口的供应商，从订单、生产、运输直到进入公共仓库。"事实上，戴尔快速反应的供应链中，零库存并不是终极目标，生产出零缺陷的产品才是戴尔和所有供应商的理想之所在。而这要求戴尔和它的供应商彼此忠诚。"戴尔会派出驻厂工程师进驻供应商的工厂，此外，戴尔还有一个专门的团队负责全球供应商的质量监督报告。而当戴尔开始研发新品时，会要求自己的供应商从实验室阶段就介入相关工作。"李元钧这样解释，"因为无论供应商有任何库存或是不精益的地方，最终影响的会是整个供应链。"戴尔管理供应商有一个重要的原则，就是"少数及密切配合供应商"，它把整体供应商的数量控制在一定范围内，并且在商品管理、质量和工艺管理等方面为供应商提供培训服务，帮助其改善内部流程。戴尔还把品质管理等工具分享给供应商，使其自身采购的管理水平也得到较大的提高。戴尔会每个季度对供应商进行考核，优胜劣汰，实现良性循环。这种模式的固化成果很明显，在最近 3 年，戴尔遍布全球的 400 多家供应商中，最大的供应商只变动了两三家。而这样的初衷也可以解释戴尔为什么把链条上的一些环节（如物流）外包给独立第三方管理。"戴尔通过对供应链的管理，组合最优性价比的元素提供给客户。这里面其实是一个大组装、大集成的概念，软件、硬件还有服务都是被考察的对象。"

3. 是客户中心而不是工厂

"我们围绕客户需求构架企业，而传统电脑公司则是围绕供货商和分销商构建企业。我们叫客户中心而不叫工厂，是因为戴尔从一开始就与传统工厂不一样。传统工厂努力完成工艺，客户中心的最终目的则是把符合客户的配置和质量要求并带有服务的产品及时送到客户那里。我们在全球市场上组织和配置资源，在产品和服务上选择全球最具竞争力的资源，而不在乎是否是戴尔自己做的。"李元钧举例说，"比如客户需要一台主机、一个显示器、一个照相机还有一个打印机。我不生产相机，但是我可以给客户提供一连串的名单，并告诉他这些产品怎样和戴尔的产品相互匹配。如果客户在上海，显示器的供应商也在上海附近，我就没必要把显示器调到厦门再一起打包给客户。我会把客户的订单号告诉我的物流商，由它负责打包后运输给客户。"在这个以认识客户需求为起点，满足客户需求为终点的闭环中，戴尔始终站在市场前沿，"所以戴尔是整个产业中最了解顾客的人。我们和顾客之间没有任何隔膜。在许多技术确定过程中，戴尔往往会成为行业标准的主席机构，就是这个原因。"张飒英说。

【思考】
1. 结合案例分析戴尔采取的是什么样的库存方式。
2. 戴尔采取的方式与传统库存方式相比的优势有哪些？
3. 结合戴尔的具体情况，分析采用这种库存方式要注意些什么。

自我总结

1. 通过学习本模块内容，您对智慧物流与供应链的时间效应及仓储相关内容的认识发生了哪些变化？试列出两点。

2. 本模块内容中的哪些部分激发了您的学习兴趣？您将继续进行哪些探索性学习？

Project

05

模块五
智慧物流与供应链的用户体验

单元1　智慧物流与供应链的用户体验与配送
单元2　配送业务组织
单元3　配送服务质量

导语

用户体验是用户在使用产品过程中形成的主观感受。配送是物流与供应链中离消费者最近的环节，其服务质量与效率对用户体验能够产生最直接、最深刻的影响。智慧配送以降本增效和用户体验为核心，借助物联网、大数据、云计算等信息技术，使配送效率显著提高，大大提升了用户满意度。

导学

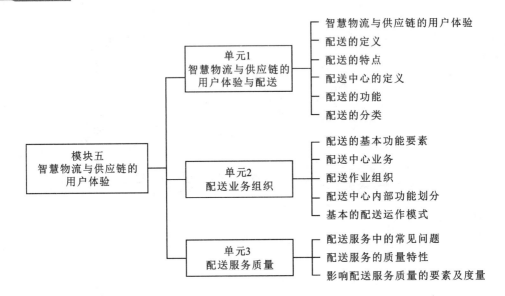

学习目标

1. 熟悉用户体验的含义及其管理，了解智慧物流与供应链的用户体验应用领域。

2. 掌握配送的定义、特点、功能、基本功能要素、流程、网络、运作模式等，熟悉配送的分类。

3. 掌握配送中心的定义，熟悉配送中心的分类、内容功能区域及布局。

4. 掌握配送服务的质量特性，了解配送服务中的常见问题、影响配送服务质量的要素及配送服务质量的度量方式。

5. 能结合常见的配送业务活动，说出其包含的功能要素、流程和运作模式。

6. 形成对物流事业"传承有我"的使命认同，培养德技双馨的职业担当。

7. 培养信息获取能力和精益求精的工匠精神。

案例导入

在西藏包邮卖水果

2022年,在拉萨做了3年多频道网络的张先生决定转行卖水果。他这个决定源于2022年2月的一次线上推广活动。春节结束,西藏当地最为重要的节日之一藏历新年(3月3日)即将开始。一个卖水果的商家从内地运来了500千克智利车厘子,请张先生及其团队做线上推广。1万多元的成本,卖出了6万多元的营业额,西藏本地消费者对水果的热情和强大的购买力,刷新了他在西藏积累的网红、流量、选品经验。

张先生开始转行卖水果并包邮。他的西藏新鲜水果直供小店为拉萨用户提供2~4小时同城急送服务,并且免配送费。小店开业第6天就看到了成绩,那天卖了120多单。一个月后,在同样的逻辑下,张先生又开辟了鲜花业务,第3天就卖出了123单。

网络打破了信息传播的空间阻隔,但平原地区畅通无阻的市场模式依然无法轻易越过青藏高原。地广人稀、流量池有限、高物流成本导致西藏地区物价较高。在西藏,20家商家里才可能有1个包邮的,普通快递都要花5~10天在途时间。

那么,张先生是如何做的呢?同城配送与传统电商物流不同,其核心差异在于以下两点:一是同城配送必须考虑末端交付场景变化;二是物流对企业供应链和物流管理能力要求也很高。为了把同城配送的成本压到最低,在多次测算后,张先生把直播间和仓库安排在了市中心,这样无论发往哪个方向,都能让客单价格维持在稳定的水平。从店铺数据看,其在拉萨的同城配送成本每单为13元左右。由此可见,即时配送行业的兴起,进一步提高了消费者的购物体验,也契合了商家提升服务品质保证客户黏性的需求。

【思考】

您认为配送服务应重视用户的哪些体验?提供良好的即时配送服务应具备哪些要素条件?

单元1　智慧物流与供应链的用户体验与配送

一、智慧物流与供应链的用户体验

（一）用户体验及其管理

1. 用户体验的含义

随着互联网产业的兴起，越来越多的企业开始重视用户体验理念在产品推广等活动中的作用。用户体验是指客户在与一个品牌、产品、服务或组织互动的过程中的感觉、情感和印象的总和。它涵盖客户在多个接触点和交互过程中的感受，从初次接触品牌到购买和使用产品或服务，以及与品牌的长期关系。良好的用户体验直接影响客户的满意度、忠诚度、口碑和长期价值，它是企业成功的关键因素。

用户体验包括以下关键因素。

（1）情感体验

情感体验即客户的情感反应，包括满意度、喜好、愤怒、高兴等。

（2）感知和期望

感知和期望即客户对品牌、产品或服务的期望和感知。这些期望可以是由广告、口碑、社交媒体等形成的。

（3）互动和接触点

互动和接触点即客户与品牌互动的各个点位，如网站、应用程序、客服电话、社交媒体、店面等。

（4）用户界面和设计

用户界面和设计即产品或服务的界面、设计和易用性，以及它们对客户的影响。

（5）服务质量

服务质量即客户对服务的评价，包括响应时间、解决问题的能力、友好性等。

（6）品牌价值观

品牌价值观即品牌的核心价值观、使命和文化对用户体验的影响。

（7）客户满意度和忠诚度

客户满意度和忠诚度即客户对品牌的满意程度以及其是否愿意长期与品牌保持联系。

（8）口碑和社交影响

口碑和社交影响即客户对品牌的口碑和社交媒体上的评论和分享，以及它们对其他潜在客户的影响。

2. 用户体验管理

用户体验管理是战略性管理用户对产品或公司全面体验的过程，即公司及产品或服务怎样与用户的生活相关。用户体验管理要求企业在每一个接触点上都与用户产生联系，并整合用户体验的各种因素。用户体验管理关注销售和品牌偏好，同时在服务之前和之后，通过向用户传递信息、提供服务、进行良性互动增强用户体验，进一步提高用户的忠诚度，为企业增加盈利空间。

用户体验管理的实施有以下五个基本步骤。

（1）分析用户的体验世界

用户体验管理首先需要了解用户内心最深处的想法。在消费品市场，要分析消费者的生活环境，包括社会文化因素、消费者的体验需求和具体生活方式。在工业品市场，要分析商业环境，包括可以影响用户体验的经营方式。

（2）建立用户体验平台

体验平台是战略和实施之间最主要的连接点。体验平台包括动态的、多种感觉的、多维的对理想体验的描述。它也显示出用户希望从产品中获得的价值。平台的关键是全面的实施主体，它协调市场和沟通及未来的创新。

（3）设计品牌体验

品牌体验的设计包括以下几点：设计体验产品的特点，使其具有一定的产品美学；在标签、包装、货架等方面设计吸引人的"看点"；进行适当的体验信息和广告、网站形象及其他营销活动。

（4）建立与用户的接触

体验平台要在与用户的接触中实施。虽然品牌体验是静态的，但与用户的接触是动态的、互动的。接触点包括办公室拜访、银行的自助取款机、酒店的入住登记柜台、网上交易等。建立动态接触的内容，以恰当、互动的方式为用户提供必要的信息和服务是很重要的。

（5）持续创新

用户体验管理的创新包括接待用户的方式方面的创新和提供用户体验方面的创新，既可以是重大发明，也可以是产品形式的小创新。创新向用户显示了企业持续创造新的相关体验的潜力，可以吸引新用户。任何创新都需要通过计划、管理和实施等来提高用户体验。

（二）智慧物流与供应链的用户体验应用领域

智慧物流与供应链用户管理的起点是用户需求，必须以用户需求来拉动企业增值，建立企业与用户长期、稳定、发展的合作伙伴关系。智慧物流与供应链用户管理具有以用户为中心、难度较大、业务复杂、管理价值取向不同、管理对象不确定等特点。企业可以通过用户体验管理（如改变用户的印象、提高用户忠诚度和满意度等）来提升用户管理水平。智慧物流与供应链的用户体验有较广的应用领域。

1．市场细分和目标市场

细分用户和选择目标用户对企业而言是极大的挑战。在很多情况下，企业不是从用户的角度来细分市场，而是从企业和产品的角度（如产品特点、价格或分销渠道等）来细分市场。用户体验管理则是用独特的方法细分市场和选择目标市场，用调查工具发现有意义的数据，然后分析用户的体验世界，并将其呈现给最终用户和中间用户。

2．定位

怎样进行自身品牌和产品的定位也是企业要解决的重要问题。企业经常做一些概念图，这些图一般只是对一些想法的口头表述，对用户的日常生活体验不具有代表性。用户体验管理是更有意义的体验定位和体验价值主张，能用来指导包装、广告、接触面和创新主题等。

3．品牌

一些企业往往经过数年的品牌咨询确定品牌优势、品牌价值、品牌辨识度、品牌个性等，然后改变标志、广告。但是许多品牌还是无法和用户联系起来，销售业绩不好，这时企业管理层才意识到标志、符号、广告不是最大的问题，最关键的是品牌体验问题。因此，为了深入探究企业品牌的意义，企业不仅需要明白用户的体验世界，还要实施不同的策略来搭建创新战略平台。

4．服务

目前企业大多数服务管理是建立在未经检验的用户对服务偏好的假设上的，而不注重用户的真实体验，这使得大多数服务体系要么是劳动密集型，要么是技术密集型，很少能将技术和人整合起来给用户以出色的、难以忘记的、独特的服务体验。而用户体验管理致力于理解用户的接触面，并在最合适的时间提供最优良的服务体验。

5．创新

企业面对压力时要积极创新并打破屏障，但创新往往被限定为技术创新。而实践中，用户对创新的评价不仅仅包括产品的技术创新。从用户角度看，用户接触面体验是重大创新，能使用户的生活更简单。产品外观的创新和体验也同样重要。因此，许多创新方面的问题实际是如何更好地理解用户的体验世界、品牌和用户接触面。

与传统创新比较，体验创新发生了一些变化，具体如表 5-1 所示。

表 5-1　传统创新与体验创新比较

对比内容	传统创新	体验创新
创新目标	产品和过程	体验环境
价值基础	产品和服务提供物	共同创造体验

续表

对比内容	传统创新	体验创新
价值创造的观点	企业创造价值、企业供给物的供给推动与需求拉动	价值是共同创造的，个人在共同创造价值中处于中心地位
发展的核心	成本、质量、速度和模块化	力度、可延伸性、连接和可演进性
技术的观点	特色和功能、技术和系统的一体化	体验使能者、体验整合
对基础设施的关注	支持产品和服务的提供	支持个性化体验的共同创造

 物流热点

更严格的快递新规定来了！《快递市场管理办法》自2024年3月1日起施行。快递新规施行后，保障快件安全成为快递公司的首要任务。《快递市场管理办法》关于未经用户同意不得将快递送至驿站或快递柜等规定引发关注及热议。针对保证快件安全，快递新规有哪些明确的规定？您的快件有没有未经允许就送至驿站或快递柜的情况？如果有的话，这给您带来了哪些不好的体验？您觉得这样的规定有必要吗？快递公司应做哪些改进？

数字资源 5-1：
《快递市场管理办法》

二、配送的定义

根据《物流术语》（GB/T 18354—2021）的相关界定，配送（distribution）是指根据客户要求，对物品进行分类、拣选、集货、包装、组配等作业，并按时送达指定地点的物流活动。配送是物流中一种特殊的、综合的活动形式，是商流与物流紧密结合，包含商流活动和物流活动，也包含物流中若干功能要素的一种形式。

配送是在经济合理区域范围内的物流活动，一般来说，是指在整个物流过程中的一种既包含集货、储存、拣货、配货、装货等一系列狭义的物流活动，也包括输送、送达、验货等以送货上门为目的的商业活动。它是商流与物流紧密结合的一种特殊的综合性供应链环节，也是物流过程中的关键环节。由于配送直接面对客户，能最直观地反映供应链的服务水平，所以，配送在恰当的时间、地点，将恰当的商品提供给恰当的客户的同时，也应将优质的服务传递给客户。配送作为供应链的末端环节和市场营销的辅助手段，日益受到重视。

配送属于"二次运输""末端运输",与运输相比,其直接与用户接触或者说更接近用户。配送与运输的区别如表 5-2 所示。

表 5-2 配送与运输的区别

对比内容	配送	运输
运输性质	支线运输、末端运输 区域内运输	干线运输 跨区域运输
货物特点	小批量、多品种、高频次	大批量、少品种、低频次
运输工具	小型货车或简单工具	大型货车、火车、船舶、飞机、管道等
运输距离	短距离	长距离
管理重点	服务优先	效率优先
附属功能	装卸、搬运、保管、包装、分拣、流通加工、订单处理等	装卸、捆包

三、配送的特点

从配送的定义中可以看出,配送活动具有以下特点。

(一)任务的多重性

配送业务中,除了送货,还有拣选、分货、包装、分割、组配、配货等工作。这些工作难度很大,只有在具有发达的商品经济和现代经营水平的条件下才能做好。在商品经济不发达的地区或历史阶段,很难按用户要求实现配货,要实现广泛的高效率的配货就更加困难了。因此,一般意义上的送货和配货存在时代的差别。

(二)各种业务的有机结合

配送是送货、分货、配货等众多业务活动有机结合的整体,同时与订货系统紧密联系。这就要求配送必须依赖现代情报信息,建立和完善整个大系统,使其成为一种现代化作业系统。这也是以往的送货形式所无法比拟的。

(三)技术手段现代化

配送的全过程要以现代化技术手段为基础。现代化技术和装备的采用,使配送在规模、水平、效率、速度、质量等方面远远超过以往的送货形式。在配送活动中,由于大量采用各种传输设备,以及识码、拣选等方面的装备,整个配送作业就像工业生产中广泛应用的流水线,实现了流通工作的部分工厂化。因此,可以说配送也是科学技术进步的产物。

（四）分工专业化

配送是一种专业化的分工方式。配送为客户提供定制化的服务，根据客户的订货要求准确及时地为其提供商品供应保证，在提高服务质量的同时，可以通过专业化的规模经营获得单独送货无法实现的低成本。

四、配送中心的定义

配送几乎包括所有的物流功能要素，其关键作业——货物配备，在物流据点完成。具有货物配备功能的物流据点形式是多样的。配送中心作为一种新型物流据点设施，由具有较强流通功能的仓库发展而来，其衔接供给与需求且直接面向市场终端与客户，具有货物集散、资源配置等功能。

根据《物流术语》（GB/T 18354—2021）的相关界定，配送中心（distribution center，DC）是指具有完善的配送基础设施和信息网络，可便捷地连接对外交通运输网络，并向末端客户提供短距离、小批量、多批次配送服务的专业化配送场所。

配送中心是重要的物流据点，对科学、合理、高效的配送组织过程起着决定性作用。合理的配送是指以最少的环节、最短的运距、最低的费用、最高的效率完成物品的配送。

配送中心具有以下特点：其一，集货、分拣和配货是配送中心主要的独特业务；其二，对于送货而言，配送中心主要是组织者而不是承担者，配送中心可以独立承担送货业务，也可以利用社会运输企业或第三方物流企业完成送货；其三，配送是配送中心经营的一种手段，也是一种流通方式，而不是单纯的物流活动，其经营活动的目的是获取利润；其四，配送中心活动属于社会再生产过程的流通阶段；其五，配送中心以现代装备和工艺为基础，是兼具商流、物流功能的现代流通设施；其六，配送中心具有衔接和辐射功能，通过网络实现物品在供应链中有效率、有效果的流动，形成网络经济。

五、配送的功能

配送作为综合性物流活动形式，其功能可归纳为以下几个方面。

（一）完善运输系统

现代重载运输工具可实现长距离、大批量干线运输，可以提高效率，降低运输成本。对于支线小批量、运输频次高、服务性强的运输，一般要求具有较强的灵活性和适应性，如果使用载重量大的运输工具则是一种浪费。采用配送与运输密切结合的方式，可以在一定范围内实现干线运输和支线运输的有机统一，形成更高效的运输系统。

（二）消除交叉输送

交叉输送是指在不设置配送中心的情况下，供应商直接运送货物到用户。交叉输送模式涉及路线长，规模效益差，运输成本高，具体如图 5-1 所示。

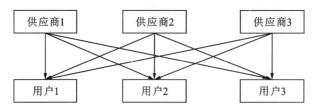

图 5-1　交叉输送模式

配送中心模式是指在供应商与用户之间设置配送中心，使得原来直接由供应商送至用户的货物通过配送中心整合后再配送的模式。这样消除了交叉运输弊端，使得输送距离缩短，运输成本降低。配送中心模式如图 5-2 所示。

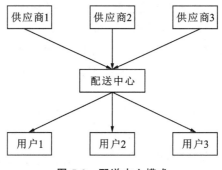

图 5-2　配送中心模式

（三）提高末端物流的经济效益

通过配货和集中送货，或者与其他企业协商进行共同配送，可以提高末端物流的经济效益。

（四）实现低库存或零库存

配送通过集中库存，可以在同样的服务水平上，降低系统总库存水平和存储成本，也节约了运力和其他物流费用。尤其是采用 JIT（准时制生产方式，也称无库存生产方式）后，生产企业可以依靠配送中心准时送货而无须保持自己的库存，或者只保持少量的安全库存，以实现零库存或低库存，减少资金占用，改善企业的财务状况。

（五）提高供应保证程度

与任何单独供货企业相比，配送中心都有更强的物流能力，可提高供应保证程度，降低缺货风险。

（六）简化手续，方便用户

配送可提供全方位的物流服务，采用配送方式后，用户只需向配送服务商办理一次委托，就可以得到全过程、多功能的物流服务，从而简化委托手续和工作量，也节省了开支。

六、配送的分类

在长期实践中，配送以不同的运作特点和形式满足不同的用户需求，形成了不同的配送形式。

（一）按配送组织者不同分类

1. 配送中心配送

配送中心配送是配送的重要形式，其组织者是专职配送中心。配送中心是一种以物流配送活动为核心的经营组织，通常有较大规模的存储、分拣、输送系统和设施，而且要有较大规模的商品储备，面临的风险和投资额都比较大，其设施及工艺流程一般是根据配送活动的特点和需要而专门设计的。

配送中心配送的优点如下：规模比较大，专业性比较强，与用户之间存在固定的配送关系，一般情况下配送中心都实行计划配送，需要配送的商品有一定的库存量，很少超越自己的经营范围；配送能力强，配送距离较远，覆盖面较广，配送的品种多，配送的数量大，可以承担工业主要生产所需物资的配送、向配送商店进行补充性配送等业务。

配送中心配送的缺点为投资较大，灵活性和机动性较差。大规模配送形式的配送中心配送必须有配套的大规模实施配送的设施，如配送中心建筑、车辆、路线、其他配送活动中需要的设备等，所以在实施配送初期很难建立配送中心。

2. 仓库配送

这种配送形式以仓库为据点来进行配送，可以把仓库完全改造成配送中心，也可以在保持仓库原功能的前提下，增加一部分配送功能。其优点是投资小、见效快，是开展中等规模配送活动的适宜形式。其缺点是由于并不是按配送中心的要求专门设计和建立的，所以一般来讲，配送规模较小，专业化水平较低。

3. 商店配送

这种配送形式的组织者是商店或物资门市的经营网点。商店在经营时，根据用户的要求，将本店经营的商品种类配齐，甚至代用户订购别店的商品，连同本店的商品一起送到用户手中。商店主要承担零售业务，规模一般不大，但经营品种齐全，容易组织配送。借助商店和物资门市众多的经营网点，商店配送有配送半径小、较为机动灵活等特点，适用于小批量、零星商品的配送，也可承担生产企业非主要生产所需物资的配送，是配送中心配送的辅助及补充形式。

按照商店的性质和其进行配送的程度，可以将商店配送分为专营配送和兼营配送。专营配送是指商店不进行销售，专门进行配送活动；兼营配送是指商店在进行一般销售的同时，还进行商品的配送活动。

4. 生产企业配送

这种配送形式的组织者是生产企业，尤其是进行多品种生产的企业，产品在配送时不用发运到配送中心中转，而是由生产企业直接配送，可以减少中转作业，具有一定的优势。但是难以像配送中心那样靠产品凑整运输获得规模效益，因此具有一定的局限性。

5. 共同配送

共同配送又称协同配送。根据《物流术语》（GB/T 18354—2021）的相关界定，共同配送（joint distribution）是指由多个企业或其他组织整合多个客户的货物需求后联合组织实施的配送方式。

实际操作时有两种具体做法：一是共同投资建立共同配送中心，使装卸、保管、发送等功能全面协作化，以更有效地完成货物分类，以及理货、发送等工作；二是共同（或联合）配送运输、共同发送。后一种做法具体包括两种类型：一是以物流业为主体所组织的共同运送；二是以需要提供运输服务的厂商和批发商牵头组织的共同配送。

共同配送通过对共同化对象的相互补充和利用，使商品配送实现大量化并缩短配送距离，可以有效提升物流效率和降低成本；还可以通过大量储存、大量输送、大量处理而使单位物流成本大幅度下降，节约了社会运力，缓解了交通压力，减少了空气和噪声污染等。

（二）按配送时间及数量不同分类

1. 定时配送

定时配送是指根据配送企业和客户双方达成的配送时间协议，按照规定的时间和时间间隔进行的配送。每次配送产品的品种和数量可以按计划进行，也可以在配送前根据客户的需求进行调整。

定时配送有利于配送企业安排车辆和驾驶人员，可以依次对多个用户实行共同配送，比较易于管理，配送成本较低。在配送用户较多的地区，也可解决因过分复杂的配送要求而带来的配送计划、组织工作、配货工作及车辆安排方面的问题。对用户来讲，既可在一定路线、一定时间内进行选择，又可有计划地安排接货力量。定时配送可以为众多中小型客户带来极大的方便。定时配送的缺点是应用领域有限，它不是一种可普遍采用的方式。

定时配送有日配和准时制配送两种常见的形式。

（1）日配

日配是一种使用较广泛的配送方式，尤其是在城市内配送中，日配占了绝大部分。一般日配的时间要求是上午订货下午送达，下午订货第二天送达，配送时间在订货后24小时之内。日配主要适用于以下几种情况：生鲜食品配送，如蔬菜、水果、点心、肉类等的配送；小型商店配送，商店商品随进随售，采取日配形式，可实现快速周转；不能保持较长时间库存的配送，如实现零库存的企业或缺乏冷冻设施的用户的配送。

（2）准时制配送

根据《物流术语》（GB/T 18354—2021）的相关界定，准时制配送（just-in-time distribution）是指将所需的货物在客户所指定的时间以指定的数量送达指定地点的配送方式。它是实现配送供货与生产企业生产保持同步的一种配送方式，要求更为精细和准确，每天至少配送一次，甚至几次，以保证企业生产的不间断。其目的是实现供货时间恰好是用户生产之时，从而

视频4　准时制配送——现代物流的高效引擎

保证货物不在用户的仓库中停留，直接运往生产地。与日配方式相比，准时制配送取消了"暂存"，可以实现零库存。准时制配送要依靠高水平的配送系统来实施，适用于需要重复大量生产的装配型用户。他们所需配送的物资是重复、大量且没有大变化的，往往是一对一的配送。

2. 定量配送

定量配送是指按规定的批量在指定的时间范围内进行的配送。由于配送数量和品种相对固定，备货工作相对简单。由于配送时间规定不严格，可以将不同用户所需的物品凑整运输来提高运力利用率，也可以对配送路线进行合理优化，以达到节约运力、降低成本的目的。此外，定量配送还有利于发挥集装运输的优越性，如使用托盘或集装箱运输，提高运送效率。

3. 定时定量配送

定时定量配送是指在规定的时间内对规定的商品品种和数量进行的配送。它兼有定时配送和定量配送两种方式，对配送企业要求比较严格，管理和作业难度较大。配送企业要有较强的计划性和准确度。因此，这种配送方式比较适用于生产和销售稳定、产品批量较大的生产制造企业和大型连锁商场的部分商品配送及配送中心。

4. 定时定量定点配送

定时定量定点配送是指按照确定的周期、确定的货物品种和数量，对确定的用户进行的配送。这种配送形式一般事先由配送企业和用户签订明确的配送协议，并严格执行，适用于重点企业或重点项目配送。配送企业一般与用户有长期稳定的业务往来，可有效保证物资供应并降低企业库存。

5. 定时定路线配送

定时定路线配送是指通过对用户的分布情况进行分析，设计合理的运输路线，制定沿途到达站点时刻表，按照这一时刻表沿着规定运输路线进行的配送。用户可以按既定路线站点和时刻表接货，或者提出配送要求，双方协商解决。这种方式对于配送企业来说，易于安排车辆和驾驶人员，便于进行接货和运货工作。对于用户来讲，可以进行配送路线和时间选择，有计划地安排接货力量。这种方式适用于用户比较集中的地区。

6. 即时配送

根据《物流术语》（GB/T 18354—2021）的相关界定，即时配送（on-demand delivery）是指立即响应用户提出的即刻服务要求并且短时间内送达的配送方式。这种方式以某天的任务为目标，在充分掌握这一天需要地点、需要数量及品种的前提下，即时安排最优的配送路线、配送车辆，实施配送。即时配送可以灵活高效地满足用户的临时需求，因此对配送企业要求较高，特别是对配送速度和时间要求严格，需要配送企业有完备的配送设施设备、较高的管理和服务水平、较强的组织和应变能力，并建立在一定的规模之上。即时配送能使用户真正实现零库存，适用于采取准时制生产模式的企业。

物流人物

请说说雪线邮路的幸福使者其美多吉驾驶邮车配送属于哪种类型的配送。其美多吉三十年如一日，驾驶邮车往返雪线邮路，见证了祖国的哪些发展变化？其美多吉的事迹给您带来了哪些启示？

数字资源 5-2：
雪线邮路的
幸福使者

（三）按配送商品种类及数量不同分类

1. 单（少）品种、大批量配送

一般工业企业需要的商品数量较多，一种或几种商品就可达到较大的运量，不需要与其他货主的商品进行组配，可采用整车运输形式由专业配送企业配送。由于配送量大，可使用大型车辆，且配送企业内部设置、组织、计划等工作也较为简单，因此配送成本较低。如果要求从生产企业将商品直接运抵用户，同时不让用户库存效益下降，则采用直送方式的效果会更好。

2. 多品种、少批量配送

多品种、少批量配送是根据用户的要求，将所需的各种物品（每种物品的需要量不大）配备齐全，凑整装车后由配送据点送达用户的方式。该方式作业水平要求高，配送设备要求复杂，配货送货计划难度大，需要高水平的组织工作来保证和配合。在实际生活中，多品种、少批量配送往往伴随多用户、多批次的特点，配送频度往往较高。

在所有方式中，多品种、少批量配送方式是一种高水平、高技术的配送，能满足用户物资品种多样化的需求，符合市场环境的需要，是配送中最典型的形式。

3. 配套成套配送

配套成套配送是指根据企业生产需要，尤其是装配型企业生产需要，把生产每一台件所需要的全部零部件配齐，按照生产节拍定时送达生产企业，便于生产企业将此成套零部件送入生产线装配产品的方式。

（四）按配送主体不同分类

1. 自营配送

自营配送是指企业通过独立组建配送中心，对内部各部门进行商品供应配送。企业可以对其政策和作业程序进行调整，以满足自身的需要，并对所有配送活动拥有绝对的决策权，将其与企业内部的其他物流过程结合在一起。

在自营配送模式下，企业通过组建自己的配送中心来实现对内部各门店的统一采购、统一配送和统一结算；同时，企业会获得一定的无形利益，如在配送车辆上冠以企业名，可以增加企业曝光度，给用户带来稳定可靠、响应及时等感觉，会使企业拥有大于其他企业的营销优势。

2. 社会化配送

在社会化配送模式中，企业的物流活动由第三方物流公司来承担。企业可以将全部或部分物流活动委托给第三方物流公司来承担。社会化配送的优势在于，第三方物流公司更能够通过规模化操作带来经济利益，具有较低的成本。另外，第三方物流公司能够为企业提供更多的物流作业和物流管理方面的专业服务。在运作中，第三方物流公司对信息进行统一组合、处理后按客户订单的要求，配送到各节点，同时可在用户之间交流供应信息，可以调剂余缺，从而更合理地利用资源。

练一练

请扫码完成练习。

数字资源5-3：练一练

单元2 配送业务组织

一、配送的基本功能要素

配送是物品集散的过程,完成该过程需要一系列功能要素做支撑。其基本功能要素包括集货、拣选、配货、配装、配送运输、送达服务、配送加工等。

(一)集货

集货是将分散的、需要配送的物品集中起来,以便分拣和配货。它是配送的重要环节。为了满足特定用户的配送要求,有时需要将几家甚至几十家供应商的物品集中起来。集货是配送的准备工作,配送的优势之一就是可以集中用户,进行一定规模的集货,形成规模效益。

(二)拣选

拣选是使用各种拣选设备和传输装置,将要配送的物品从储位上拣取出来,按品种或出入库先后顺序送至指定发货地点堆放的作业。拣选是配送不同于其他物流形式的功能要素,也是决定配送成败的一项重要支持性工作。它是完善和支持送货活动的准备性工作,也可以说,拣选是送货向高级形式发展的必然要求。成功的拣选可以大大降低差错率,提高配送服务水平。

物流技术

自动化分拣设备是智慧物流与供应链的重要组成部分,试说说其为物流与供应链管理带来了哪些好处,以及自动分拣设备的使用给您带来了怎样的启示。

数字资源5-4:
物流神器——
自动化分拣设备

(三)配货

配货是将拣选分类后的货物进行配货检查,装入容器、做好标记,再送至发货准备区,待装车后发送的作业。

（四）配装

在单个客户配送货物数量不能达到车辆的有效运载负荷时，就存在如何集中不同客户的配送货物进行搭配装载以充分利用运力的问题，这时就需要配装（也称配载）。跟一般送货不同，配装送货可以大大提高送货水平，降低送货成本。配装也是配送系统的重要功能要素，是现代配送与传统送货的重要区别之一。

（五）配送运输

配送属于末端运输、支线运输，具有运输距离短、批量小、频度高等特点。由于配送客户多，城市交通路线一般较为复杂，所以选择最佳配送路线，使配装和路线有效搭配等是配送运输的特点，也是难度较大的工作。

（六）送达服务

将货物运输到客户接货地并不是配送工作的结束，还需要完成货物的移交，并有效方便地办理相关手续，完成结算，还要注意卸货地点、卸货方式等，否则配送活动将前功尽弃。在我们的实际生活中，常常存在客户接收和货物送达之间的不协调，高质量地提供送达服务也是配送的特殊性。

（七）配送加工

配送加工是按照配送用户的要求所进行的加工作业。配送加工与一般流通加工的不同之处在于，其一般取决于客户要求，加工目的较为单一。常见的配送加工活动有套裁、简单组装、分装、贴标、包装等。配送加工不具有普遍性，但通常具有重要作用。通过配送加工，可以大大提高客户的满意程度，增强用户体验。

二、配送中心业务

（一）配送中心的功能

配送中心是以组织配送性销售或供应，以执行实物配送为主要职能的流通型节点，也是专门从事商品配送活动的经济组织，还是将集货中心、分货中心和加工中心合为一体的现代化物流基地。配送中心不仅具有传统的储存、配货、配装等功能，还具有拣选、配送加工等功能。配送中心的功能如图5-3所示。

（二）配送中心的分类

配送中心可以按照不同的标准分为不同的类型，具体见表5-3。

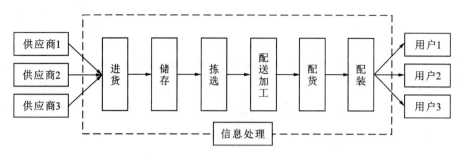

图 5-3 配送中心的功能

表 5-3 配送中心的分类

分类标准	配送中心类型	主要特点
经营主体	厂商主导型配送中心	实力雄厚、业务规模足够大的生产厂商建设配送中心，形成有特色的产供销一体化经营体制，缩短物流距离，减少中间环节，将产品在最短的时间内以较低的物流成本推向市场，增强市场竞争力
	批发商主导型配送中心	一类是服务于大型零售商的专业批发商配送中心，另一类是服务于中小型零售商的综合批发商配送中心。可向下游零售商提供品种齐全、价格低廉的商品，以及高效、快捷、低成本的物流服务
	零售商主导型配送中心	大型连锁零售企业建设配送中心，可减少流通环节，规模化运营，统一采购，集中库存、分拣、加工、配送等，降低物流成本，提高客户服务水平
	物流企业主导型配送中心	适用于服务对象比较固定的物流企业。在与货主企业签订长期物流服务合同的基础上，物流企业代货主开展配送业务，可实现物流资源的规模化配置和社会物流总成本的降低。要求物流企业具备较为先进的配送硬件设施、完善的物流信息系统和配送管理系统
	共同型配送中心	由规模较小的货主企业或专业配送企业共同设立，为实现物流规模经济而联合组织实施配送活动
所有权	自有型配送中心	隶属于某个企业或企业集团，通常只为本企业提供配送服务
	公共型配送中心	以营利为目的，面向社会提供服务的配送组织
辐射服务范围	城市配送中心	为城市范围内的用户提供配送服务，配送品种多、批量小、距离短，要求配送企业反应能力强，提供门到门服务。配送对象多为连锁零售企业的门店和最终消费者
	区域配送中心	库存商品充足，辐射能力强，范围广，可跨省份、地市配送。配送中心规模较大，客户较多，配送批量较大。服务对象是下一级配送中心、零售商或生产企业用户

续表

分类标准	配送中心类型	主要特点
配送中心功能	通过型（分拣型）配送中心	商品滞留的时间非常短，一般只有几个小时或半天，将大批量商品分解为小批量商品，将不同种类商品组合在一起，满足客户多品种、小批量订货的要求
	集中库存型配送中心（商业中心）	具有商品储存功能，大量采购的商品储存在这里，各工厂或店铺不再保有库存，根据生产和销售需要由配送中心即时组织配送
	流通加工型配送中心	除提供配送服务外，还根据用户需要在配送前对商品进行流通加工。可减轻店铺作业压力，有助于开展机械化作业，提高流通加工效率

 物流发展

您接受过京东物流服务吗？体验如何？京东"亚洲一号"人工智能物流仓属于哪种类型的配送中心？

数字资源 5-5：
探秘京东"亚洲一号"
人工智能物流仓

三、配送作业组织

（一）配送作业基本流程

配送作业一般按照功能要素展开，其基本流程如图 5-4 所示。

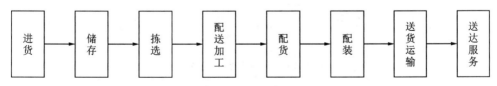

图 5-4　配送作业基本流程

不同类型、不同功能的配送节点或配送中心的配送流程也不同。不同商品由于其特性、用途及需求状况不同，配送流程也不同。

例如，食品的种类多样，形态特性各不相同，保险保质要求也不一样，因此有不同的配送流程，如图 5-5 所示。

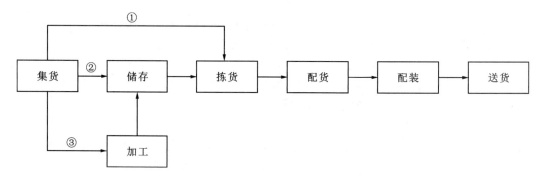

图 5-5　三类食品配送流程

第一类食品（见图 5-5 中的①），保质期较短、保鲜要求较高，如海鲜、肉类制品等，集货后不经过储存，而是立即拣货、配货、配装，然后送达客户。

第二类食品（见图 5-5 中的②），保质期较长，如矿泉水、方便食品等，可以在集货后经过储存，再按客户的要求组织配送。

第三类食品（见图 5-5 中的③），需按客户要求及商品特性，经过配送加工后再组织配送，如大批量进货的食品、需要组配的食品等。

（二）常见的配送网络

1. 集中型配送网络

集中型配送网络是指在配送系统中只设一个配送中心，所有用户需要的物品均由这个配送中心配送，如图 5-6 所示。在这种系统中，由于只有一个配送中心，配送决策由这个配送中心做出，配送的商品也只经过这一个配送中心进出，所以是一种集中控制和集中库存的模式。比如，一个城市范围内的中小型连锁公司设置的为所属连锁店配送商品的配送系统一般只设一个配送中心，就属于这种配送网络类型。

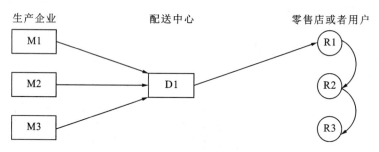

图 5-6　集中型配送网络

集中型配送网络具有如下特点：一是相较于分散型配送，集中型配送规模大，管理的固定费用下降，所以管理费用较低；二是在相同的服务水平下，集中型配送比分散型配送需要的安全库存小，所以总平均库存降低；三是由于集中型配送系统中的配送中心离用户远一些，所以用户提前期变长；四是与分散型配送相比，集中型配送运输成本中的外向运输成本会高一些，这是因为配送中心距离用户相对来说要远一些，但内向运输成本（从生产厂到配送中心的运输成本）相对会低一些。

2. 分散型配送网络

分散型配送网络是指在一个配送系统中（通常指在一个层次上）设有多个配送中心，将用户按一定的原则分区，归属于某一个配送中心。分散型配送网络如图 5-7 所示。大城市中的大型连锁公司自己设置的为所属连锁店配送商品的配送系统通常要设置多个配送中心才能满足需要，属于分散型配送网络。

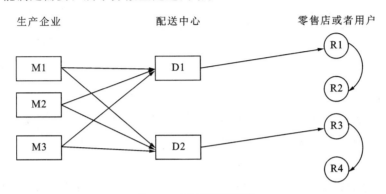

图 5-7　分散型配送网络

分散型配送网络具有如下特点：一是由于配送中心离用户近，外向运输成本低；二是从供应商向配送中心送货时，由于要向多个配送中心送货，规模经济自然没有集中型配送好，内向运输成本大；三是由于库存分散，安全库存增大，总平均库存增大；四是由于配送中心离用户相对近一些，因此用户的提前期会相应缩短。

3. 多层次配送网络

多层次配送网络是在系统中设有两层或更多层次的物流中心和配送中心，其中至少有一层是配送中心，并且靠近用户。大型第三方物流企业、大型零售企业或从供应链来看的物流系统的配送网络通常是这种。目前许多大型第三方物流企业和大型零售企业在大城市 40 千米的圈外建立大规模的广域物流中心，与原有配送中心共同构成多层次的配送网络结构，目的是既满足用户高度化的服务需求，还提高物流效率。图 5-8 为含有广域物流中心的两层次配送网络。多层次配送的网络系统，由于与供应商和用户的距离都较近，所以内向运输成本和外向运输成本相对都会有所降低。

四、配送中心内部功能划分

（一）配送中心的主要功能区域

配送中心通常设有以下功能区域。

1. 收货理货区

收货理货区设在配送中心入口处，包括收货办公室、卸货停车泊位、收货月台和收货缓冲区。

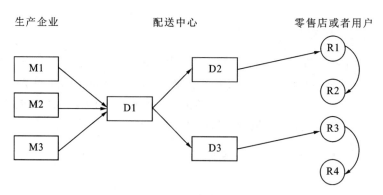

图 5-8 多层次配送网络

(1) 收货办公室

收货办公室是收货区的管理部门,直接指挥收卸货物作业,布置在紧邻收货月台的位置,既可方便接收送货单据,又可直接观察收货卸货情况,便于指挥调度送货车量。

(2) 卸货停车泊位

卸货停车泊位是送货车辆卸货必须进入的指定停靠位置,与收货月台协同使用完成收卸货任务。车辆停靠在卸货停车泊位的时间是衡量收货作业效率的重要指标之一,停靠时间越短,说明收货作业效率越高;反之,则说明收货作业效率越低。

(3) 收货月台

收货月台是收货理货区的核心区域。收货月台高度通常为 1100 毫米左右,以保持月台面与车厢地面基本一致,便于叉车等搬运车辆平顺驶入驶出,完成卸货任务。为增强对各种车型的适应性,部分配送中心的收货月台配备了可调节高度的液压升降平台,使得卸货作业更加便利。

(4) 收货缓冲区

收货缓冲区是收货入库货物的暂存区和理货区,可完成入库货物的验收、计量(件)、贴条码等工作。如果入库货物为件杂货且存储状态为货架存储,还需再次完成货物码托(盘)作业。

2. 存储区

存储区的布置因各配送中心的功能不同而异。集中库存型配送中心的存储区域面积较大,约占总面积的 1/2。为了更大幅度地提高空间利用率,通常采用货架存储方式,如连锁超市配送中心。流通加工型配送中心的存储区面积相对较小,约占总面积的 1/3,如钢材流通加工中心。通过型配送中心一般不独立设置存储区,只设置面积较小的暂存区,如大型商品分拣中心。

3. 流通加工区

流通加工是商品在从生产者向消费者流通的过程中,为了增加附加价值、满足客户需求、促进销售而进行简单的组装、剪切、套裁、贴标签、刷标志、分类、检量、弯管、打孔等加工作业。流通加工是生产过程在流通领域的延续，加工工艺与加工方式对流通加工区的布置有着深刻的影响，直接决定着流通加工区的面积大小以及与其他功能区之间的关联关系。

4. 拣选理货区

拣选理货是依据客户的订货要求或配送中心的送货计划，迅速准确地将商品从储位或其他区域拣取出来，并按一定的方式进行分类、集中，等待配装送货的作业过程。拣选理货区因配送中心的类别不同而有较大差异，通过型配送中心因其主要功能就是分拣配送，所以该区面积占比较大；有的配送中心配送对象相对单一，无拣选理货作业活动，故不设置拣选理货区，如煤炭配送中心、燃油配送中心等。

拣选理货区的设置主要有三种类型，即拣选理货区与存储区共用、拣选理货区与存储区按照层上层下加以区分，以及拣选理货区与存储区独立设置。

5. 发货待运区

发货待运区包括发货理货区、发货月台、配装泊位等区域。

发货理货区用于出库理货、验收交接。比如：批量拣选时可用作播种式拣选区；用作按客户集货、按车集货、按路线集货区域等；用于与承运人或收货人验收交接。

发货月台用于待运装车时的货物周转。发货月台高度通常低于收货月台高度，原因在于供应商送货车辆车型较大，而配送车辆车型较小。

配装泊位用于货物配装时，配送车辆临时停车。停车泊位的数量是衡量配送中心发货能力的重要指标。

6. 设备存放与维修区

设备存放与维修区用于满足装卸搬运设备的停放、维修、养护需要，如电动叉车、电动托盘车等设备充电、养护、维修等。

7. 其他辅助区域

其他辅助区域包括配电室、行政办公区、员工生活区、停车场等。此类设施在配送中心正常运转中也发挥着不可或缺的作用。

（二）配送中心内部布局

配送中心内部布局与配送中心开展的业务活动和物流动线设计有关。配送中心内部布局应与其业务活动保持一致，物流动线设计要保证物流畅通、高效快捷，强调人货分离。

图 5-9 是某配送中心内部布局。该中心出货和收货区域位于配送中心两侧，可以应对进出货高峰同时出现的情况。

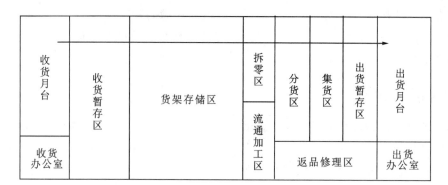

图 5-9　某配送中心内部布局

五、基本的配送运作模式

根据社会经济发展和配送运作实际情况，存在三种基本的配送运作模式。

（一）基于销售的配送运作模式

这种模式又称配销模式，配送行为主体通常是销售企业或生产企业，它不仅参与物流过程，还参与商流过程。配送作为一种营销手段与商流融为一体，实现"商物合一"。

1. 运作过程

基于销售的配送运作模式的运作过程包括：客户产生需求，向配送中心采购订货；配送中心集中多家客户的采购需求计划，形成自己的采购需求并向供应商订货；供应商选择合理的运输方式实现配送中心采购货物的空间位移，同时通过商流活动完成货物所有权的转移；配送中心根据客户的采购需求计划制订面向客户的配送计划，满足客户在货物品种、规格、数量、时间、地点等方面的需求。运作过程示意图如图 5-10。

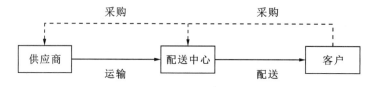

图 5-10　基于销售的配送运作模式运作过程示意图

2. 运作特点

基于销售的配送运作模式的配送中心具有以下运作特点：其一，配送中心拥有货物的所有权和支配权；其二，配送中心将客户小批量的采购需求集中为大批量采购，产生规模经济，即能够获得更多的价格折扣，降低采购成本；其三，配送中心统一采购替代客户分散采购，采购批量的增大使得运输批量直接增加，即形成批量运输，而运输批量越大，运输成本越低；其四，配送中心集中库存替代客户分散库存，一方面在提高供应的保证程度上实现总库存量的降低，另一方面为客户实现零库存运营奠定了基础。

该模式在批发和连锁经营企业、大型加工制造业、零部件制造业等领域应用比较广泛。该模式对于行为主体来说，由于其直接组织货源和商品销售，因而配送活动中能够形成资源优势，扩大业务范围和服务对象，同时也便于向客户提供特殊的物流服务，如配套供应物资等，以满足客户的不同需求。由此可见，这一模式能够全面发挥专业流通企业功能，但其对组织者的要求较高，需要通过大量资金、管理技术等方面的支持来形成一定的规模，这会给企业资源配置带来过大的压力，尤其是生产企业若建设这种模式的配送中心，势必造成新的资源浪费，不利于企业把资源集中于核心竞争力的提高。

（二）基于供应的配送运作模式

该模式下，配送行为主体是拥有一定规模的库房、站场、车辆等物流设施和设备，以及具备专业管理经验和操作技能人员的批发、仓储或运输企业，它们不直接参与商品交易活动，而是专门为用户提供货物保管、分拣、加工、运送等系列化服务。这种模式的商流与物流活动相分离，分属于不同的行为主体，实现"商物分离"。

1. 运作过程

基于供应的配送运作模式运作过程为：客户直接向供应商采购，并完成商品所有权的转移；配送中心按客户要求接收供应商送货，代为储存、保管，并按照客户要求即时或定时分批次配送至客户处。基于供应的配送运作模式运作过程示意图见图5-11。

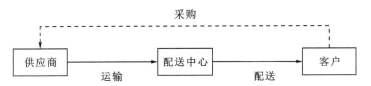

图5-11 基于供应的配送运作模式运作过程示意图

2. 运作特点

基于供应的配送运作模式的配送中心具有以下运作特点：一是配送中心不拥有货物的所有权和支配权，这些权利归客户所有；二是客户向供应商进行直接采购，如果采购批量不足，就难以获得价格折扣；三是配送中心业务属于物流代理服务，为客户提供储存、拣选、加工、配送等服务，收益仅来源于物流服务费，没有商业利润；四是配送中心可同时为多个客户提供物流服务。

这种模式多存在于由传统的储运企业发展而来的物流企业，其在传统的仓储与运输业务的基础上增加了配送服务功能，投资相对较少。这类企业尽管可以同时为多个用户提供服务，但业务活动单一，因而占用资金较少，经营风险也比较小。同时由于配送机构不直接掌握货源，其调度和调节能力较差，往往受到用户的制约。其活动是代理性质的活动，是一种高消耗、低收益的模式。

（三）基于资源集成的配送运作模式

这是一种以资源集成为基础，集商流、物流、信息流和资金流于一体的配送运作模式。其行为主体是虚拟物流企业，服务对象是大中型生产企业或企业集团。

1. 运作过程

在这一模式下，虚拟物流企业和供应链上游的生产、加工企业（供方）建立广泛的代理或买断关系，和下游的大中型生产企业（需方或用户）形成较稳定的契约关系。虚拟物流企业的配送中心依据供方的交货通知完成运输、报关、检验、检疫、入库等工作，然后按照需方的要求，经过拣选、加工、配料、装车、运输等送达需方，完成配送作业。

上述过程中，从供方到需方的所有信息都由配送企业的物流信息系统来管理，作业活动也由其组织、调度和控制。高效及时的信息交换和处理，为配送作业的顺利完成提供了保证。以信息技术为支撑是这类配送模式的突出特点。作业完毕之后，依照物流状况和双方合同，各种费用在电脑中自动生成并流转。

2. 运作特点

基于资源集成的配送运作模式的配送中心开展的是一种典型的规模经营活动，有如下特点。其一，规模大，服务范围广。可以有效组织国内外若干供应商资源、配送资源，并对若干用户进行共同配送，以其规模优势来降低成本。其二，以完善的信息系统和网络体系服务于用户需求。以 Internet 和 Intranet 为平台，既可以让用户了解市场、价格、制度、政策、物料资源等情况，又可以让用户了解物流系统的组织运作情况，实时进行跟踪、查询、反馈，自动进行数据动态分析，进而优化调配方案。三是具有物流领域的专业化优势。配送中心以专业化的人员、设施设备、运作方式来提高配送效率。四是其物流配送设施设备不完全属于自己所有，既有自有的，又有共用型，分布地域广，因而所提供的是一种社会化的配送服务，所追求的是物流合理化。

练一练

请扫码完成练习。

数字资源 5-6：练一练

单元3 配送服务质量

一、配送服务中的常见问题

（一）送货速度不能达到客户要求

作为物流系统的最后环节，配送的效率往往对客户产生较大的影响。客户一般会对到货期限给出明确的要求，如果配送服务时间太长，有可能造成客户损失或遭致客户抱怨。

送货速度慢、时间长的原因可能是集货时间太长，送货路程太远，运输工具速度慢，物流、配送作业环节过多，送货路线不合理，承诺送货时间过短等。

（二）送货不准时

送货准时性是衡量配送服务质量的重要指标。

送货不准时的原因可能是配送作业流程不规范、计划送货时间估计不准确、配送时限管理不严、配送车辆维护差、配送人员业务素质不高、某些商品库存量过低等。

（三）与客户缺乏有效沟通

与客户进行及时有效的沟通是解决配送服务质量问题的重要手段。特别是在电子商务环境下的物流配送服务过程中，客户在订货后都希望及时了解送货的具体信息，在出现问题后都希望知道以何种方式向谁反映。

与客户缺乏有效沟通的原因可能是缺乏配送跟踪信息系统、缺乏规范的查询系统、配送系统岗位责任划分不清等。

（四）配送物品的品质问题

配送服务中，有可能出现物品品质问题，如送达物品与实际购买物品在品种、数量、质量等方面不一致。

配送物品的品质问题出现的原因可能是保管或运送过程中的品质劣化、物理性损伤以及数量短少，发货错误导致的物品种类或数量不对，配送业务信息处理错误等。

二、配送服务的质量特性

质量特性是指产品质量要满足客户需求所应具备的一组属性。配送服务的质量特性包括安全性、及时性、经济性、方便性和文明性。

（一）安全性

安全性是配送物品安全送达目的地的特性。简单地理解，安全性就是不发生各类事故，具体来说，一是配送车辆在运行过程中（包括在配送中心发车、停放的过程中），不发生行车事故，以免造成配送物品毁损，也不因行车事故对行人、其他交通车辆及沿路设施造成危害；二是配送生产各作业环节（含配送车辆运行）不发生各类商务事故，如货物差错、毁损、被盗等。

（二）及时性

及时性是以最短的时间将货物送达目的地的特性。及时性就是人们常说的"快"。具体来说，包括以下三点。一是"即时"，即在客户有需求时能快速响应，即时提供相应的配送服务，缩短客户等候时间。二是"准时"，即遵守有关服务时间的承诺，按照合同的规定准时送达。三是"省时"，即尽可能提高配送各个服务环节、各项服务作业的工作效率，减少时间占用，缩短整个配送过程的延续时间，让客户尽快收到货物。

（三）经济性

经济性是让客户以合理的最低费用支出获取配送服务的特性。这里的费用是指配送全程所需要的费用。经济性就是俗话所说的"便宜"，具体来说包括以下两点。一是直接费用便宜，即通过企业配送成本降低，节省客户在接受配送服务过程中各项配送直接费用；二是间接费用便宜，即通过科学组织配送过程，提高其他方面的质量特性（如及时性、方便性），降低客户因配送而支出的各类相关费用。

（四）方便性

方便性是使客户能够便利地享受配送服务的特性。方便性反映了客户的行为（或精力）付出少。方便性主要表现在以下三个方面。一是合理地规划布局配送线路和配送网点，方便客户就近发货、收货等。二是开发灵活多样的服务项目，如上门取件、运费到付等，以满足客户的个性化需要。三是简化服务环节和手续，创新服务方式和手段，如采用多种灵活的货物受托方式、信息服务方式等，提高客户享受配送服务的便利程度。

（五）文明性

文明性是使客户在接受配送服务过程中能够得到情感或精神上的享受和满足的特性。文明性与客户的心理感受息息相关，主要表现为强化服务意识、改善服务态度，以良好的职业道德提供亲切自然、真诚主动、热情周到、文明礼貌、人性化的服务，让客户感受到应有的尊重、关爱和真情，得到心理的满足。实现文明性，要在客户群体中营造一种相互体谅、互助友爱的文明氛围，弘扬社会公德，建立和谐的人际关系及良好的公共秩序，避免客户之间可能出现的相互干扰、摩擦和纠纷。

物流创新

配送到车模式能增强哪些用户体验？除此之外，它还能带来哪些好处？制约该模式广泛推行的因素有哪些？应如何改进？

数字资源 5-7：
"末端运输"模式
创新——配送到车

三、影响配送服务质量的要素及度量

影响配送服务质量的基本要素有产品的可得性、备货时间、配送系统的灵活性、配送系统信息、配送系统的纠错能力和配送服务后的支持等。这些要素也是制定配送服务质量标准的基础。配送服务质量的基本要素及其度量指标如表 5-4 所示。

表 5-4　配送服务质量的基本要素及其度量指标

影响要素	含义	典型度量指标
产品的可得性	客户服务最常用的度量指标，一般为以百分比表示的存货	百分比
备货时间	下达订单到收到货物的时间长度，产品的可得性与备货时间常结合成一个标准，如 95% 的订单在 10 天内送到	速度
配送系统的灵活性	系统对特殊及未预料的客户需求的反应能力，包括加速和替代的能力	对特殊要求的反应时间
配送系统信息	配送信息系统对客户信息需求反应的及时性与准确性	对客户的反应速度、准确性和详细性
配送系统的纠错能力	配送系统出错恢复的程序以及效率与时间	应答与需要的恢复时间
配送服务后的支持	交货后对配送服务支持的效率，包括客户配送方案和配送服务信息的修订或改进	应答时间与应答质量

表 5-4 中配送服务质量的度量是从服务提供方的角度来表示的，如订单的准时、完整发送和订单的准备时间等。现在，人们更加重视从客户的角度对配送服务质量进行度量，即更加重视用户体验。如果服务提供方以传统的度量方法衡量其提供的配送服务，客户可能并不满意，而且如果问题发生在交货过程中，客户可能并不知道。因此，越来越多的企业开始采用更加关注客户的度量方法，如对于交货时间的度量，不仅提供评价的数据来源，更重要的是对将来可能发生的问题提出预警。

练一练

请扫码完成练习。

数字资源5-8：练一练

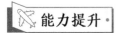

配送认知实训

【实训目的】

让学生了解两种日常生活用品的配送过程，掌握其配送基本流程和配送模式特点，培养信息获取能力和精益求精的工匠精神。

【实训方式】

将文献调查、网上调查和实地调研相结合，让学生根据自己的兴趣选取两种日常生活用品，分别调研其配送基本流程和配送模式。

【实训步骤】

① 根据自己的兴趣选取两种日常生活用品，结合自身网购经历，列出实际用户体验。

② 以网上调研或实地调研的方式，了解这两种日常生活用品的特征，重点研究其基本配送流程和配送模式。

③ 结合调研实践和所学内容，提出改进配送服务质量的建议和具体改进措施。

【实训结果】

完成实训报告，应包括以下内容：介绍所选日常生活用品的特征，绘制配送流程，说明每种日常生活用品的配送模式和特点以及目前的用户体验，有哪些可改进之处，提出改进措施。

自我总结

1. 通过学习本模块内容，您对智慧物流与供应链的用户体验和配送相关内容的认识发生了哪些变化？试列出两点。

2. 本模块内容中的哪些部分激发了您的学习兴趣？您将继续进行哪些探索性学习？

Project
06

模块六
智慧物流与供应链的支持性活动

单元1　包装
单元2　装卸搬运
单元3　流通加工

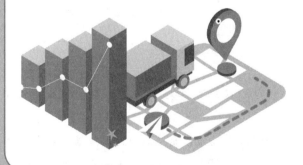

导语

　　智慧物流与供应链的支持性活动主要包括包装、装卸搬运、流通加工等。包装是生产的重要组成部分，也是物流活动的基础，在生产和流通过程中居于特殊的地位。装卸搬运是连接生产各阶段和物流活动各环节的纽带，在物流环节中占有较大的比重。流通加工是商品在流通过程中进行的辅助性加工活动，可以增加商品的附加价值，更好地满足客户的个性化需求。这些支持性活动是智慧物流与供应链不可或缺的组成部分。

导学

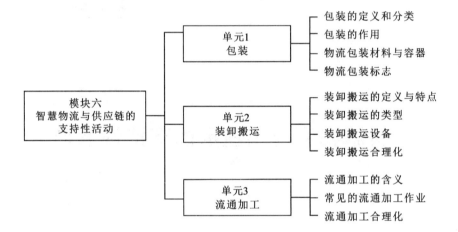

学习目标

　　1. 熟悉智慧物流与供应链的支持性活动及其重要性。

　　2. 掌握包装的定义、作用、类型等，熟悉物流包装的材料、容器及标志。

　　3. 掌握装卸搬运的定义、类型、特点等，熟悉装卸搬运合理化的途径及常见的装卸搬运设备。

　　4. 掌握流通加工的定义、目的、与生产加工的区别，熟悉常见的流通加工作业与设备。

　　5. 能结合常见的智慧物流与供应链的支持性活动，说出其包含的功能要素。

　　6. 培养系统意识，认识到有效的智慧物流与供应链系统需要各个功能有机联系、紧密衔接。

　　7. 培养安全意识、质量意识、绿色环保意识等，能够充分利用物流资源降本增效。

　　8. 培养劳动精神、工匠精神和良好的物流职业行为习惯。

生鲜供应链的包装[①]

随着生活水平的提高，人们的消费习惯慢慢发生了变化，在网上选购生鲜食品，已经不是什么新鲜事。由于生鲜产品的特殊属性及其供应链的复杂性，包装在整个链条中扮演着重要的角色。在满足消费者需求的条件下，合适的生鲜包装应延长产品的保鲜时间，保护产品不受到磕碰，并降低包装成本。

调研结果显示，目前多数生鲜电商供应链模式如图 6-1 所示。一般从果蔬基地到配送中心的中转包装以瓦楞纸箱为主，以循环中转筐为辅（瓦楞纸箱相较循环中转筐更加柔软，会大大减少在运输过程中对产品的磕碰）。在从配送中心运输到前置仓或门店的过程中，不同商家会根据产品需要选用不同的包装形式，某些需求量较大的产品直接用原包装（即上一阶段中所用的瓦楞纸箱或循环中转筐）；不怕磕碰的产品会用塑料筐；有冷藏需求的产品会用泡沫箱加冰袋的包装方式或直接进行冷链运输。在从前置仓或门店到客户的过程中，包装需要兼顾展示性和功能性，一般使用纸塑袋包装。

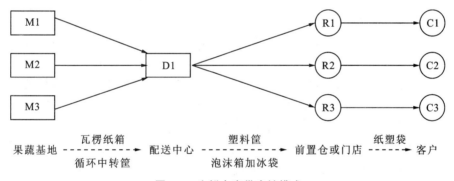

图 6-1　生鲜电商供应链模式

在整个生鲜电商供应链中，最理想的是省去中间的转换包装，让产品从果蔬基地到客户直接使用同一包装，这样不仅可以有效降低产品的损耗率，还可以降低成本。但是目前受各种客观因素限制，很多情况下必须进行包装转换。在包装转换时，也需要流通加工、装卸搬运等作业的支持。

【思考】

请根据案例内容，说说生鲜供应链各环节采用了哪些包装，以及在中间的转换包装环节还需要哪些支持性活动。

---

① 包装经理人. 生鲜包装，新零售战场上的一员猛将［EB/OL］.（2019-08-05）［2024-10-01］. https：//m. sohu. com/a/331630470_813594.

单元 1 包 装

一、包装的定义和分类

包装是物流活动的基础。很多商品只有经过合理包装，才能使其他物流功能得以实现。包装贯穿于整个流通过程，包装的材料、形式、方法、结构等都对整个物流活动有重要影响，包括物流活动的经济性、物流活动的安全性等。

（一）包装的定义

根据《物流术语》（GB/T 18354—2021）的相关界定，包装（package/packaging）是指为在流通过程中保护产品、方便储运、促进销售，按一定技术方法而采用的容器、材料及辅助物等的总体名称，也指为了达到上述目的而采用容器、材料和辅助物的过程中施加一定技术方法等的操作活动。以往人们仅仅把包装看作产品的包装、包含内容物的容器、产品的容器与盛装等。《物流术语》中的界定把包装的物质形态和盛装产品时所采取的技术手段、装潢形式以及工艺操作过程融为一体，更为完善。

包装具有从属性和商品性两种特性。包装是其内装物的附属品，其选用的材料、采取的包装技法、设计的结构造型以及外观装潢，都从属于内装物。包装必须与内装物的性质相容，并能给予内装物稳妥的保护。包装又是社会生产的附属于内装物的特殊商品，具有价值和使用价值，其价值包含在商品实体的价值中，在出售商品时予以体现。而且，优良的包装不仅能保证商品的质量完好，还能提高商品的艺术性和精美度，从而增加商品的附加价值。

物流包装主要是指工业包装或外包装，以及在物流过程中的换装、分装、再包装等活动。选择物流包装时不仅要考虑包装在运输、储存过程中对产品的保护，还要考虑拆包装的便利性及废包装的回收和处理等。

（二）包装的类型

为了适应各种商品的性质差异和各种装卸搬运机械、运输工具等的不同要求，包装在设计、选料、包装技法、包装形态等方面出现了多样化，从而导致包装种类繁多。一般而言，包装在生产、流通和消费领域的作用不同，不同部门和行业对包装分类的要求也不同，各种分类方法的分类目的和分类标准也有所不同。

1. 按照包装的层次或位置分类

按照包装的层次或位置，可将其分为个装、内装和外装。个装是指商品按个进行包装，目的是提高商品的价值或保护商品；内装是指商品的内部包装，目的是防止水、湿气等对商品的破坏；外装是指商品的外部包装，即将商品放入箱、袋、罐等容器中或直接捆扎，并附上标识、印记等，目的是便于对商品进行运输、装卸和保护。

2. 按照包装在流通领域中的作用分类

按照包装在流通领域中的不同作用，可以将其分为销售包装和运输包装两类。

（1）销售包装

销售包装又称小包装、内包装或商业包装，是以促进销售为主要目的进行的包装。这种包装与商品直接接触，通常作为商品的组成部分随其一起销售给消费者。销售包装考虑的主要问题是视觉效果、美术装潢、宗教文化、人文习俗、消费功能等。这类包装直接与商品接触，因此使用的包装材料既要保护商品，结构造型便于流通，还要特别注意图案、文字、色调和装潢能吸引消费者，引起消费者的兴趣，激发消费者的购买欲，从而为促进商品的销售创造良好的条件。

常用的销售包装有：透明式包装，包括全透明式和半透明式，如衬衣包装和一些食品包装；悬挂式包装，可方便悬挂展销，如服装、包等；开启式包装，用时开启，不用时闭合，方便实用，如硬盒香烟；配套式包装，指在包装时可以容纳两种以上的配套产品。此外，还有堆叠式包装、挤压式包装、易开式包装、礼品式包装等。

（2）运输包装

运输包装又称大包装、外包装或工业包装，是指以满足运输、储存要求为主要目的的包装。运输包装的意义主要体现在物流过程中保护商品、促进物流作业效率化、降低物流成本等方面。由于物流中存在"效益背反"现象，运输包装应在满足物流要求的基础上，使包装费用尽可能低。为此，必须在包装费用和物流损失两者之间实现最优的效果。

运输包装要考虑抵御储运过程中温度、湿度、紫外线、雨雪等气候和自然条件因素对商品的侵害，以减缓静压力、振动、冲击、摩擦等外力对商品的作用；要考虑防止商品撒漏、溢泻、挥发而酿成污染事故，便于流通环节中装卸、搬运、保管等各项作业；要考虑提高运载工具的载重力和容积；要考虑缩短各种作业时间和提高作业效率。

3. 按包装技术分类

按包装技术不同，可将其分为透气包装、真空包装、充气包装、冷冻包装、缓冲包装、压缩包装等，如表 6-1 所示。

表 6-1　不同包装技术及示例

包装技术类型	示例	包装技术类型	示例
透气包装	面粉的透气包装	冷冻包装	保温袋

续表

包装技术类型	示例	包装技术类型	示例
真空包装	 大米的真空包装	缓冲包装	 气泡膜
充气包装	 面包的充气包装	压缩包装	 热收缩膜

4. 按包装材料分类

按包装材料不同，可将其分为塑料包装、金属包装、玻璃包装、陶瓷包装、木包装、复合材料包装等，如表 6-2 所示。

表 6-2　不同包装材料类型及示例

包装材料类型	示例	包装材料类型	示例
塑料包装	矿泉水的塑料包装	陶瓷包装	 茶叶的陶瓷包装
金属包装	 茶叶的金属包装	木包装	 机械产品的木包装
玻璃包装	 罐头的玻璃包装	复合材料包装	 牛奶的复合材料包装

物流热点

为推动快递包装行业绿色发展，2020年10月10日，国家市场监督管理总局和国家邮政局发布《快递包装绿色产品认证目录（第一批）》，提出了资源节约、环境无害、消费友好等方面的特性要求。

请说说快递包装绿色产品认证的意义有哪些，以及快递包装绿色产品认证主要集中在哪些方面。

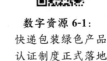
数字资源6-1：
快递包装绿色产品认证制度正式落地

二、包装的作用

在流通和消费过程中，包装在保护商品、容纳商品、方便储运和促销商品等方面起着重要的作用。

（一）保护商品

保护商品即保护商品不受损害的功能，这也是包装最基本的功能，主要体现在以下方面。

1. 保护商品不受机械损害

适当的包装材料、包装容器和包装技法，能确保商品在运输、装卸、堆放过程中经受得住颠簸、冲击、碰撞、摩擦、翻滚、跌落（如由于不慎操作造成商品跌落）、堆压（如库房储存堆码，使低层货物承受强大压力）等，保护商品不变形、不炸裂、不损伤、不渗漏、不挥发等。

2. 保护商品不受环境损害

包装必须能在一定程度上起到阻隔水分、潮气、光线以及空气中各种有害气体的作用，保证商品在流通和储存过程中能够抵御外界温度、风吹、雨淋、日光、尘埃、化学气体等不良环境变化带来的危害，保护商品在流通中的安全，让商品不至于出现干裂、脱水、潮解、溶化、腐烂、锈蚀、氧化、老化、发霉、变色等品质变化。

3. 保护商品不受生物侵害

鼠、虫及其他有害生物对商品有很大的破坏性，适宜的包装能有效地阻隔鼠、虫、微生物等的侵害，保护商品不出现虫蛀、霉烂、变质等情况。

4. 保护商品不受人为损害

封装牢固的包装，能防止因人为随意挪动、操作不当而造成商品损坏，还能避免偷窃行为等造成的商品损失。

（二）容纳商品

容纳作为包装的重要功能，主要体现在以下两个方面。

1. 容纳使商品形成一定的形态

许多商品（如气态、液态、粉粒状商品等）本身没有一定的集合形态，依靠包装的容纳才具有了特定的商品形态，才能进行运输和销售。

2. 容纳使商品成组化

成组化即单元化，是指包装能把许多商品或一些装物组合在一起，形成一个整体。这种成组化的容纳能将商品聚零为整、变分散为集中，以达到方便物流作业和方便商业交易的目的。从物流方面来考虑，包装单元的大小要和装卸、保管、运输能力等条件相适应，应当尽量做到便于集中输送，以便获得最大的经济效益；包装还要能分制和重新组合，以适应多种装卸搬运系统及分货要求。从商业交易方面来考虑，包装单元大小应与交易的批次相适应，如零售商品的包装应便于消费者一次购买。

（三）方便储运

在整个流通过程中，商品的合理包装可以给流通环节提供巨大的便利，进而提高物流效率。

1. 方便商品储存

从保管的角度看，商品的包装为其保管工作提供了方便条件，便于维护商品原有的使用价值。同时，商品包装上的各种标志，使仓库保管者容易识别，给仓库的验收、堆放、发货提供了便利，并且可以降低差错率和货物损失率。如图 6-2 所示，该物流包装标志提示该包装件内装物易碎，运输时需要竖直向上，禁用手钩，避免雨淋。

图 6-2　物流包装及标志

2. 方便商品装卸

商品从厂家到消费者手中要经过多次装卸搬运过程，适当的包装便于各种装卸搬运机械的使用，会使装卸作业更加便利，提高装卸效率。包装规格尺寸的标准化能为集合包装提供条件，不同的包装能够影响搬运装卸的安全性。比如，采用人工装卸作业，其包装重量必须限制在人的允许能力范围内，可增加手扣，如图 6-3 所示。运用机械进行装卸作业，包装的外形尺寸可以适当增加。

图 6-3　可手扣的瓦楞纸箱

3. 方便商品运输

包装的规格、尺寸、形状、重量等因素与商品运输有着密切的关系。产品的包装尺寸必须与运输工具的容积相吻合，以方便运输，提高运输效率。运输中有冲击力、震动力，因此需要合适的缓冲包装。气柱袋与可生物降解气泡膜充气袋（见图 6-4）是常见的缓冲包装。缓冲包装合理化很重要，它可以保障商品的安全运输；简化缓冲包装可以减少包装费用，促进包装资源的有效利用。

图 6-4　气柱袋与可生物降解气泡膜充气袋

除了以上方便功能外，包装还有方便分发、识别、携带、回收、处理等功能。方便功能使商品与物流各环节具有广泛的适应性，使物流过程快捷、准确、可靠、便利。

（四）促销商品

促销商品这一功能与商流密切相关，该功能主要体现在以下两个方面。

1. 传达商品信息，指导消费

包装可向人们介绍内装商品的名称、品牌、性能、用途、规格、质量、数量、价格、使用方法、保存方法、注意事项、生产日期、生产厂家、产地等信息，对商品进行无声的宣传，帮助消费者了解商品、指导消费。消费者通过扫描包装上的条码，可以获得制造厂、商品名称、商品数量、商品规格、商品生产地、商品目的地等商品信息。

2. 表现商品，激发购买欲望

精美的包装尤其是经过艺术加工的礼品包装，具有独特的造型、色彩、文字、图案，可以增强产品销售的陈列效果，刺激消费者的感官，引起其注意，使其通过包装来了解内装商品，对所装商品质量产生信任感，激发购买欲望，产生购买行为。良好的包装不仅可以成为产品推销的主要工具和有力的竞争手段，还能起到广告宣传的效果。

 物流创新

请说说原厂直发包装有什么好处，以及这对于绿色物流包装的建设有什么意义。

数字资源6-2：
原厂直发
包装的好处

三、物流包装材料与容器

为保证商品在物流过程中的质量，对包装而言，必然会涉及包装材料、包装容器、包装结构设计和包装方法等方面的问题。其中，包装材料在包装保护功能中起基础作用，包装容器是为了满足内装商品的销售、仓储和运输过程的要求而使用的包装制品。

（一）物流包装材料

物流包装材料的选择十分重要，因为它直接关系到包装质量和包装费用，也影响运输、装卸搬运、保管等活动的进行。常用的物流包装材料有以下几类。

1. 纸基材料

纸基材料主要包括硬纸板、瓦楞纸板、蜂窝纸板等（见图6-5）。硬纸板是通过许多层纸或纸板的胶合叠片结构制成的，中间层是低等级的纸材料，目的是获得较大的体积以增加刚度。硬纸板非常密且能够防潮。瓦楞纸板是瓦楞原纸加工成瓦楞形状以后，按照一定的方式与镶纸板黏合在一起而形成的多层纸板。瓦楞纸板有许多种类，不同种类有不同的特性和使用范围。蜂窝纸板质轻，抗压、抗弯、抗剪强度高，具有良好的缓冲隔震性能，适用于运输价值较高的玉器雕刻品、工艺品等。

2. 木质材料

木材具有良好的机械性能，即良好的弯曲刚度和拉伸刚度，吸潮并且具有较高的水蒸气传递率，抗压、抗震、抗挤、抗冲撞。常用的木质材料有夹板、木纤维板和刨花板。

图 6-5　硬纸板、瓦楞纸板、蜂窝纸板示例

夹板是许多层板的胶合叠片结构，其在各个方向都有较高的强度、较好的弯曲刚度和拉伸强度，可用于制作各类包装箱等。木纤维板有较高的强度，但在潮湿条件下会失去弯曲刚度，水蒸气的传递率高，可用于制作包装箱及其他包装容器。刨花板又称碎木板或木屑板，易受潮，吸水后膨胀率高，且强度不高，一般用于小型包装容器。

3. 塑料材料

塑料作为包装材料得到了广泛的应用，其具有质量轻、机械性能好、化学稳定性好、光学性能好、卫生性能好、加工性能和装饰性能好等优点。常用的塑料材料有塑料薄膜、中空容器（塑料瓶、罐、桶）、塑料箱、泡沫塑料等（见图 6-6）。

视频 5　常见的塑料缓冲材料

塑料薄膜包括普通薄膜、定向拉伸薄膜、涂布薄膜、复合薄膜等。中空容器的塑料包装制品品种多样，多应用于食品包装，以及工业品、家庭日用品、药品、电器等包装。塑料箱一般用作小型运输包装容器，比如食品周转箱。泡沫塑料可以做成冷链运输中常用到的泡沫塑料箱。

图 6-6　塑料薄膜、塑料桶、塑料箱和泡沫塑料箱

4. 金属材料

金属材料具有优良的综合性能，且资源极其丰富。钢材、马口铁和铝是包装中常用的金属材料（见图 6-7）。

钢材一般用于制造运输包装盒及大型容器，如集装箱、钢桶等。镀锌薄钢板是制罐材料之一，主要用于制作工业产品包装容器。镀锡薄钢板是制罐的主要材料，大量用于罐头工业。铝主要用于销售包装，很少应用在运输包装上，其主要用于制作饮料罐。

图 6-7 钢桶和罐头盒

（二）物流包装容器

1. 瓦楞纸箱

瓦楞纸箱是纸质包装容器的典型代表，应用十分广泛。瓦楞纸板经过磨切压痕、开槽开角等操作后，制成瓦楞纸箱箱胚，再经钉箱或粘箱，制作成瓦楞纸箱。瓦楞纸箱以其优越的实用性和良好的加工性能，逐渐取代木箱，成为应用最广的物流包装容器。

2. 木包装箱

木包装箱是一种重要的包装容器，其结构复杂，种类较多，常用于机电产品、陶瓷、建材、五金电器、精密仪器、仪表等产品的外包装。按内装产品重量和尺寸，木包装箱可以分为小型箱、中型箱和大型箱。按结构特征，木包装箱可以分为普通木箱、框架木箱和其他木质包装箱。按内装产品在箱内的载荷情况和流通环境条件的不同，木包装箱可以分为一级包装箱和二级木包装箱。

3. 塑料运输包装容器

塑料运输包装容器具有重量轻、强度高、耐冲击、耐腐蚀、易成型加工等优点，广泛应用于食品、化妆品、化学用品、医药用品等产品的运输包装。常见的塑料运输包装容器有塑料桶、塑料周转箱、塑料散货箱、钙塑瓦楞箱、中型散装容器等。

4. 金属运输包装容器

金属运输包装容器由金属薄板制造而成，具有机械性能好、阻隔性能优异、易于加工成型、自动化生产等优点，广泛应用于食品、医药品、化工品、日用品、仪器仪表、工业品等产品的运输包装。常见的金属运输包装容器有金属桶、金属箱、金属罐、金属框等。

四、物流包装标志

（一）包装标志

标志是表明事物特征的记号，以单纯、显著、易识别的物象、图形或文字符号为直观语言，具有表达意义、情感和指令行动的作用。

包装标志是根据商品自身的特征，用文字、阿拉伯数字等在包装的明显位置注明规定的记号。商品标志可以分为基本标志、运输标志、品牌标志、等级标志等。

包装标志通过采用特殊的图形、文字和符号来描述与传递商品信息和储运过程中的注意事项，从而有效地保护商品，加快流通速度，保障物流质量。商品在流通过程中要经过多环节多层次的运输、中转和交接，而商品经过密封包装后，流通作业操作人员很难了解内装物的情况，需要借助包装标志来识别内装物的特点和属性，然后进行物流作业；流通中的商品性质不同、形态不一、轻重有别、体积各异，对运输方式和保护的要求也不同，极易造成商品的错发、错运、操作不当和保管不善，甚至使商品损毁，因此需要通过包装标志来指导物流作业。由此可见，正确、恰当的包装标志是保护商品完整和人身及运输工具安全的基础。

（二）物流包装标志

物流包装标志是指根据物品自身的特征，用文字、图形、表格等按有关规定标明的记号，通常要标明物品的名称、数量、质量、规格、收发货信息等，用来指明被包装物品的性质、物流活动安全、理货和运输需要的文字和图像说明。

物流包装标志的作用主要包含三个方面：一是识别货物，实现货物的收发管理；二是表明货物流动过程中应采取的防护措施；三是识别危险物品，表明应采取的防护措施，保证安全。物流包装标志可分为收发货标志、储运图示标志、危险货物标志三类。

1. 收发货标志

收发货标志是外包装上的商品分类、图示标志、文字说明、排列格式和其他标志的总称。收发货标志通常附在外包装上，其内容包括分类标志、供货号、货号、品名、规格、数量、重量、生产日期、生产工厂、体积、有效期限、收货地点和单位、发货单位、运输号码、发运件数等信息。

收发货标志主要是在发货、入库、装配等环节对物品进行辨认和识别，是一般贸易合同、发货单据和运输保险文件中记载有关标志事项的基本部分。我国的《运输包装收发货标志》（GB 6388—86）详细规定了铁路、公路、水路和空运的货物外包装上的分类标志（见图6-8）及其他标志，还规定了文字说明的事项及其排列的格式。

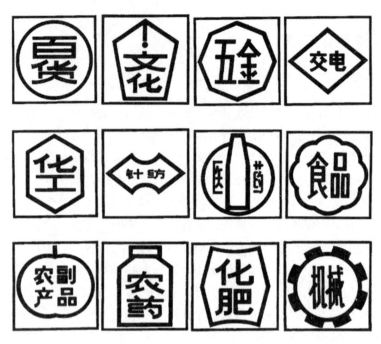

图 6-8　商品分类图示标志

 物流拓展

请说说收发货标志包括哪些内容。

数字资源 6-3：
收发货标志内容

2. 储运图示标志

储运图示标志是指在商品储存、运输过程中，为使其存放、搬运适当，根据不同商品对物流环境的适应能力，用醒目、简洁的图形或文字印刷在包装规定位置上的标志，表明在装卸运输及储存过程中应注意的事项，如小心轻放、禁用手钩、禁止翻滚、远离辐射及热源等。储运图示标志是根据商品的某些特性而确定的，如怕湿、怕震、怕热等，其目的是在货物运输、装卸搬运和储存过程中，引起作业人员的注意，指示他们按图示标志的要求进行相应的物流操作。

我国此类标志的图形符号按照《包装储运图示标志》（GB/T 191—2008）的规定执行。图 6-9 为某电视外包装上印刷的储运图示标志，其名称、图形和含义如表 6-3 所示。

图 6-9　某品牌电视外包装上印刷的储运图示标志

表 6-3　包装储运图示标志名称、图形及含义

序号	标志名称	图形	含义
1	易碎物品		表明运输包装件内为易碎物品，搬运时应小心轻放
2	向上		表明该运输包装件在运输时应竖直向上
3	怕雨		表明该运输包装件怕雨淋
4	禁止翻滚		表明搬运时不能翻滚该运输包装件
5	禁用手钩		表明搬运运输包装件时禁用手钩

续表

序号	标志名称	图形	含义
6	堆码层数极限		表明可堆码相同运输包装件的最大层数

3. 危险货物标志

危险货物标志又称警告性标志,是用来标明对人体和财产安全有严重威胁的危险货物的专用标志,是易燃、易爆、有毒放射性等危险货物在运输包装上加印的特殊标记,是运输、生产和检验部门对危险货物运输包装质量进行性能试验和检验的依据。我国的《危险货物包装标志》(GB 190—2009)明确规定了危险货物包装标志的分类图形、尺寸、颜色及使用方法等。为了引起人们的特别警惕,此类标志采用彩色或黑色菱形图示。危险货物标志可以分为标记和标签,其标记如表 6-4 所示。

表 6-4 危险货物包装标记

序号	标记名称	标记图形
1	危害环境物质和物品标记	 (符号:黑色;底色:白色)
2	方向标记	 (符号:黑色或正红色;底色:白色)  (符号:黑色或正红色;底色:白色)

续表

序号	标记名称	标记图形
3	保温运输标记	（符号：正红色；底色：白色）

（三）物流包装标志的注意事项

1. 必须按照国家有关部门的规定标识

我国对物品包装标志所使用的文字、符号、图形以及使用方法，都有统一的规定。我国的《运输包装收发货标志》（GB 6388—86）详细规定了铁路、公路、水路和空运的货物外包装上的分类标志及其他标志和文字说明的事项及其排列的格式。《包装储运图示标志》（GB/T 191—2008）明确规定了包装储运的图示标志名称、图形、尺寸、颜色及使用方法。《危险货物包装标志》（GB 190—2009）明确规定了危险货物包装标志的图形分类、尺寸、颜色及使用方法等。

2. 必须简明清晰、易于辨认

物流包装标志要求文字少，图案清楚，易于制作，一目了然，方便查对。标志的文字、字母及数字号码的大小应与包装件的标记和标志的尺寸相符，笔画粗细要适当。

3. 涂刷、拴挂、粘贴标志的部位要适当

所有的物流包装标志，都应位于搬运、装卸作业时容易看得见的地方，比如箱类包装储运标志应粘贴在包装端面或侧面。为防止在物流过程中某些标志被抹掉或不清楚而难以辨认，应尽可能在同一包装物的不同部位制作两个相同的标志。

4. 要选用明显的颜色作标志

制作标志的颜料应具备耐温、耐晒、耐摩擦等性能，不易发生褪色、脱落等现象。比如，在运输包装收发货标志中，纸箱、纸袋、塑料袋及钙塑箱，按照表 6-5 规定的颜色用单色印刷。麻袋、布袋用绿色或黑色印刷，木箱、木桶不分类别，一律用黑色印刷，铁桶用黑、红、绿、蓝底印白字，灰底印黑字。未介绍的其他商品，包装标志的颜色按其属性归类。

表 6-5　纸箱、纸袋、塑料袋及钙塑箱规定的颜色

商品类别	颜色	商品类别	颜色
百货类	红色	医药类	红色
文化用品类	红色	食品类	绿色
五金类	黑色	农副产品类	绿色
交电类	黑色	农药	黑色
化工类	黑色	化肥	黑色
针纺类	绿色	机械	黑色

包装储运标志颜色一般为黑色，如果包装的颜色使得黑色标志显得不清晰，则应在印刷面上用适当的对比色，最好以白色作为图示标志的底色。必要时，标志也可使用其他颜色，除非另有规定，一般应避免采用红色、橙色或黄色，以避免与危险品标志相混淆。危险货物标志一般采用彩色或黑白菱形图示，比如爆炸性物质或物品的标签图形中符号用黑色，底色用橙红色。

5. 要选择合适的规格尺寸

我国的《运输包装收发货标志》（GB 6388—86）、《包装储运图示标志》（GB/T 191—2008）、《危险货物包装标志》（GB/T 190—2009）等标准对标志的尺寸进行了明确的规定（见表 6-6）。

表 6-6　运输包装商品分类图示标志尺寸

包装件高度（袋按长度）/毫米	分类图案尺寸/平方毫米	图形具体参数/毫米		备注
		外框线宽	内框线宽	
500 及以下	50×50	1	2	平视距离 5 米，包装标志清晰可见
500～1000	80×80	1	2	
1000 以上	100×100	1	2	平视距离 10 米，包装标志清晰可见

练一练

请扫码完成练习。

数字资源 6-4：练一练

单元 2　装 卸 搬 运

一、装卸搬运的定义与特点

（一）装卸搬运的定义

根据《物流术语》（GB/T 18354—2021）相关界定，装卸（loading and unloading）是指在运输工具间或运输工具与存放场地（仓库）间，以人力或机械方式对物品进行载上载入或卸下卸出的作业过程；搬运（handling）是指在同一场所内，以人力或机械方式对物品进行空间移动的作业过程。

装卸与搬运是两个不同的概念，它们在一定地域范围内进行，是以改变货物存放状态和空间位置为主要内容和目的的物流活动。装卸是改变货物存放状态的活动，以垂直方向的位置变化为主。搬运是改变货物空间位置的活动，以水平方向的位置变化为主。在物流实务中，装卸与搬运活动密不可分，常常相伴而生，通常人们不对其进行严格区分，而是作为一种活动来对待。本书这里也将其作为一个整体进行介绍。

装卸搬运是物流重要的功能要素，是物流系统的一个子系统，是物流各环节（运输、存储等）之间得以连接的桥梁和纽带，也是物流活动得以顺利进行的保证，在提高物流速度，降低物流费用，提升物流服务质量中发挥着关键作用。

（二）装卸搬运的特点

装卸搬运有以下三个特点。

1. 装卸搬运是附属的、伴生性的活动

装卸搬运是物流的每一项活动开始和结束时必然发生的活动，有时被人忽视，有时又被人看作其他活动所不可或缺的组成部分。例如，一般意义上的"运输活动"，实际上包含了相应的装卸搬运；仓库管理中的"保管活动"，也包含装卸搬运。

2. 装卸搬运是衔接性的活动

各种物流活动的过渡，都是以装卸搬运为衔接的。因此，装卸搬运成为整个物流活动的"瓶颈"因素，也是物流各项功能能否形成有机联系和紧密衔接的关键。能否建立一个有效的物流系统，关键就看各项功能的衔接是否有效。多式联运就是为解决这种衔接问题而出现的。

3. 装卸搬运是支持性、保障性和服务性活动

装卸搬运对其他物流活动有一定的决定性，会影响其他物流活动的质量和速度。例

如，港口码头货物堆积会使货物下一步运动变得困难。许多物流活动是在有效的装卸搬运支持下实现高效率运行的。

二、装卸搬运的类型

装卸搬运作业形式多样，可以从下列不同的角度对其进行分类。

（一）按作业场所分类

1. 仓库装卸搬运

仓库装卸搬运是指在仓库、堆场、物流中心等处所进行的装卸搬运，一般配合货物的入库、出库、维护、保养等活动，并且以堆垛、拆垛、上架、分拣、移动等操作为主。

2. 汽车装卸搬运

汽车装卸搬运即对汽车进行的装卸搬运作业。由于汽车装卸批量不大，而且具有机动灵活的特点，因此可以减少或省去搬运活动，直接利用装卸作业达到车与物流设施之间货物过渡的目的。

3. 火车站装卸搬运

火车站装卸搬运是指在火车站对火车车皮中的货物进行装进和卸出作业，其特点是一次作业就可以实现一个车皮的装进或卸出，很少会出现整装零卸或零装整卸的情况。火车站装卸搬运包括汽车在铁路货物和火车站旁的装卸搬运作业，铁路仓库和理货场的堆码、拆散、分拣、配货、中转作业，铁路车辆在货场及站台的装卸搬运作业等。

4. 港口装卸搬运

港口装卸搬运是指在港口进行的各种装卸搬运作业，既包括码头前沿的装卸船作业，也包括各方的支持性装卸搬运作业，如前方与后方的搬运作业，港口仓库的码垛、拆垛作业，港口理货场的堆取、运转作业，后方的铁路车辆和汽车的装卸作业等。有的港口装卸搬运还采用小船在码头与大船之间"过驳"的方法，其装卸搬运流程较为复杂，往往经过好几次装卸搬运作业，才能最终实现船与陆地之间货物过渡的目的。

5. 机场装卸搬运

机场装卸搬运是指在机场对飞机所载货物进行装卸搬运作业。

6. 车间装卸搬运

车间装卸搬运是指在企业车间内部各工序之间进行的各种装卸搬运活动，一般包括原材料、在制品、半成品、零部件、产成品等的取放、分拣、包装、堆码、输送等作业。

（二）按作业对象分类

1. 单件货物装卸搬运

单件货物装卸搬运是指对以箱、袋等包装的货物进行单件、逐件的装卸搬运。目前，对长、大、笨、重的货物，或者集装会增加危险系数的货物等，仍采用这种传统的单件货物装卸搬运作业方法。

2. 散装货物装卸搬运

散装货物装卸搬运是指对煤炭、粮食、矿石、化肥、水泥等块状、粒状、粉状货物进行的装卸搬运。其特点是一般从装点直接到卸点，中间不再落地，货物直接经过运输设备、商品装运设备或存储设备装卸与出入库，是集装卸与搬运于一体的装卸搬运作业。这种作业常采用重力法、倾翻法、机械法、气力法等方法。

3. 集装货物装卸搬运

集装货物装卸搬运是指先将货物集零为整，形成集合包装或托盘、集装箱等集装货物，再进行装卸搬运。其特点是有利于机械操作，可以提高装卸搬运效率，减少装卸搬运损失，节省包装费用，提高客户服务水平，便于达到存储、装卸、搬运、运输、包装一体化，实现物流作业机械化、标准化。具体来说，集装货物装卸搬运有集装箱作业法、托盘作业法、货捆作业法、滑板作业法、网装作业法以及挂车作业法等。

（三）按作业环节分类

1. 堆码拆取作业

堆码拆取作业包括在车厢内、船舱内、仓库内的码垛和拆垛作业。

2. 分拣配货作业

分拣配货作业是指按品类、到站、去向、货主等不同的特征进行分拣货物的作业。

3. 挪动移位作业

挪动移位作业是指单纯地改变货物的支承状态的作业和显著（距离稍远）地改变空间位置的作业。例如，将货物从汽车上卸到站台上等。

以上作业又可分为手工操作、半自动操作和全自动操作。

（四）按作业方式分类

1. 吊装吊卸法（垂直装卸法）

吊装吊卸法主要是以使用各种起重机械来改变货物的铅垂方向的位置为主要特征的方法。这种方法历史最悠久、应用面最广。

2. 滚装滚卸法（水平装卸法）

滚装滚卸法是以改变货物的水平方向的位置为主要特征的方法。比如，各种轮式、履带式车辆通过站台、渡板开上开下装卸货物，用叉车、平移机来装卸集装箱、托盘等。

（五）按作业原理分类

1. 间歇作业法

间歇作业法是指通过间歇运动完成对货物装卸搬运的作业方法，即在两次作业中存在一个空程准备过程的作业方法，如门式和桥式起重机作业。间歇作业法的特点是有较强的机动性，装卸地点可在较大范围内变动，主要适用于流动不固定的各种货物，尤其适用于包装货物、大件货物，散装货物也可采用这种方法。

2. 连续作业法

连续作业法是指在装卸搬运过程中，通过连续输送机械，进行连续不断的装卸搬运作业的方法，如带式输送机、链斗装车机的作业。连续作业法的特点是作业线路固定，动作单一、输送均匀，中间无停顿，货物无间隔，便于实现自动控制。在装卸量较大、装卸对象固定、货物对象不易形成大包装的情况下，适宜采用这种方法。

三、装卸搬运设备

装卸搬运设备是指用来搬移、升降、装卸和短距离输送物料或货物的机械。它是实现装卸搬运作业机械化的基础，也是物流系统中使用频率最高、数量最多的一种物流设备。

（一）装卸搬运设备的类型和工作特点

1. 装卸搬运设备的类型

装卸搬运作业运用的设备种类很多，按照用途或结构特征可以分为起重设备、输送设备、装卸搬运设备和专用装卸搬运设备，具体如表 6-7 所示。

表 6-7 装卸搬运设备按照用途或结构特征分类

序号	类别	主要特点	常见设备
1	起重设备	间歇动作 重复循环 短时载荷 升降活动	轻小型起重设备：千斤顶、手拉葫芦 桥式起重设备：龙门式起重机、装卸桥 臂架类起重设备：浮式起重机、门座式起重机

续表

序号	类别	主要特点	常见设备
2	输送设备	连续动作 循环运动 持续载荷 固定线路	具有挠性牵引构件的输送设备：带式输送机、链式输送机、辊道式输送机、自动扶梯 无挠性牵引构件的输送设备：螺旋输送机、振动输送机、气力输送机
3	装卸搬运设备	流动作业	单斗装载机 牵引车 挂车、底盘车 叉车
4	专用装卸搬运设备	专用作业	集装箱专用设备 托盘专用设备 分拣专用设备 车辆专用设备 船航专用设备 翻车机 拆垛机、堆垛机

为了保证装卸搬运作业合理化，装卸搬运设备必须适应装卸搬运作业要求，做到结构简单牢固，作业稳定，造价低廉，易于维修保养，操作灵活方便，生产效率高，安全可靠，能最大限度地发挥其工作能力。

2. 装卸搬运设备的工作特点

装卸搬运设备种类繁多，需要适应不同的作业环境，其主要工作特点如下。

第一，由于装卸搬运作业受货物种类、作业时间、作业环境等因素的影响较大，装卸搬运活动各有特点，所以装卸搬运设备要有较强的适应性，能在各种环境下正常工作。

第二，装卸搬运设备起重能力大，应用范围广，生产作业效率高，装卸作业能力强。

第三，大部分装卸搬运设备都只能在设施内完成装卸搬运任务，只有个别设备可以在设施外作业，机动性较差。

第四，装卸搬运设备在帮助人们高效、快捷、方便地进行装卸搬运的同时，也带来了一些安全隐患。比如，机械装备事故会伤害操作者，损坏货物，影响装卸搬运工作质量，影响企业经济效益，因此装卸搬运设备对安全性要求较高。

第五，装卸搬运作业不均衡，工作忙闲不均，有的装卸搬运设备工作繁忙，有的可能长期闲置，需要加强对装卸机械设备的检查和维护，保证设备始终处于良好的技术状态。

（二）几种常见的装卸搬运设备

1. 起重设备

起重设备是一种做重复循环、间歇运动的机械，用来垂直升降货物，兼使货物水平移动，以满足货物装卸、转载等作业要求。它是现代企业实现物流作业机械化、自动化最主要的装卸设备之一。

起重机一般能进行一个起升运动和一个或几个水平运动。它的工作程序是：吊挂（或抓取）货物，提升后进行一个或数个动作的运移，将货物放到卸载地点，然后返程进行下一次动作准备，这被称作一个工作循环。完成一个工作循环后，再进行下一次工作循环。因此，起重设备具有间歇性重复的工作特点。

工作中，起重机各工作机构经常需要反复启动、制动，稳定运动的时间相对于其他机械而言较为短暂。它以装卸为主要功能，搬运的功能较差，搬运距离很短。大部分起重机机体移动困难，因而通用性不强，往往是仓库、车间等处的固定设备。同时，起重机的作业方式是从货物上部起吊，需要较大的作业空间。

起重设备按构造特征可分为轻小型起重设备（千斤顶、手拉葫芦等）、桥式起重设备（龙门式起重机、装卸桥等）、臂架类起重设备（浮式起重机、门座式起重机等），具体如表 6-8 所示。

表 6-8 常见的起重设备

种类	特点	使用场景	样例
轻小型起重设备	轻小简练、使用简单	适用于流动性和临时性较强的作业	手拉葫芦
桥式起重设备	用吊钩、抓斗或电磁盘来装卸货物，不受地面设备阻碍	使用大悬挂跨度和起重量较大的物料搬运	龙门式起重机
臂架类起重设备	通常可以旋转半个圆周，最大可以旋转一个圆周，机动灵活	广泛应用于港口、车站、货栈、仓库等场所	固定式定柱旋转起重机

2. 连续输送设备

连续输送设备是以连续、均匀、稳定的输送方式，沿着一定的线路从装货点到卸货点输送散料和成件包装货物的机械装置，也被称为连续输送机。

由于连续输送机能在一个区间内连续搬运大量货物，搬运成本较低，搬运时间容易控制，所以被广泛应用于现代物流系统中。比如，自动化立体仓库系统的搬运系统一般都是由连续输送机组成的，形成了一个完整的货物输送与搬运系统，大量货物或物料的进出库、装卸、分类、分拣、识别、计量等工作均由这一系统来完成。在生产物流过程中，车间的流水作业线也常常使用连续输送设备完成物料的搬运作业，以保证生产的正常进行。在仓储系统中，其搬运作业以集装单元化搬运最为普遍，所用的连续输送机也以单元负载式输送机为主。

与起重机械相比，连续输送设备能沿着固定的线路不停地输送货物，其工作机构的装载卸载都是在运行过程中进行的，因而起动、制动次数少；另外，被输送的散料均匀地分布于承载构件上，被输送的成件货物也同样按一定的次序以连续的方式移动。因此，连续输送设备具有以下优缺点。

(1) 优点

第一，输送能力强。连续输送设备的输送线路固定，加上散料具有连续性，所以装货、输送、卸货可以连续进行；输送过程中极少出现紧急制动和重新启动，因此可以具有较高的工作速度，效率很高，而且不受距离远近的影响。

第二，结构比较简单。连续输送设备沿一定线路输送货物，动作单一，结构紧凑，自身质量较轻，造价较低。因受载均匀、速度稳定，工作过程中所消耗的功率变化不大，在相同输送能力的条件下，连续输送设备所需功率一般较小。

第三，输送距离较长。不仅单机长度日益增加，而且可由多台单机组成长距离的输送线路。

第四，自动控制性好。由于输送线路固定、动作单一，且载荷均匀、速度稳定，所以比较容易实现自动控制。

(2) 缺点

第一，通用性差。只能按照固定的线路输送货物，每种机型只适合输送一定类型的货物，且一般只能用于输送重量不大的货物。

第二，必须沿整条输送线路布置。输送线路一般固定不变，在输送线路发生变化时，往往要按新的线路重新布置。在需要经常改变装载点及卸载点的场合，须将输送机安装在专门的机架或臂架上，借助它们的移动来适应作业要求。

第三，大多不能自动取料。除少数连续输送机能自行从料堆中取料外，大多要靠辅助设备供料。

第四，不能输送笨重的大件物品，不宜输送质量大的单件物品或集装箱类容器。

根据连续输送设备是否具有挠性，可以将其分为具有挠性牵引构件的输送设备（带式输送机、链式输送机、辊道式输送机等）和无挠性牵引构件的输送设备（螺旋输送机、气力输送机等），具体如表 6-9 所示。

表 6-9　常见的连续输送设备

种类	特点	使用场景	样例
带式输送机	电动机提供动力，胶带作为传送带，利用摩擦力传送货物。机动性强，使用效率高，输送距离长，输送方向和输送长度可改变	主要用于散料的输送，广泛应用于港口、车站、货栈、仓库等场所	气垫带式输送机
链式输送机	用链条牵引货物，固定在链条上的板片承载货物，输送能力强，布置灵活，输送能耗较低	广泛用于食品、罐头、药品、饮料、化妆品等的自动输送	链式输送机
辊道式输送机	由以一定的间距排列的辊子组成，用于输送成件货物或者托盘货物。承载能力强，可以输送较重物品，但侧面占据的空间较大	适用于各类箱、包、托盘等成件货物的输送	转弯辊道式输送机
螺旋输送机	借助原地旋转的螺旋叶片将物料推移向前而进行的运输。结构简单，工作可靠，易于维修，但螺旋和斜槽容易磨损	适用于输送粉粒状散货，比如面粉、水泥、谷物、煤、化肥等	水平螺旋输送机
气力输送机	利用具有一定的速度和压力的空气，带动粒状物料在封闭管路内进行输送，输送线路一般固定，输送线路长	适用于输送破碎至一定粒度的煤、大型粮库的补仓、出仓、翻仓、倒垛以及粮食加工等	吸送式气力输送机

3. 叉车

叉车是装卸搬运活动中广泛使用的设备之一，常常在车站、码头、仓库和货场等场所承担装卸、搬运、堆码作业，具有适应性强、机动灵活、效率高等优点，不仅可以将货物叉起进行水平运输，还可以叉取货物进行垂直堆码。

叉车的特点如下。

视频 6　手动托盘搬运车的结构

第一，机械化程度高。叉车可以在使用各种自动取物装置或在货叉与货板配合使用的情况下，实现装卸的完全机械化，不需要工人的辅助体力劳动。

第二，机动灵活性强。叉车外形尺寸小，重量轻，能在作业区域内任意调动，能够适应货物数量和货流方向的改变，可机动地与其他起重运输机械配合工作，提高机械使用率。

第三，可以"一机多用"。在配备与使用各种取货装置如货叉、铲斗、臂架、串杆、货夹、抓取器等的条件下，可以适应各种品种、形状和大小货物的装卸作业。

第四，能提高仓库的容积利用率。叉车堆码的高度一般可达 3~5 米，极大地提高了仓库的容积利用率。

第五，有利于开展成组、托盘和集装箱运输。

第六，与大型起重机械相比，它的成本低、投资少，能实现较好的经济效益。

叉车可按其结构和用途分为不同的类型。常见的叉车如表 6-10 所示。

表 6-10　常见的叉车

种类	特点	使用场景	样例
手动叉车	升降平衡、转动灵活、重量轻、操作方便，价格低，经济实用，容易维护	不受场地限制，适合短距离运输较轻的货物	
平衡重式叉车	为了平衡货物重量产生的倾覆力矩，保持叉车的纵向稳定性，在车体尾部配有平衡重，需依靠叉车前后移动才能叉卸货物	适用于由司机单独操作完成货物的装卸搬运和堆垛作业的场景	
叉腿式叉车	叉车前方带有小轮子的支腿，能与货叉一起深入货板叉货，由货叉提升货物。货物重心位于前后车轮所包围的底面积之内，叉车的稳定性好，结构简单，自重和外形尺寸小。速度慢，行走轮直径小，对地面要求较高	适合在狭窄的通道和室内堆垛搬运	
前移式叉车	货叉可沿叉车纵向前后移动，稳定性强，车身小，质量轻，转弯半径小，机动性能好，无须在货堆间留出空处，行驶速度慢	适用于室内搬运作业，但也能在室外作业	

续表

种类	特点	使用场景	样例
侧面式叉车	货叉位于叉车的侧面，不仅可以上下运动，还可以前后伸缩，侧面还有货物平台。叉车行驶时稳定性强，速度快，司机视野比正面视叉车好	适合于窄通道作业，且利于条形长尺寸物品的装卸和搬运	
高货位拣选式叉车	主要作用是高位拣货	适用于多品种、数量小的货物的入出库的拣选式高层货架仓库	
伸缩臂式叉车	货叉安装在一个可以伸缩的长臂的前端。可以跨越障碍进行货物的堆垛，作业稳定性较强，使用作业人员视野好	适用于通道净空高度低的作业，可以跨越障碍进行货物的堆垛作业	
无人叉车	融合了叉车技术和AGV技术，通过加载各种先进导引技术、构图算法、安全避让技术等，实现无人叉车的自动导引、搬运与堆垛	适用于工业生产过程中物流量大、人工搬运劳动强度高的场景，可以解决搬运过程中被动等待时间过长、搬运效率低下的问题	

物流安全

请说说为什么配送中心非常重视叉车操作安全。

数字资源6-5：
某配送中心叉车安全操作规程

四、装卸搬运合理化

装卸搬运效率直接影响物流活动的整体效率。科学组织装卸搬运作业,实现装卸搬运合理化,对物流系统的整体优化意义重大。

(一)装卸搬运合理化的目标

在满足作业要求的前提下,装卸搬运合理化是尽量达到缩短装卸搬运距离、减少作业时间、提高作业质量、节省作业费用的目标。

1. 缩短装卸搬运距离

搬运距离的长短与搬运作业量的大小和搬运作业的效率密切相关。在进行装卸搬运作业时,从合理搬运的角度来看,搬运距离应是越短越好。因为距离越长,费用越高;距离越短,费用越低。所以,装卸搬运距离应尽量短,以节省劳动消耗,缩短搬运时间,提高搬运效率。

2. 减少作业时间

装卸搬运时间主要是指货物从开始装卸搬运到完成装卸搬运的时间。在装卸搬运作业中,通过机械化、自动化作业,可缩短装卸搬运时间,节约费用,提高效率,而且能提高物流整体速度,及时满足客户的需求。

3. 提高作业质量

装卸搬运质量主要是指能够按客户要求的数量、品种,安全及时地将货物装卸搬运到指定的位置,这是为客户提供优质服务的主要内容之一,也是保证生产顺利进行的重要基础。所以,装卸搬运质量要高,这也是装卸搬运合理化的主体和实质。

4. 节省作业费用

在装卸搬运合理化的目标中,既要求装卸搬运距离短、时间短、质量高,又要求费用省,好像难以理解。实际上,如果真正实现装卸搬运作业机械化、自动化和现代化,就既能大幅度削减作业人员,降低人工费用,又能提高装卸搬运的效率和质量,从而降低装卸搬运成本,达到装卸搬运费用省的目标。

(二)装卸搬运合理化的原则

1. 系统化原则

物流过程中运输、存储、包装、装卸、搬运等各环节的改善,不能从单一方面出发,而应将其作为一个整体系统来看待,考虑综合效益,追求整个系统的协调和整体作业的均衡,以实现最大的作业效率。

2. 集装单元原则

装卸搬运应把物料排列堆积起来，按一定重量和容积的标准把物料集中成一个整体单元或放置在托盘上进行整体搬运和存储，以提高搬运效率。

3. 利用重力原则

搬运物料必须尽可能利用重力，这是降低搬运成本最有效的方法。

4. 省力节能原则

现代装卸搬运作业强调把装卸搬运成本费用控制到最低，其中省力、节能是最关键的因素。节约劳动力、降低能源消耗，是装卸搬运作业的基本要求和原则。因此，在满足装卸搬运作业要求的前提下，应尽量实现装卸搬运作业的省力化和节能化。

5. 减少空载原则

尽量减少人员和设备的空载运输和作业节点的物料存储。

6. 灵活柔性原则

物料搬运系统可随工艺流程的调整而比较方便、快捷地改变和扩充，以提高适应性。

7. 自动化原则

在投资允许的情况下，尽量提高物料搬运系统的自动化程度，减轻工人的体力强度，提高作业质量。

8. 标准化原则

要实现装卸、搬运和存储作业的统一，应使搬运件的外形尺寸标准化。应尽可能采用标准的设备、包装器具和设施，以降低成本，提高利用率，同时便于使用、维护和管理。

（三）装卸搬运合理化的途径

1. 消除无效搬运

无效搬运并不能增加货物的使用价值，反而会增加货物破损的可能性，因此要努力消除无效搬运，以最少的搬运次数达到目的。例如，尽量减少装卸次数，尽可能缩短搬运距离，以减少人力、物力的浪费和货物损坏的可能性；包装轻型化、简单化、实用化，避免过度包装，减少无效负荷；努力提高被装卸货物的纯度，只装卸搬运必要的货物，对有些货物先去除杂质再装卸搬运；充分发挥和利用装卸搬运机械设备的能力和装载空间，中空的物件可以填装其他物品后再进行搬运，以提高装载效率；采用集装方式，进行多式联运，避免对于单件货物的反复装卸搬运处理等。

2. 提高搬运活性

在物料流动过程中，物品时时处于运动待命状态，物品可以散放在地上，也可以装箱放在地上或托盘上。物品放置的状态要有利于其多次搬运，为下一个环节的物流活动提供方便，增强装卸搬运的灵活性，这种状态称作搬运活性。例如，在装上时要考虑便于卸下；在入库时，要考虑便于出库；创造易于装卸搬运的环境，使用易于搬运的包装。

搬运活性指数分为 5 级，一盘散沙的物品对于人的体能来说是便于移动的物品，但对于装卸搬运作业而言却是最耗成本的物品，将其搬运活性指数定为 0 级。依此类推，集装箱货运是最易装卸搬运的物品，搬运活性指数定为 4 级。物品装卸搬运活性指数共分为 5 级，具体如表 6-11 所示。

表 6-11 物品搬运活性指数

物品码放状态	搬运活性指数
零散物品放置于地面	0
装入小于物流模数尺寸的箱内物品	1
托盘化包装物品	2
已在收发货区台车上的物品	3
集装箱和大型包装箱物品	4

3. 利用重力的影响和作用

应设法利用重力移动物品，减少能量消耗。在装卸搬运时，应尽可能消除物品重力的不利影响，同时尽可能利用重力进行装卸搬运，以减轻劳动强度，减少其他能量的消耗。常用的方法是，将物品放到有一定倾斜率的滑辊、货架及滑槽上，使物品依靠其本身重力完成装卸搬运作业。

4. 合理利用机械化设备

装卸机械化是提高装卸效率的重要手段。利用机械化装卸搬运设备，可以将工人从繁重的体力劳动中解放出来，大大提高作业效率及安全性。在很多情况下，都要利用装卸搬运设备，比如装卸搬运重量大的物品、搬运量大、耗费人力大的物料以及粉体或液体物料，装卸搬运速度要求快或距离过长，装卸作业高度差太大等。今后发展的趋势是，即使在人可以操作的场合，为了提高生产率、安全性、服务性和作业的适应性，也将人力操作转为由机械来实现，而人可以在更高级的工作中发挥作用。

装卸搬运机械化程度一般分为三个级别：第一级是使用简单的装卸器具；第二级是使用专用的高效率机具；第三级是依靠计算机控制实行自动化、无人化操作。具体以哪个级别为目标实现装卸搬运机械化，要从经济性、所装卸货物的特点、人员素质、安全以及对装卸搬运速度的要求等方面综合考虑，合理选择。

5. 合理选择装卸搬运方式

在装卸时，对货物的处理大体有三种方式：第一种是分块处理，即按普通包装对货物逐个进行装卸；第二种是散装处理，即对粉粒状货物不加小包装进行原样装卸；第三种是单元组合处理，即将货物以托盘、集装箱为单位进行组合后的装卸，实现单元组合，充分利用机械进行操作，提高作业效率。在装卸搬运过程中，要根据物品的种类、性质、形状、重量等确定合理的装卸搬运方式。

6. 改进装卸搬运作业方法

要合理分解装卸搬运活动，不断改进装卸搬运各项作业，提高装卸搬运效率。比如：采用直线搬运，减少货物搬运次数，使搬运距离最短；避免装卸搬运流程的对流、迂回现象；科学组织装卸搬运，避免出现人力和装卸搬运设备停滞的现象；合理选用装卸机具设备等。总之，要以现代化管理理论和方法为指导，改进作业组织，实现装卸搬运的连贯、顺畅、均衡。

7. 保持物流的均衡顺畅

装卸搬运是整个物流过程中必不可少的环节。最为理想的情况是：保持装卸搬运作业连续不断地进行，尽量将前后的相关作业进行有机组合，各工序紧密衔接，作业路径尽量为直线，从而提高搬运效率；控制好装卸搬运的节奏，综合各方面因素进行妥善安排，使物流量尽量均衡，避免出现忙闲不均的现象；将运输、存储、包装和流通加工等物流活动有序地连接起来，保持整个物流过程的均衡顺畅。然而，装卸搬运在某种意义上又是运输、存储活动的辅助活动，受运输等其他环节的制约，其节奏不能完全自主决定，因此只能综合各方面因素进行妥善安排，使物流量尽量均衡。

8. 创建复合终端

近年来，工业发达的国家为了对运输线路的终端进行装卸搬运合理化的改造，创建了复合终端，即在不同运输方式的终端装卸场所集中建设不同的装卸设施。例如，在复合终端内集中设置水运港、铁路站场、汽车站场等，这样就可以合理配置装卸搬运机械，使各种运输方式有机地连接起来。

复合终端具有一些显著的优点：其一，取消了各种运输工具之间的中转搬运，有利于物流速度的加快，减少装卸搬运活动所造成的货物损失；其二，由于各种装卸场所集中到复合终端，可以共同利用各种装卸搬运设备，提高设备的利用率；其三，在复合终端内，可以利用大生产优势进行技术改造，大大提高转运效率；其四，减少装卸搬运的次数，有利于物流系统功能的发挥，提高工作效率。

练一练

请扫码完成练习。

数字资源6-6：练一练

单元3 流通加工

一、流通加工的含义

(一)流通加工的定义及作用

1. 流通加工的定义

根据《物流术语》(GB/T 18354—2021)的相关界定,流通加工(distribution processing)是指根据顾客的需要,在流通过程中对产品实施的简单加工作业活动的总称。其中,简单加工作业活动包括包装、分割、计量、分拣、刷标志、拴标签、组装、组配等。这种加工活动不仅存在于社会流通过程中,也存在于企业内部的流通过程中。所以,流通加工实际上是在物流过程中进行辅助加工活动。企业、物资部门、商业部门为了弥补生产加工活动的不足,更有效地满足用户或自身的需求,更好地衔接生产与消费各环节,往往需要进行这种加工活动。

目前,流通加工业务开展范围十分广泛,一些原本在工业、企业进行的加工业务,现在由流通环节承担并且得到了拓展,这改变了以往流通企业经营业务单一的情况,所以发展多种经营业务是现代经济的发展趋势。

2. 流通加工的作用

在流通过程中进行有关加工活动有以下作用。

(1) 弥补生产加工活动的不足

生产环节的各种加工活动往往不能完全满足消费者的需要。例如,生产企业需要钢铁企业的钢材,除了规格、型号的要求外,往往还在长度、宽度等方面提出要求。但是钢铁企业面对成千上万个客户,是很难满足每个客户的细节要求的。要弥补以上生产加工活动的不足,由流通企业进行再加工是比较理想的方式。因为流通企业对生产供应与消费需求双方衔接的各种要求比较了解,也可以根据供方或需方的委托代为完成加工活动,通过改变商品的包装量,满足不同消费者的需求。同时,蔬菜等原材料经过深度加工成为半成品,稻米经过精加工成为免淘米等流通加工活动,可以明显提高产品的附加价值。

(2) 提高原材料利用率和加工设备利用率

第一,提高原材料利用率。通过流通加工集中开料,能够合理套裁、因材施用,先裁出大件的边角料,再裁小件,显著地提高原材料的利用率。比如,从平板玻璃集中开裁的经验来看,流通加工可以使得玻璃利用率大幅度提升。

第二，提高加工设备利用率。在分散加工的情况下，加工设备受到生产周期和生产节奏限制，不能充分发挥加工能力。而流通加工面向的是全社会，加工数量大幅度增加，加工范围明显扩大，加工任务饱满，加工设备利用率显著提高。

(3) 方便配送

配送是整理、挑选、分类、备货、末端运输等一系列活动的集合，流通加工是配送的前提。物流企业若自行安排流通加工与配送，则流通加工时必然会顾及配送条件与要求，或者根据流通加工形成的特点布置配送，必要的辅助加工与配送能很好地衔接，物流全过程得以顺利完成。组装型商品如组合家具等商品的运输和保管都采用散件形态，出库配送前或到达客户后再进行组装，这样可以大大提高运输工具的装载率和仓库的保管率。

 物流人物

请说说我们可以学习许振超的哪些精神，以及这对你平时的学习或生活有什么启示。

数字资源6-7：
"人民工匠"许振超

（二）流通加工与生产加工的区别

流通加工与生产加工具有很大的区别（见表6-12）。

表6-12 流通加工与生产加工的区别

项目	流通加工	生产加工
加工对象	进入流通过程的商品	原材料、零配件或半成品
加工程度	简单	复杂
价值观点	完善或提高价值	创造价值和使用价值
加工责任人	从事流通工作的人员	负责生产和加工产品的人员
加工单位	流通企业	生产企业
加工目的	消费、流通	交换、消费

从加工对象看，流通加工的对象是进入流通过程的商品，具有商品的属性，这不属于多环节生产加工中的一环。流通加工的对象是商品，而生产加工的对象不是最终产品，而是原材料、零配件或半成品。

从加工程度看，流通加工大多是简单加工，而不是复杂加工，一般来讲，如果必须进行复杂加工才能形成人们所需的商品，那么这种复杂加工应专设生产加工过程。生产加工理应完成大部分加工活动，流通加工只是对生产加工的一种辅助和补充。特别需要指出的是，流通加工绝不是对生产加工的取消或代替。

从价值观点看，生产加工的目的在于创造价值和使用价值，而流通加工的目的则在于完善其使用价值，并在不做大的改变的情况下提高其价值。

从加工责任人看，流通加工的组织者是从事流通工作的人员，能密切结合流通的需要进行加工活动，而生产加工的组织者是负责生产和加工产品的工人和技术人员，包括生产线上的操作工、技术员、工程师等。

从加工单位看，流通加工由商业或物资流通企业完成，而生产加工则由生产企业完成。

从加工目的看，生产加工是为了实现交换和消费目的而进行的，而流通加工也是为实现消费（或再生产）这一目的而进行的加工，这一点与生产加工有共同之处。但是，流通加工有时也以自身流通为目的，纯粹是为流通创造条件，这种为流通所进行的加工与直接为消费进行的加工在目的上是有所区别的，这也是流通加工不同于一般生产加工之处。

二、常见的流通加工作业

（一）生鲜食品的流通加工

生鲜食品的流通加工主要包括冷冻加工、分选加工、精制加工和分装加工。

冷冻加工主要针对鲜肉、鲜鱼等或某些液态商品，方便其保鲜和储运。为了解决鲜肉、鲜鱼在流通中保鲜和装卸搬运的问题，采取低温冻结的加工方式。运用的主要设备包括冷冻柜、冷藏柜、制冰机、冷冻干燥机等。

分选加工主要针对瓜果、蔬菜、粮食及棉毛原料。农、牧、副、渔等产品的规格、质量离散程度较大，为获得一定规格的产品，一般采取人工或机械方式分选。运用的主要设备包括分选机、脱皮机、圆筛机、取石机、烘干机、金属探测器等。

精制加工主要包括鲜鱼的精制加工、蔬菜的精制加工等，一般在产地或销售地设置加工点，去除无用部分，甚至可以进行切分、洗净、分装等加工。

分装加工是指对商品按零售要求进行新的包装，例如大包装改小包装、散装改小包装、适合运输的包装改适合销售的包装等，以满足消费者对不同包装规格的需求，从而达到促销的目的。主要的分装设备包括封口机、轧盖机、封尾机、液体定量分装机和液体灌封机等。

（二）木材的流通加工

木材的流通加工主要包括磨制木屑压缩输送、集中开木下料、防腐和防火处理。磨制木屑压缩输送是一种为了实现流通目的而进行的加工。从林区外送的原木中有相当一部分是造纸材木屑，可以制成便于运输的形状，供进一步加工，以提高原木利用率、出材率以及运输效率。集中开木下料是在流通加工点将原木锯裁成各种规格的锯材，同时将碎木碎屑集中加工成各种规格板，甚至可以进行打眼、凿孔等加工。防腐处理是在木材表面加涂层或在压力作用下灌注化学品，以提高木材抵御腐蚀和虫害的能力。防腐处理并不改变木材的基本特征，相反，可以延长恶劣使用条件下木质材料的使用寿命。防火处理是对木材进行防火剂浸渍处理或表面涂覆处理，以提高木质材料的防火能力。

在木材流通过程中，完成这些流通加工作业所使用的是木材加工设备，主要有磨制、压缩木屑机械及锯木机械。

（三）水泥的流通加工

在需要长途调入水泥的地区，如果需求数量大且相对稳定，则不需要直接调入大量的成品水泥，而是运进块状或颗粒状的半成品熟料，在需求地的流通加工点进行细磨，并根据客户的使用要求和当地的资源状况掺入适当的混合材料或添加剂，制成不同品种和标号的水泥。这样的流通加工形式可以节省运力、降低运费，在生产能力一定的情况下，更大限度地满足客户需要，以较低的成本实现大批量、高效率的输送，大大降低水泥流通过程中的损耗，更好地衔接产需、方便用户。

水泥流通加工的主要方式是先将粉状水泥输送到使用地区的流通加工点（集中搅拌混凝土工厂，也称商品混凝土工厂），在那里搅拌成商品混凝土，然后供各个工地或小型构件厂使用。这样的流通加工形式可以提高质量和劳动生产率，降低单位产量所需的设备投资管理费用、人力及电力消耗，提高水泥运输的合理化程度。

它的主要机械设备包括混凝土搅拌机械、混凝土搅拌站、混凝土输送车、混凝土输送泵和车泵等。

（四）钢板的流通加工

在固定地点设置剪板机或各种剪切、切削设备，将大规格的金属板料裁切为小尺寸的板料或毛坯，可以降低销售起点、便利用户。这样的流通加工形式可以简化企业生产环节，让企业将精力集中于关键的加工过程，提高企业的生产技术和管理水平，保证加工对象的质量，提高精加工的效率，保证生产批量级作业的连续性。例如，热轧钢带、厚钢板等板材最大交货长度可达7～12米，有的是成卷交货，这会给使用钢板的用户带来不便，需要将其加工成用户要求的规格。

完成这些加工工序就要使用金属材料加工设备，主要包括剪切机械、折弯机械和强化机械等。金属材料加工设备主要用于钢板、圆钢、型钢、线材的集中下料及线材冷拉加工等。

（五）煤炭及其他燃料的流通加工

煤炭及其他燃料的流通加工主要包括除矸加工、煤浆加工、配煤加工和天然气等燃气的液化加工。除矸加工是以提高煤炭纯度为目的的加工形式。煤浆加工是在流通的起始环节将煤炭磨成细粉，再用水调和成浆状增加流动性，从而使其可以像液体一样进行管道输送。配煤加工是在使用地区设置集中加工点，将各种煤及其他发热物质按不同配方进行掺配加工，生产出不同发热量的燃料。天然气等燃气的液化加工是指天然气被净化后，甲烷的纯度接近 100%，通过低温成套设备、低压乙炔成套设备、灌充设备、汇流设备、氧气阀门及配件、乙炔阀门及配件等设备对其进行液化，方便储运。

（六）机械产品及零配件的流通加工

机械产品及零配件的流通加工主要包括组装加工和石棉橡胶板的开张成型加工。组装加工主要是针对一些具有较大储运困难的设备，其不易进行包装，但装配较简单，装配技术要求不高，主要功能已在生产中形成，装配后不需要进行复杂检测及调试，所以，为解决储运问题，降低储运费用，对出厂配件、半成品进行组合安装，随即销售。石棉橡胶板在储运过程中极易发生折角等损失，而用户所需的垫塞圈规格比较单一，不可能安排不同尺寸垫圈的套裁，利用率也很低。石棉橡胶板的开张成型加工可以按用户所需垫塞物体尺寸裁制，方便用户使用及储运，容易安排套裁，提高利用率，减少边角余料损失，降低成本。

物流热点

请说说你认为可以采取哪些措施更好地进行农产品流通加工。

数字资源 6-8：
多措并举做大做强
农产品加工流通业

三、流通加工合理化

流通加工业务是现代物流企业提供的增值服务，它既可以提高流通商品的附加价值，从而实现物流企业的经济效益，也可以为供需双方带来便利、提高效率。所以流通加工业务发展势头强劲。合理的流通加工活动需要对流通加工环节是否要设置，以及设置的话选择什么地点、什么类型的加工方式、何种技术装备等进行决策。

（一）做好流通加工中心的布局规划与建设工作

流通加工中心（或流通加工点）的布局状况是影响流通加工合理化的重要因素之一。一般而言，为衔接单品种大批量生产与多样化需求的流通加工，加工地应设置在需求地区，这样既有利于销售、提高服务水平，又能发挥干线运输与末端配送的物流优势。比如平板玻璃的开片套裁加工中心就应设在销售地，靠近目标市场。对于要方便物流的流通加工，加工地应设在产出地，如肉类、鱼类的冷冻食品加工中心就应设在产出地，这样可以使经过流通加工中心的货物顺利地、低成本地进入运输、储存等物流环节。

（二）加强流通加工的生产管理

在物流系统和社会生产系统中，通过可行性研究确定设置流通加工中心后，流通加工的生产管理便成为流通加工中心运作成败的关键。流通加工的生产管理方法与运输、存储等有较大的区别，而与生产组织和管理有许多相似之处。流通加工的生产管理的特殊性在于，不但内容和项目多，而且不同的加工项目要求有不同的加工工艺。一般而言，涉及劳动力、设备、动力、财务、物资等方面的管理。对于套裁型流通加工而言，其最具特殊性的生产管理是对出材率的管理。套裁型流通加工的优势在于利用率高、出材率高，从而获取更大的效益。为了提高出材率，需要加强对消耗定额的审定和管理，并采用科学的方法，进行套裁的规划与计算。

（三）加强流通加工的质量管理

流通加工的质量管理，主要是对加工产品的质量控制。由于国家质量标准一般没有加工成品的品种规格，因此进行这种质量控制的依据，主要是用户的要求。而不同用户对质量的要求不一，质量把关的宽严程度也不同，因此，流通加工据点只有进行灵活的柔性生产，才能满足不同用户的不同质量要求。此外，全面质量管理中采取的工序控制、产品质量监测、各种质量控制图表等，也是流通加工质量管理的有效方法。

（四）实现流通加工与配送、配套、运输、商流、节约等的有机结合

流通加工与配送相结合，是将流通加工设置在配送点中，一方面按配送的需要进行加工；另一方面加工是配送业务流程中分货、拣货、配货的环节之一，加工后的产品可以直接投入配货作业。这就无须单独设置一个加工的中间环节，使流通加工与中转流通巧妙地结合在一起；流通加工与配套相结合，通过流通加工，有效促成配套，提高流通加工作为桥梁与纽带的能力，如手机、手机支架由不同厂商生产，在物流企业配套组合包装后销售；流通加工与运输相结合，可以使干线运输与支线运输合理衔接，提高运输及运输转载的效率；流通加工与商流相结合，通过流通加工，有效促进销售，使商流合理化；流通加工与节约相结合，通过合理设置流通加工环节，达到节约能源、节约设备、节约原材料消耗的目的，从而提高经济效益。

（五）避免盲目设置流通加工

流通加工不是对生产加工的代替，而是一种补充和完善，所以，一般而言，如果工艺复杂，技术装备要求高，可以由生产过程延续，不宜设置流通加工。

对于流通加工合理化的最终判断标准，是能否实现社会和企业效益最优。流通加工企业与一般生产企业的一个重要不同之处在于，流通加工企业更应树立"社会效益第一"的理念，因为只有在以"补充""完善"为己任的前提下进行加工，企业才有生存的价值。

模块六　智慧物流与供应链的支持性活动

练一练

请扫码完成练习。

数字资源6-9：练一练

装卸搬运作业实训

【实训目的】

通过熟练使用手动液压叉车完成托盘货物装卸搬运作业，让学生掌握手动液压叉车操作规程，安全熟练地完成装卸搬运作业，做好现场作业"5S"管理；运用系统原理，快速掌握作业技术，完成装卸搬运活动，同时在这一过程中培养安全意识、质量意识等物流职业素养。

【实训方式】

学生使用手动液压叉车完成"货物出库—运行—入库"全过程作业，具体方式如图6-10所示。

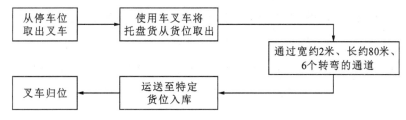

图6-10　装卸搬运作业实训方式

【实训步骤】

① 教师介绍手动液压叉车结构、工作原理，现场演示、讲解操作要领和评价标准等。

② 学生分组练习，教师现场指导，小组互学，反复练习。

③ 现场比拼，组间交流。

④ 现场考核。

【实训结果】

完成实训考核，根据表6-13进行评价打分。

表6-13　评价表

序号	评价内容	评分标准	满分
1	托盘货物出入库	所需出入库的托盘及货物每刮、蹭货架或相邻托盘、货物或通道一次扣5分，托盘上的货物每碰掉一件扣10分	40

续表

序号	评价内容	评分标准	满分
2	手动液压叉车使用	手动液压叉车行驶过程中手柄未放置在空挡位扣10分	10
3	作业时间	80秒内完成得满分，每超出1秒扣1分，作业全程不能超过120秒	40
4	场地"5S"管理	未执行"5S"管理标准扣10分	10
合计	—	—	100

自我总结

1. 通过学习本模块内容，您对智慧物流与供应链的支持性活动相关内容的认识发生了哪些变化？试列出两点。

_____

2. 本模块内容中哪些部分激发了您的学习兴趣？您将继续进行哪些探索性学习？

_____

Project
07

模块七
智慧物流与供应链技术

单元1　智慧物流与供应链技术认知
单元2　网络货运技术
单元3　数字存储技术
单元4　高效配送技术
单元5　智能分拣技术
单元6　无人搬运技术

导语

近年来，随着经济的发展，数字化、智能化、自动化的智慧物流与供应链管理新模式，在降低成本、提高效率、优化客户服务等方面发挥着重要的作用，其快速发展与技术进步息息相关。本模块围绕网络货运技术、数字存储技术、高效配送技术、智能分拣技术、无人搬运技术等，介绍智慧物流与供应链技术的含义、特点、功能及应用等内容。

导学

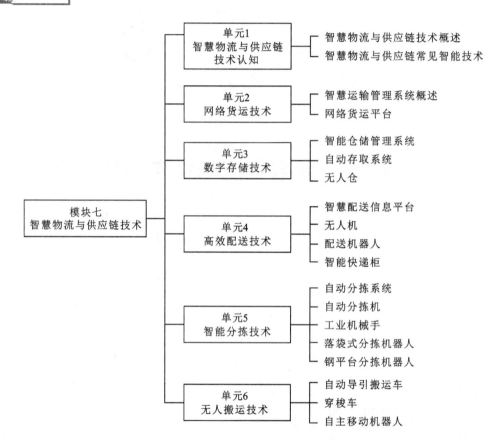

学习目标

1. 理解智慧物流与供应链技术的含义和分类，了解智慧物流与供应链常见智能技术及其应用。

2. 理解智慧运输的概念和特点，熟悉智慧运输管理系统的组成，掌握网络货运平台的概念、主体和类型。

3. 熟悉智能仓储管理系统的含义和组成，掌握自动存取系统的概念、组成及优劣，理解无人仓的概念和技术标准，掌握无人仓的主要构成。

4. 掌握智慧配送的含义，理解智慧配送信息平台的功能，熟悉无人机在物流行业的应用，了解无人机的应用优势及前景，掌握配送机器人的概念、优势和工作流程，熟悉配送机器人的工作场景，掌握智能快递柜的概念、特征和作用。

5. 理解智能分拣系统的含义、特点、组成及适用条件，识别常见的不同类型的自动分拣机，掌握工业机械手的概念、组成及优势，理解工业机械手拣选的工作原理，熟悉落袋式分拣机器人、钢平台分拣机器人及其工作原理，了解其应用及优势。

6. 熟悉常见的无人搬运技术，掌握自动导引搬运车、穿梭车、自主移动机器人的概念、类型、构成等，了解其优势及应用场景，掌握三者的区别。

7. 能辨识常见的智能物流设备，明确其采用的物流与供应链技术、特点、优势和应用情境等。

8. 了解技术推动物流和供应链发展的新变革和前沿趋势，提高技术素养。

9. 培养科学探索精神，提高求知欲和学习兴趣，积极规划未来的学习和工作。

日日顺中德智能无人仓项目

作为全球最大的制造国和世界工厂，我国致力于进一步加快制造业的数字化、网络化、智能化发展步伐，加速推动"中国制造"向"中国智造"转型。海尔以"灯塔工厂"为代表的智能工厂已成为中国先进制造业发展的典型，日日顺供应链积极响应国家战略需求，助力智能制造升级发展，规划建设了日日顺中德智能无人仓项目。

日日顺中德智能无人仓项目是支撑海尔青岛中德生态园区智能工厂高效运转的关键基础设施，其在管理模式、管理系统、技术装备等方面进行了全面创新。

1. 管理模式创新

日日顺中德智能无人仓项目采用供应商库存（VMI）前置集中化管理、根据生产订单拉动进行JIT精准化供给、根据成品订单进行云仓智能化分拨综合一体化的先进管理模式；支持零部件和成品同时仓储作业，支持整托和拆零管理，可根据工厂需求提供前置齐套、前置检测、前置组装等供应链增值服务；采用标准化循环包装和单元载具，连接全国仓储网络和全球多式联运网络，实现货物全国"无盲区"和全球送达。

2. 管理系统创新

日日顺中德智能无人仓项目开发并应用先进的智能仓储管理系统，向上对接智能仓订单管理系统，向下对接智能仓设备控制系统。智能仓订单管理系向上对接智能工厂的物料管理系统和 LES（物流执行）系统，获取智能工厂订单信息；向下通过供应商管理系统，对上百家供应商库存进行高效的三方 VMI 集中管理。智能仓设备控制系统根据仓储管理系统指令，智能化管理数以千百计的传感器和设备数据，进行实时智能调度，驱动管理多个仓储作业区的几百台智能设备集群高效协同运作。智能仓还构建了全域全程数字孪生可视化管理系统。

3. 技术装备创新

日日顺中德智能无人仓项目应用"机器人无人配送感知、决策、执行成套技术""物流状态跟踪识别技术""机械手自学习式运动控制技术""四向车密集存储技术"等，集成管理数量庞大的智能设备，实现了仓内作业的装卸、搬运、拆码垛、仓储、拣选、上下架等全程作业无人化，库内货物不落地，质量零损失，全程无人和 24 小时不间断黑灯作业。

【思考】
1. 日日顺中德智能无人仓项目的创新对其物流与供应链有什么影响？
2. 结合案例，谈谈您对智慧物流与供应链技术的认识。

单元 1　智慧物流与供应链技术认知

一、智慧物流与供应链技术概述

随着科学技术的不断发展，人类进入了信息化、数字化、智能化的新时代，各项新兴技术逐渐从理论走向实际，逐渐开始在社会的各行各业得到应用，推动着一场场"智慧的变革"，我国的物流与供应链行业也逐步进入了智慧物流与供应链时代。

智慧物流与供应链是拥有一定智慧能力的现代物流体系，其"智慧"主要体现在"信息获取—提炼分析—权衡决策"这一完整且具有鲜明人类智慧特点的行为过程上，并在物流与供应链的各环节借助各种新技术自主实现。当前，传统的物流与供应链企业纷纷摆脱高能耗、低效率的经营模式，逐步向科技型企业转型，而实现这种转型的关键正是智慧物流与供应链技术。

（一）智慧物流与供应链技术的含义

近年来，科技革命和信息技术在推动社会进步的同时，也深刻地影响着物流与供应链行业的发展。智慧物流与供应链技术是现代信息技术在物流与供应链各个作业环节中的综合应用，是智慧物流与供应链区别于传统物流的根本标志，也是物流技术中发展最快的领域,尤其是计算机网络技术的广泛应用,使智慧物流与供应链技术达到了较高的应用水平。

(二)智慧物流与供应链技术的分类

结合智慧物流与供应链技术的特点及应用,可以将智慧物流与供应链技术分为信息感知技术、信息传输技术和信息应用技术。

1. 信息感知技术

信息感知技术是实现智慧物流与供应链系统中货物感知的基础和关键,是智慧物流与供应链管理的起点,其主要作用是识别货物、采集信息。

信息感知技术主要包括条形码技术、射频识别技术、传感器技术、无线传感器网络技术、跟踪定位技术、机器视觉技术、图像处理技术、语音识别技术、红外感知技术、生物识别技术等。这些技术主要用于仓储、运输、装卸、搬运、分拣、配送等环节,有利于提升智慧物流与供应链运作中的跟踪定位、过程追溯、信息采集、货物分拣等的智能化水平和效率。

2. 信息传输技术

信息传输技术主要实现智慧物流与供应链系统中信息的交换与传递。信息传输技术主要包括电子数据交换技术、互联网技术、移动通信网络、短距离无线通信技术(如蓝牙、ZigBee、Wi-Fi、NFC、UWB、IrDA 等)、现场总线、工业以太网等。信息传输技术为智慧物流与供应链系统提供可靠的信息保障,是实现智慧物流与供应链管理运营、运输调度、仓储管理和信息互联互通的重要前提。

3. 信息应用技术

信息应用技术为用户(人、组织或其他系统)提供与物流和供应链系统之间的接口。信息应用技术主要包括 GIS 技术、数据挖掘技术、人工智能技术、机器学习技术、深度学习技术、大数据与云计算技术、区块链技术、数字孪生技术、AR/VR(增强现实/虚拟现实)技术、智能控制技术、信息安全技术等。

信息应用技术充分利用智慧物流与供应链系统中的数据,与行业、企业需求相结合,实现物流与供应链的智能应用,可以实现物流与供应链作业自动化、智能管理与控制和决策支持三大功能。物流与供应链作业自动化主要体现在通过信息感知实现智慧物流与供应链系统自动化作业,如实现自动化立体库、自动搬运设备、自动分拣设备、仓库通风设备等的自动化作业;智能管理与控制主要体现在通过信息感知和与其他信息应用系统之间的互联,实现物流与供应链系统的可视化跟踪与预警以及全过程的有效控制;决策支持主要体现在通过数据的汇聚建立数据中心,利用相应的信息技术对物流系统进行优化、预测、诊断、评价、分类、聚类、影响分析等,为智慧物流与供应链系统的运营和管理提供决策支持。

二、智慧物流与供应链常见智能技术

随着数字化时代的到来,多种关键智能技术被应用于物流与供应链领域:物联网技术实现了对所有环节物流信息的实时采集与共享;云计算技术实现了对海量数据的集中存储与高效计算;大数据技术实现了对物流信息的组织管理以及对物流数据进一步的挖掘整理;人工智能技术实现了数据信息向智能决策的转变。在物联网、云计算、大数据、人工智能等智能技术的支持下,智慧物流与供应链系统不断优化,可以有效降低成本,提高效率,增强服务质量,实现可持续发展。

(一)物联网技术

1. 物联网的概念

物联网就是物物相连的互联网,是通过射频识别、红外感应、激光扫描、卫星定位等信息传感技术与设备,按约定的协议,根据需要实现物品互联互通的网上连接,进行信息交换和通信,以实现智能化识别、定位、跟踪、监控和管理的智能网络系统。

2. 物联网技术在智慧物流与供应链领域的应用

(1)实时监测和追踪

物联网技术被广泛应用于实时监测和追踪,通过将物联网传感器安装在货物、车辆、设备等物体上,可以实时监测其位置、状态和环境条件,确保货物的安全运输。

(2)设备状态和温湿度监控

物联网传感器可以监测物流设备(如货车、智能机器人等)的运行情况以及运输过程中环境的温湿度变化,及时发现并处理设备故障和异常,保障货物的质量。

(3)智能仓储管理

物联网技术支持智能仓储,能够实现对仓库内货物的监控和管理,包括货物入库、出库、盘点库存、自动化拣选和货架管理等,从而提高操作准确性、作业效率及响应速度,增强仓储管理的智慧化水平。

(4)智能配送管理

物联网技术借助各类优化工具对配送车辆进行实时监控和调度,如监测车辆位置、燃油消耗、路况和驾驶行为等,及时掌握配送信息,优化配送计划,合理配置物流资源,实现配送的动态化,提高配送效率和服务质量。

(5)预防性维护

物联网传感器可以监测设备的运行状态,通过分析实时监测设备的各项性能指标,提前发现故障迹象,预测设备的维护需求,实现对设备的预防性维护,减少停机时间,降低维修成本。

（二）云计算技术

1. 云计算的概念

云计算的最初含义是"将计算能力放在互联网上"。云计算发展至今，多个组织和学者从不同的角度对其给出了不同的定义。而现阶段认可度最高的定义来自美国国家标准与技术研究院（NIST），其认为云计算是一种按使用量付费的模式，这种模式提供可用的、便捷的、按需进行的网络访问，使用户进入可配置的计算资源共享池（资源包括网络、服务器、存储、应用软件、服务等），这些资源能够被快速提供，且只需投入很少的管理工作，或与服务供应商进行很少的交互。

2. 云计算技术在智慧物流与供应链领域的应用

（1）数据存储和管理

传统的数据存储需要投入机房、人力、设备升级维护等高额成本，云计算数据存储的服务可以解决这一问题。企业可以将数据存储在云平台上，轻松存储和管理物流过程中产生的大量数据，包括客户订单信息、货物信息、运输数据、车辆监控数据等。

（2）支持物流与供应链决策

企业可以利用云计算平台提供的数据分析和挖掘工具，对存储在云端的数据进行分析和挖掘，发现数据之间的关联性和规律性，为物流决策提供支持。例如：通过分析历史订单数据，预测未来需求；通过分析交通数据，优化运输路线。

（3）实时智能处理

企业可以利用云计算平台提供的实时数据处理和分析功能，运行智能算法和模型，实现对物流与供应链过程的实时监控和反馈以及对数据的智能处理。例如：通过监控货物位置和运输状态，及时发现和处理异常；通过机器学习和深度学习算法对物流相关数据进行预测和优化，提高物流与供应链运作效率、降低成本。

（4）整合物流与供应链资源

基于云计算创建的信息管理平台，可以整合订单信息、运输、仓储、配送等资源，实现资源的共享和协同，并根据不同客户的需求，提供最佳运输方案。多家企业可以合作满足客户需求，提高资源利用率。

（5）保护数据安全性和完整性

云计算是数字物流的基础，数据安全问题不容忽视。云存储具有备份与恢复、加密数据等功能，防止数据丢失或泄露。企业利用云计算平台提供的相关保障措施，能够维护物流数据的安全性和完整性。

（三）大数据技术

1. 大数据的概念

大数据是由数量巨大、结构复杂、类型众多的数据构成的数据集合。大数据技术是一种基于云计算的数据处理与应用模式，是可以通过数据的整合共享、交叉复用形成的智力资源和知识服务能力，是可以应用合理的数学算法或工具从中找出有价值的信息、为人们带来利益的一门新技术。大数据技术包括大数据采集、预处理、存储及管理、分析与挖掘四大关键技术。

2. 大数据技术在智慧物流与供应链领域的应用

（1）需求预测

大数据技术通过收集并分析消费者的行为数据、历史订单数据、市场趋势等信息，对未来市场需求进行更精确的预测，提前调整生产计划和物流策略，满足市场的需求，减少资源的浪费。

（2）库存优化

大数据可以帮助企业实时掌握仓库的库存情况，通过分析库存相关数据，及时发现和预防商品过剩或短缺的问题，发现潜在的风险，并及时采取应对措施，实现对库存的优化，降低库存成本，避免库存积压。

（3）运输和调度优化

企业可以利用大数据收集和分析天气数据、车辆状态数据、历史运输数据、交通状况等信息，实现运输路线的智能优化，如避开交通拥堵路段、缩短货物运输时间，实现对运输车辆的智能调度，优化配送路线，进而减少运输成本，提高物流效率。

（4）提升客户服务水平

企业通过分析客户购买历史、搜索历史、订单数据、客户反馈等信息，可以更好地理解并预测客户需求，对这些需求进行快速响应，并提供个性化的服务，优化客户服务流程；通过分析产品的使用数据，可以及时发现产品中存在的问题并加以解决，提高服务水平、客户满意度和客户忠诚度。

（5）风险预警与防范

企业可以通过可视化仪表板、数据挖掘和预测模型来识别潜在的瓶颈或风险，分析物流过程中的异常数据，对风险（如供应中断、需求变化、价格波动等）进行预警，增强供应链的透明度、灵活性和反应能力，防范风险，保障物流的稳定性和可靠性。

（四）人工智能技术

1. 人工智能技术的概念

人工智能是研究、开发用于模拟、延伸和扩展人的智能的理论、方法、技术及应用系统的一门新的技术。它试图了解智能的实质,并生产出一种新的能以与人类智能相似的方式做出反应的智能机器。该领域的研究包括机器人、语言识别、图像识别、自然语言处理和专家系统等。人工智能是对人的意识、思维信息过程的模拟。人工智能不是人的智能,但能像人那样思考,也可能超过人的智能。

2. 人工智能技术在智慧物流与供应链领域的应用

（1）订单处理自动化

企业可以利用人工智能技术对订单信息中的关键词进行提取分析,及时做出反应;通过自然语言识别技术以及机器学习或深度学习算法,对订单信息进行验证并做出相应处理,减少人工操作可能产生的错误,提高订单处理的准确性与响应速度。

（2）仓储自动化

企业利用人工智能技术可以实现对仓库内货物的智能管理。运用聚类分析、时间序列预测和异常检测等技术,结合智能机器人、无人机和自动化设备,完成货物的存储、拣选、配载等操作,可以优化仓库布局,提高仓储管理的效率和准确性。

（3）路径规划和优化

企业利用强化学习和遗传算法,分析历史运输数据和交通状况,能够实现对运输路径的智能规划和实时路线优化。比如,通过预测货车的最佳行驶路径,节省燃料和时间成本,提高运输效率,减少环境影响。

（4）产品质量监测

企业可以将人工智能技术和物联网技术相结合,实时监测生产过程和产品质量,还可以利用图像识别技术和深度学习算法,自动检测产品缺陷与质量问题,及时采取相应措施进行生产过程的修复和调整,避免有质量问题的产品交付或入库。

（5）客户服务智能化

企业利用自然语言处理技术处理客户的反馈和需求,能优化客户服务流程,实现对客户服务的智能化处理。此外,企业通过构建智能物流平台,对物流过程进行智能监控、管理和优化,能提升物流效率和服务质量,从而提高客户满意度和忠诚度。

智慧物流与供应链技术的蓬勃发展正在重塑物流与供应链行业,构建更加高效和智能化的智慧物流和供应链系统。基于以上技术,在运输、仓储、配送、分拣、搬运等领域,网络货运技术、数字存储技术、高效配送技术、智能分拣技术、无人搬运技术等智慧物流与供应链技术都发挥着重要的作用。对于这些内容,我们将在后续单元中依次进行具体介绍。

练一练

请扫码完成练习。

数字资源7-1:练一练

单元 2　网络货运技术

一、智慧运输管理系统概述

（一）智慧运输

1. 智慧运输的概念

智慧运输是指在运输管理业务流程再造的基础上，利用大数据分析、云计算、物联网、RFID、GIS 等智能技术及先进的管理方法，实现运输过程中的智慧配载、实时调度、智慧派车、路径优化及实时交互，以降低运输成本、提高运输效率、提升智慧运输管理能力的运输。

2. 智慧运输的特点

（1）将运输供应链上各要素接入系统

智慧运输将运输供应链上的发货人、收货人、承运商、货站、卡车司机等要素接入智慧物流运输系统，能有效提高订单的响应处理能力和调度的配载效率，并通过网络和云平台实现各方信息的准确传递和全链路信息透明。这对于生产制造商、分销商和物流企业提高物流信息服务能力，加强对社会化运输网络的管理具有至关重要的作用。

（2）智慧运输管理系统集成先进技术

智慧运输管理系统将先进的信息技术、计算机技术、数据通信技术、传感器技术、电子控制技术、自动控制技术、运筹学技术、人工智能技术等综合运用于交通运输、服务控制和车辆调度，加强了车辆、道路和使用者之间的联系，从而形成一种定时、准确、高效的新型综合运输系统。

（3）以数据为基础全面调控运输过程

智慧运输管理系统中的数据采集层能够采集各种终端设备产生的 RFID 数据、GPS 数据以及各种非结构化的视频和图片数据，经过智能算法处理后输出结构化信息数据，再整合园区、车辆、货主等数据，通过大数据挖掘系统进行数据分析，在此基础之上全面调控物流运输过程。

（二）智慧运输管理系统的概念与组成

1. 智慧运输管理系统的概念

智慧运输管理系统是利用先进的信息技术、数据通信传输技术、电子传感技术、电子控制技术以及计算机处理技术等，有效地集成运用于整个地面运输的管理体系，而建立起的一种在大范围内、全方位发挥作用的,实时、准确、高效的"人-车-路"三位一体综合运输和管理系统。

2. 智慧运输管理系统的组成

(1) 先进的交通管理系统

先进的交通管理系统是智能运输系统的重要组成部分,它依靠先进的交通监测技术、计算机信息处理技术和通信技术,对城市道路和高速公路综合网络的交通运营和设施进行一体化控制和管理,通过监视车辆运行控制交通流量,快速、准确地处理辖区内发生的各种事件,以使客货运输达到最佳状态。

先进的交通管理系统由信息采集系统、通信系统、信息处理系统、信息提供系统四部分组成,其服务功能包括为出行者提供信息、优化交通控制、降低交通事故发生率、进行排放测试与污染防治、进行应急管理、实现电子不停车收费、提高道路养护效率等。

(2) 先进的车辆控制系统

先进的车辆控制系统是借助车载设备及路侧、路表的检测设备检测周围行驶环境的变化情况,自动控制驾驶以保障行车安全和提高道路通行能力的系统。该系统的本质就是在车辆-道路系统中融入现代化的通信技术、控制技术和交通流理论,提供良好的辅助驾驶环境,在特定的条件下,让车辆在自动控制下安全行驶。先进的车辆控制系统的目的是帮助驾驶员进行车辆控制,从而使汽车安全、高效地行驶。

一个完整的先进的车辆控制系统是由智能车、智能车与辅助专用道路之间的通信系统以及智能车与智能车之间的通信系统组成的。其智能控制主要是利用智能车的智能处理系统提供的道路交通等信息实现的,其具体的服务功能包括自适应巡航控制系统功能、胎压监控系统功能、车道偏离警告系统功能、盲区探测系统功能、事故自动通报系统功能、汽车导航和定位系统功能、道路环境警告资讯系统功能、自适应前照灯系统功能等。

(3) 先进的出行者信息系统

先进的出行者信息系统是综合运用各种先进的通信、信息等技术,以文字、语音、图形、视频等多媒体形式实时动态地向出行者提供与出行相关的各类交通信息的系统,它使出行者(包括驾驶人和乘客)在出发前、出行中直至到达目的地的整个过程都能够及时获得有关交通情况、所需时间、最佳换乘方式、所需费用以及目的地的各种相关信息,从而辅助出行者选择合适的交通方式、出行路线和出发时间,以最高的效率和最佳的方式完成出行过程。

出行者信息系统需要建立广泛的、便于使用的公共信息数据库,如地理信息数据库(电子地图)、交通运行数据库、公共交通信息数据库、道路信息数据库等。以这些数据库为基础,通过有线和无线通信系统,先进的出行者信息系统可以为出行者提供出行前信息服务、行驶中驾驶员信息服务、途中公共交通信息服务、个性化信息服务、路线引导与导航服务、合乘匹配与预订服务等。

(4) 电子收费系统

电子收费系统又称不停车收费系统，是通过设置在收费公路收费站出入口处的天线及车型识别系统和安装在车上的车载装置，利用信息通信技术，自动实现通行费支付的系统。

电子收费系统是智能运输系统领域的一个重要应用。由于它涉及交通基础设施投资的回收，又是缓解收费站交通堵塞的有效手段，减少了环境污染，所以各国都把电子收费系统作为智能运输系统领域最先投入应用的系统。

电子收费系统通过在车上安装的作为通行卡的电子标签与安装在收费车道上的读写收发器进行快速的数据微波通信，验证车辆的通行权，判别车辆类型，自动核算并记录通行费，车辆无须停车即可直接通过，凭借收费数据记录实现通行费的自动支付。

(5) 智能紧急救援系统

智能紧急救援系统是一个特殊的系统，它的基础是自动终端信息服务、交通管理系统和有关救援机构和设施。其通过自动终端信息服务、交通管理系统将交通监控中心与职业的救援机构连成有机的整体，为道路使用者提供车辆故障现场紧急处置、拖车、现场救护、排除事故车辆等服务。

智能紧急救援系统有六大功能，即交通事故检测、交通事故鉴别、交通事故信息服务、交通事故相应策略、交通事故的现场管理及紧急救援、发生交通事故时的交通管理。

(6) 智能货运管理系统

智能货运管理系统是通过运用现代信息技术、通信网络技术、车联网技术、物联网技术、云计算技术、大数据技术等对货物运输车辆状态、司机驾驶行为进行有效监控，收集相关动态数据，以支持对司机运输行为的管理以及车辆轨迹、安全行车管理，对车辆进行实时跟踪和高效指挥调度，对特种和专用车辆温度、湿度等环境数据进行监控。

二、网络货运平台

(一) 网络货运

网络货运是在利用互联网技术开发的车货匹配平台基础上发展起来的，其通过互联网平台和数字化技术引用，在大数据的介入下，促使货运全网互联互通，借助智慧物流模式进行行业升级。

网络货运不仅可以帮助企业实现运力资源的高效调配，还可以帮助物流企业真正实现降本增效。同时，网络货运可以为多家合作企业提供平台推广、运营、财税等方面的支持，结合客户情况，为客户提供定制化指导服务。网络货运可以让企业在快速发展的同时，有效降低运营成本，保持核心竞争力，助力企业做大做强。

网络货运的发展不仅带动了物流与供应链行业的转型升级，也促使整个行业朝着数字化、智能化方向发展。这种结合实体产业与互联网技术的模式，正在重塑物流与供应链行业格局，为未来物流与供应链发展注入了新的活力。

(二)网络货运平台概述

1. 网络货运平台的概念

网络货运平台是指经营者依托互联网平台整合配置运输资源,以承运人身份与托运人签订运输合同,委托实际承运人完成道路货物运输,承担承运人责任的承运经营交易平台。

通过网络货运平台,货主可以方便地在线发布货源信息,物流公司可以进行在线竞标,而货物的运输和配送也可以实现在线跟踪和管理。这种模式不仅提高了物流效率,还降低了物流成本,为企业和消费者带来了更好的服务体验。

物流热点

为贯彻落实国务院关于促进平台经济规范健康发展的决策部署,规范网络平台道路货物运输经营,维护道路货物运输市场秩序,促进物流业降本增效,交通运输部、国家税务总局在系统总结无车承运人试点工作的基础上,制定了《网络平台道路货物运输经营管理暂行办法》,自2020年1月1日起施行。

请想一想《网络平台道路货物运输经营管理暂行办法》的施行对网络货运新模式有哪些积极作用。

数字资源7-2:
《网络平台道路货物运输经营管理暂行办法》

2. 网络货运平台的三方主体

网络货运平台用信息化技术和运营管理能力为中小货主企业和中小物流企业、个体司机搭建了线上直接对接平台,减少了中间环节,实现了供需信息在线上的互联互通。其主体涉及托运人、网络货运平台和实际承运人三方。

(1)托运人

在《网络平台道路货物运输经营管理暂行办法》规定的运行模式下,托运人直接与网络货运平台签订运输合同。合同的权利义务、资金结算和发票的开具等,均在托运人和网络货运平台公司之间直接发生,这也是网络货运平台公司可以直接开具全额增值税专用发票给托运人的原因。

(2)网络货运平台

网络货运平台是一种有别于传统的货物代理和货物中介的经营方式,它是一个基于互联网的货物运输平台,能够为托运人、实际承运人提供真实、高效的货源和动态信息，同时对货物和车辆的信息进行管理。网络货运平台公司作为名义上的承运人，与托运人签订运输契约，在履行运输义务的同时，还必须与真正的承运人签订一份运输契约，由平台来支付运费，而不是单纯地为托运人和真正的承运人提供信息中介、交易撮合等服务。其对托运人而言，提供的是运输服务，负责对交易的全过程进行监控及管理。

（3）实际承运人

实际承运人是接受网络货运经营者委托，使用符合条件的载货汽车和驾驶员，实际从事道路货物运输的经营者，即在实际承运人和网络货运平台之间建立货物运输关系。而目前主要的实际承运人是零散的货车司机。实际承运人利用网络货运平台优势，促进网络货物运输的发展，降低货物运输的成本，提高货物运输的效率。

3. 网络货运平台的功能

（1）信息发布

网络货运经营者依托网络货运平台为托运人提供真实、有效的运力信息，为实际承运人提供真实、有效的货源信息，并对货源及车源信息进行管理，包括但不限于信息发布、信息筛选、信息修改、信息推送、信息撤回等功能。

（2）线上交易

网络货运经营者通过网络货运平台在线组织运力，进行货源、运力资源的有效整合，实现信息的精准配置，生成电子运单，完成线上交易。

（3）全程监控

网络货运平台自行或利用第三方平台对运输地点、轨迹、状态进行动态监控，具有对装货、卸货、结算等进行有效管控的功能，对物流信息进行全流程跟踪、记录、存储、分析的功能，记录含有时间和地理位置信息的实时行驶轨迹数据功能，实时展示实际承运人、车辆运输轨迹，并实现实际承运人相关资格证件到期预警提示、违规行为报警功能。

（4）金融支付

网络货运平台具有核销对账功能、交易明细查询功能、生成资金流水单功能、在线支付功能等。

（5）咨询投诉

网络货运平台具有咨询、举报投诉、结果反馈等功能。

（6）在线评价

网络货运平台具有对托运、实际承运人进行信用打分及评级的功能。

（7）查询统计及数据分析

网络货运平台具有信息查询功能，包括运单、资金流水、运输轨迹、信用记录、投诉处理等信息分类分户查询等。网络货运平台收集并分析大量的运输数据和供应链数据，为企业提供准确的数据报表和分析结果。在大数据技术的推动下，物流与供应链信息将逐步实现共享，并呈现多维度、相关联、预测性、决策性等特征。

（8）数据调取

网络货运平台支持交通运输、税务等相关部门依法调取数据。

（9）客户服务与沟通

网络货运平台能够提供在线客户服务平台，使得企业能够与客户进行即时沟通和交流。通过平台，企业可以回答客户的咨询和解决问题，提高客户满意度和忠诚度。

（10）环境友好和可持续发展

网络货运平台通过减少纸质文件和不必要的人员流动，降低资源消耗和环境污染。由于具有电子化运输单据、电子支付和电子签名等功能，网络货运平台有助于提高整体物流效率，并促进可持续发展和环境保护。

这些功能有助于企业优化物流流程，提高效率，降低成本，提供更好的客户体验，获得竞争优势，并实现可持续发展。

4. 我国网络货运平台的类型

我国网络货运平台可以分为控货型、开放型、服务型三大类，具体类型如图 7-1 所示。

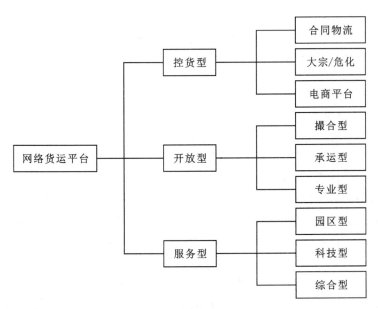

图 7-1　网络货运平台的类型

（1）控货型网络货运平台

控货型网络货运平台的特点是平台自身就是货主或货源的供给方，掌控着物流订单的分配权，可分为合同物流、大宗/危化、电商平台三种类型。

在成本压力下，货主为了降低物流成本，需要寻找社会上的运力资源，解决自身业务的物流问题，扩充运力池。其可以通过搭建网络货运平台的模式，整合自有车辆、挂靠车辆、合作运力以及社会优秀运力等运力资源，从而建立自己的私有运力池，这样既可以稳定、高效地利用运力资源，也降低了物流运力成本。

控货型网络货运平台代表企业如表 7-1 所示。

表 7-1 控货型网络货运平台代表企业

类型	企业名称
合同物流	中国外运、安得智联、上海申丝、新杰物流、大田物流、大恩物流
大宗/危化	货达物流、世德现代物流、安达物流、运友物流、远迈物流、京博物流、青岛港物流
电商平台	京东物流、苏宁物流

(2) 开放型网络货运平台

开放型网络货运平台既不是货主，也不是运力供应商，而是专注于货主与运力之间的有效匹配，面向整体市场开放的，接受自然竞争的纯第三方企业，可分为撮合型网络货运平台、承运型网络货运平台、专业型网络货运平台三种类型。

撮合型网络货运平台以临时性整车订单为主，倾向于做信息撮合，平台自身不参与物流环节，其价值是降低货主、司机的交易成本。承运型网络货运平台以计划性整车订单为主，倾向于做承运本身，其价值是通过管理降低运输成本。专业型网络货运平台专注于特殊的市场，如能源炼化、港口配送，或者局部的、区域内的运力整合。

开放型网络货运平台代表企业如表 7-2 所示。

表 7-2 开放型网络货运平台代表企业

类型	企业名称
撮合型网络货运平台	满帮集团
承运型网络货运平台	福佑卡车
专业型网络货运平台	快成物流、拉货宝、滴滴集运、恰途、物云通

(3) 服务型网络货运平台

服务型网络货运平台可以分为园区型网络货运平台、科技型网络货运平台、综合型网络货运平台三类。服务型网络货运平台的特点是多业务线并行，盈利模式除车货匹配外，主要来自为客户提供 SaaS 支持、申办资质、税务合规、金融、油卡、ETC 等多种物流服务。

园区型网络货运平台的切入点就是有自己的物流园区，这类平台运用自身的资源优势，直接服务于园区内的专线企业。科技型网络货运平台以车载传感器、GPS、SaaS 支持、大数据、车联网等物流科技产品切入，以技术赋能物流企业，是典型的技术派平台，业务上是各大物流企业的设备供应商，同时还拥有大量底层运力数据，能帮助客户搭建数据接口和系统等。此外，它还能利用大数据优势和风控能力，切入物流金融、保险等方面。综合型网络货运平台的主营业务不仅是解决大小货主、物流公司、卡车司机的物流需求问题，还能为客户提供税务合规、金融保险、车后服务、网络货运平台资质申办协助等综合类服务。

服务型网络货运平台代表企业如表 7-3 所示。

表 7-3　服务型网络货运平台代表企业

类型	企业名称
园区型网络货运平台	传化物流、卡行天下、天地汇物流、黑豹物流
科技型网络货运平台	中交兴路、G7 物联
综合型网络货运平台	路歌物流、共生物流、物润船联

练一练

请扫码完成练习。

数字资源 7-3：练一练

单元 3　数字存储技术

一、智能仓储管理系统

（一）智能仓储管理系统的含义

智能仓储管理系统（smart warehouse management system，SWMS）是在原有仓储软硬件的基础上，结合物联网、传感器、RFID 等先进信息技术的应用，实现仓储过程智能化的信息管理系统。智能仓储管理系统能够有效监控并跟踪仓库业务的物流过程，有效进行成本分析与控制，实现并完善仓储活动的智能化管理。该系统既可以独立执行物流仓储作业的操作，也可以实现物流仓储与企业运营、生产、采购、销售的智能化集成。

（二）智能仓储管理系统的组成

智能仓储管理系统主要包括仓库物流管理模块、仓库设备管理模块、订单管理模块、财务信息管理模块、客户管理模块、人力资源管理模块等，如图 7-2 所示。

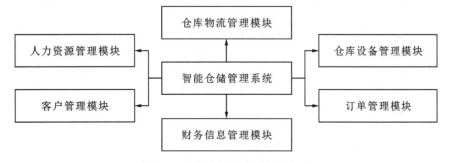

图 7-2　智能仓储管理系统的组成

1. 仓库物流管理模块

仓库物流管理模块是智能仓库管理系统中最核心的管理单元，对仓库作业进行全方位的信息化管理。该模块包括基础管理模块、采购管理模块、仓库作业管理模块、订单管理模块和查询管理模块。

(1) 基础管理模块

基础管理模块可以对库内各种货物信息进行录入与维护。

(2) 采购管理模块

采购管理模块可以结合物联网技术，根据库存水平的动态变化实时发出采购信息，确保仓库的最佳库存水平。

(3) 仓库作业管理模块

仓库作业管理模块包括入库管理、出库管理、在库管理、盘点管理和分拣管理五个模块。其中，入库管理模块可以实现线上虚拟入库操作，当完成入库作业后，结合电子标签以及物联网技术实时更新在库数量；出库管理模块可以根据订单情况实现虚拟出库，并核减相应货位的数量；在库管理模块可以实现精准查询，精准定位仓库所有货物的货位及储存状态；盘点管理模块可以实时进行盘点操作，自动生成盘点单据，完成虚拟线上盘点；分拣管理模块可以根据库存的实际情况完成货物的虚拟拣选。

(4) 订单管理模块

订单管理模块可以根据客户的需求实时显示订单情况，可以完成客户对订单的下达、仓库方的确认等操作。

(5) 查询管理模块

查询管理模块可以实现采购单查询、销售订单查询、出入库货物查询、库存查询等。

2. 仓库设备管理模块

该模块主要进行库内智能设备的调度与管理，根据仓库内货物入库、出库情况，科学合理地调配库内设备，以最低的操作成本完成设备的智能管理；同时根据设备的使用情况，结合物联网技术，自动生成设备使用信息数据与维护状态数据等，提高设备的使用率，加强智能设备的管理。

3. 订单管理模块

订单管理模块利用物联网技术，可以自动完成订单的采集、录入、分析与整理，可以实现订单信息在库区内部的智能化传输。

4. 财务信息管理模块

财务信息管理模块结合货物出入库信息，自动生成月末、季度末以及年末的采购报表、销售报表以及盘点报表等。

5. 客户管理模块

客户管理模块结合大数据技术，智能分析与预测客户需求，不仅可以完成前置仓的智能分仓工作，实现客户对出库货物物流信息的追踪，还可以在特定促销期根据客户喜好动态推送特定商品信息。

6. 人力资源管理模块

人力资源管理模块利用大数据技术，根据货物的出入库、移库等任务动态调度作业人员，高效完成仓储作业。同时，该模块结合物联网技术，利用智慧仓库的监控功能，可实时识别员工到岗情况以及工作状态，在线自动完成每日考勤统计、月末绩效考评等。

二、自动存取系统

（一）自动存取系统的概念

自动存取系统（automatic storage and retrieval system，AS/RS），一般是指密集型智能仓储系统，简称智仓。自动存取系统是以自动化立体仓库为核心，一般用高层货架来存储单元货物，用相同的物品搬运设备进行货物入库和出库作业的仓库系统。它可以实现仓库高层合理化、存取自动化、操作简便化。

（二）自动存取系统的组成

自动存取系统是综合利用计算机、云计算、互联网、物联网等先进技术，将高位立体货架、巷道堆垛起重机、升降设备、自动出入库输送装备、自动分拣系统装备、室内搬运车、机器人等设备进行系统集成，形成具有一定感知能力、自行推理判断能力、自动操作能力的智慧系统。自动存取系统如图 7-3 所示。

图 7-3　自动存取系统

（三）自动存取系统的优缺点

1. 自动存取系统的优点

（1）密集存储

自动存取系统采用高密度货架存储货物，穿梭车式密集型仓储系统取消了叉车或堆垛起重机作业通道，大大提高了空间利用率。

(2) 快速存取

自动存取系统可实现多维度、多层、多小车同步运作，具有高度的灵活性，能在短时间内完成货物的取放任务，实现"货到人"方式的拣货，显著缩短货物的周转时间，提高仓储和物流中心的工作效率。

(3) 系统柔性

自动存取系统可根据订单任务量的大小，灵活增减小车数量，适应性强，特别适用于订单波动性较强的仓储环境。同时，当穿梭车发生故障时，可快速更换故障小车，保证仓库运行不受影响。

(4) 实现货物先进先出

传统仓库由于空间限制，将货物码放堆砌，常常是先进后出，导致货物积压浪费。自动存取系统能够自动绑定每一票货物的入库时间，自动实现货物先进先出。

(5) 节省人力资源成本

自动存取系统的立体仓库内，各类自动化设备代替了大量的人工作业，大大降低了人力资源成本。

2. 自动存取系统的缺点

自动存取系统的缺点主要体现在投资建设成本高、周期长，设备维修费用较高，存储货物有严格要求，管理维护要求较高等方面。

三、无人仓

（一）无人仓的概念

目前，人们对无人仓尚无统一的定义，但是无人仓的发展方向是明确的，即以自动化设备替代人工完成仓库内部作业。通常，无人仓指的是货物从入库、上架、拣选、补货到包装、检验、出库等物流作业流程全部实现无人化操作，是高度自动化、智能化的仓库。也有人认为，无人仓是基于高度自动化、信息化的物流系统，在仓库内即便有少量工人，若能实现人机高效协作，仍然可以视为无人仓。图 7-4 为京东无人仓。

图 7-4　京东无人仓

（二）无人仓的技术标准

无人仓的技术标准包括作业无人化、运营数字化和决策智能化。

1. 作业无人化

在作业无人化方面，无人仓要具备"三极"能力，即极高的技术水平、极致的产品能力、极强的协作能力。无论是单项核心指标，还是设备的稳定性，各种设备的分工协作都要达到极致化的水平。无人仓使用了自动立体式存储、3D视觉识别、自动包装、人工智能、物联网等各种前沿技术，兼容并蓄，实现了各种设备、机器、系统之间的高效协同。

2. 运营数字化

在运营数字化方面，无人仓需要具备自感知等能力。在运营过程中，与面单、包装物、条形码有关的数据信息要靠系统采集和感知，出现异常要能够自行判断。

在无人仓模式下，数据是所有动作产生的依据。数据感知技术的运用让机器安装了"眼睛"，可以对所有的商品、设备等信息进行采集和识别，并迅速将这些信息转化为准确有效的数据上传至系统，系统再通过人工智能算法、机器学习等生成决策和指令，指导各种设备自动完成物流作业。其中，基于数据的人工智能算法可以在货物的入库、上架、拣选、补货、出库等各个环节发挥作用，同时可以随着业务量及业务模式的变化不断调整优化作业。

3. 决策智能化

在决策智能化方面，无人仓能够实现成本、效率、体验的最优，可以大幅度降低工人的劳动强度，且效率是传统仓库的好几倍。比如，京东无人仓能够满足业务全局发展需要，具有自主决策的能力，其核心是监控与决策算法的优化。

（三）无人仓的主要构成

无人仓的目标是实现入库、存储、拣选、出库等仓库作业流程的无人化操作，这就需要具备自主识别货物、追踪货物流动、自主指挥设备执行生产任务、无须人工干预等条件。无人仓要有一个"智慧大脑"，针对无数传感器感知的海量数据进行分析，精准预测未来的情况，在自主决策后协调智能设备的运转，根据任务执行反馈的信息及时调整策略，形成对作业的闭环控制，即具备智能感知、实时分析、精准预测、自主决策、自动控制、自主学习等特征。无人仓主要包括搬运设备、存储设备、上架和拣选设备、分拣设备、其他辅助设备、WMS（仓库管理系统）、WCS（仓库控制系统）等。

（1）无人仓的"眼睛"——数据感知

由人、设备和流程等元素构成的仓库作业环境会随时随地产生大量的状态信息。过去，这些信息只能通过系统中数据的流转进行监控，缺乏实时性，也难以对业务流程进行指导。而传感器技术的进步带来了最新的数据感知技术，让仓库中的各种数据都可以迅速、精准地获取。传感器技术可以将传感器获取的信息转化为有效数据，这些数据成为系统感知整个仓库各个环节状态的依据，通过大数据、人工智能等系统模块生成决策指令，指导库内作业单元工作。

（2）无人仓的"四肢"——机器人

无人仓从商品入库、存储到拣货、包装、分拣、装车等各个环节都无须人力参与，形态各异的机器人成了无人仓的主角，机器人的融入是无人仓的重要特色之一。

占据仓库核心位置的立体货架可以充分利用空间，让仓储从"平房"搬进"楼房"，有效利用土地面积。在狭窄货架间运转自如的料箱穿梭车是实现高密度存储、高吞吐量料箱进出的关键。它们在轨道上高速运行，将料箱精准放入存储位或提取出来送到传送带上，实现极高的出入库速度。从立体货架取出的料箱会传送给机械手进行拣选，迅速把商品置入相应的包装箱内。这种灵巧迅捷的机械手是并联机器人，具备精度高、速度快、动态响应好、工作空间小等特色，保证了整个无人仓生产的高效率。无人仓中的AGV可通过定位技术进行导航，并结合系统的调度，实现整个仓库作业的合理安排。相较于传统的输送线的搬运方案，通过AGV实现"货到机器人"的方式具有更强的灵活性。六轴机器人可进行码垛作业，也就是堆放和移动商品。在码垛算法的指导下，每种商品都可以自动生成个性化的垛型，由机器人自动适配，对每种商品进行自动码垛。

（3）无人仓的"大脑"——人工智能算法

除了丰富及时的数据和高效执行的机器人，核心算法也是无人仓的软实力之所在。例如，在上架环节，上架算法可以根据上架商品的销售情况和物理属性，自动推荐最合适的存储货位；在补货环节，补货算法可以让商品在拣选区和仓储区的库存量分布达到平衡；在出库环节，定位算法将锁定最适合被拣选的货位，调度算法将驱动最合适的机器人进行"货到人"的搬运，并匹配最合适的工作站进行出库作业。

  物流发展

菜鸟仓储是国内无人仓的领军企业，请谈谈您对菜鸟物流的了解以及其物流服务体验。

数字资源7-4：
央视点赞，菜鸟无锡智能
仓亮相"2024中国·AI盛典"

 练一练

请扫码完成练习。

数字资源7-5：练一练

单元 4　高效配送技术

一、智慧配送信息平台

（一）智慧配送

2015 年 7 月，商务部办公厅下发的《关于智慧物流配送体系建设实施方案的通知》指出，智慧物流配送体系是一种以互联网、物联网、云计算、大数据等先进信息技术为支撑，在物流的仓储、配送、流通加工、信息服务等各个环节实现系统感知、全面分析、及时处理和自我调整等功能的现代综合性物流系统，具有自动化、智能化、可视化、网络化、柔性化等特点。智慧物流配送，是适应柔性制造、促进消费升级、实现精准营销、推动电子商务发展的重要支撑，也是今后物流业发展的趋势和竞争制高点。

智慧配送是适应智慧物流发展的新要求，升级原有的配送设备，应用大数据、人工智能算法和无人机等新型软硬件技术，对配送的全流程进行信息化、透明化管理，实现无人配送、即时配送和主动配送的物流活动。智慧配送可以降低配送成本，提高配送效率，提升客户对配送服务的满意度。

（二）智慧配送信息平台

智慧配送系统的核心是智慧配送信息平台。智慧配送信息平台一般具有以下四个功能。

1. 智能仓储管理与监控

智慧配送信息平台利用条形码、RFID 等技术对货物的出入库、库存量和货位等环节进行智能化管理，运用 GPS/GIS、RFID、智能车载终端和手机智能终端等技术监控货物状态，以及装卸、配送和驾驶人员的作业状态，实现作业智能调度。

2. 智能配送管理与监控

在运输过程中，智慧配送信息平台利用 GPS/GIS、传感器技术实现货物及车辆的实时监控，利用云计算、数据挖掘、优化评价、动态导航等技术解决智能车货匹配、配载优化、运输配送路径的智能规划等决策问题，利用互联网、移动通信技术实现调度人员、运输人员和货主之间各类信息的交换等功能。

3. 智能电子交易

智慧配送信息平台利用网络安全与监控技术、区块链技术、电子支付平台等实现在线订货与支付功能。

4. 统计与智能数据分析

智慧配送信息平台利用物联网等先进技术及时获取包括配送基础数据、配送作业数据、配送协调控制数据和配送决策支持数据等在内的智慧物流配送数据，利用大数据、云计算、数据挖掘、人工智能等技术实现各类数据信息的统计与分析预测，制订动态、主动的配送方案，高效率、高品质地完成配送任务。

此外，为了保证有效运作，智慧配送信息平台还需要形成包括业务流程标准、功能服务标准、数据存储标准、设备技术标准等在内的标准体系，保证系统信息安全的安全体系，以及保证系统正常运行和维护的运维体系等。

二、无人机

（一）无人机的定义

无人机（unmanned aerial vehicles，UAV）是指利用无线电遥控设备和自备的程序控制装置操纵的不载人飞机，如图7-5所示。

图7-5 无人机

无人机的主要价值在于替代人类完成空中作业，并且能够结合其他部件扩展应用，形成空中平台。无人机可以按应用领域分为军用级无人机和民用级无人机。其中，民用级无人机又可以分为消费级无人机和工业级无人机。目前，工业级无人机已广泛应用于农林植保、电力巡线、边防巡逻、森林防火、物流配送等领域。

（二）无人机在物流行业的应用

无人机在物流行业的应用主要体现在以下几个方面。

1. 大载重、中远距离支线无人机运输

这种无人机送货的空中直线距离一般为100~1000千米，吨级载重，续航时间达数小时。这方面的应用主要有跨地区的货运（采用固定航线、固定班次、标准化运营管理方式）、边防哨所、海岛等地区的物资运输，以及物流中心之间的货运分拨等。

2. 末端无人机配送

这种无人机配送的空中直线距离一般在 10 千米以内（受具体地形地貌的影响，对应的地面路程可能达到 20~30 千米），载重为 5~20 千克，单程飞行时间为 15~20 分钟（会受天气等因素影响）。这方面的应用也有很多，如派送急救物资和医疗用品、派送果蔬等。

3. 无人机仓储管理

无人机可用于仓储管理，比如大型高架仓库、高架储区的检视和货物盘点，集装箱堆场、散货堆场（如煤堆场、矿石堆场和垃圾堆场）等货站、堆场的物资盘点或检查巡视。

另外，在紧急救援和运输应急物资等方面，无人机具有常规运输工具无法比拟的优势，并能把现场信息第一时间传至指挥中心。无论是哪一种类型的无人机，其应用都必须以准确的市场定位为前提，要以此为基础把握用户需求，在实用性、经济性和可靠性等方面力争做到最优，并配以精细规范的管理，最终达到用户满意的效果。

当前，国际上有多家企业已经开始采用无人机开展快递业务。国内开展无人机运输业务的企业有京东、菜鸟、顺丰、苏宁易购、中国邮政等。京东无人机和顺丰无人机如图 7-6 所示。

图 7-6　京东无人机和顺丰无人机

（三）无人机应用优势及前景

对于物流、快递公司而言，选择无人机是控制成本的一种有效方式。相较于地面运输，无人机具有方便高效、节约土地资源和基础设施的优点。在某些环境和条件下，如城市拥堵路段、偏远地区，地面交通不畅，物品或包裹的投递比正常情况下耗时更长或成本更高，只有无人机运输才能实现"可达性"。而且，使用无人机可以合理利用闲置的低空资源，有效减轻地面交通的负担，节约资源和建设成本。

对于客户而言，无人机提高了配送效率，解决了快递员配送时遇到的一系列普遍问题，从而提升了客户的购物体验和快递的服务质量。对于整个物流行业而言，未来无人机在物流方面的应用，会使整个快递业迎来"大洗牌"，提升整个物流行业的运送效率和服务质量，从而进一步促进电子商务活动的发展。

随着人们对无人机应用价值认知程度的加深，以及对其作业半径、遥控距离的要求更高，无人机产品将向更长航程、更大载荷方向发展。无人机技术的不断创新必将颠覆物流行业的传统作业方式，无人机也被认为是解决配送"最后一公里"难题的有效手段之一，所以需要制定相关的标准、规范，发挥技术和人才两方面的优势，更好地帮助无人机突破在物流领域的应用瓶颈。未来，物流无人机定将成为现代物流业不可或缺的基础设备，助力物流业实现跨越式发展。

物流发展

您认为无人机配送前景如何，是否存在局限性？

数字资源7-6：
无人机送快递，
真的来了！

三、配送机器人

（一）配送机器人的概念

配送机器人又称无人配送车，是指基于移动平台技术、全球定位系统、智能感知技术、智能语音技术、网络通信技术和智能算法等技术，具备感知、定位、移动、交互能力，能够根据用户需求，收取、运送和投递物品，完成配送活动的机器人，如图7-7所示。

图7-7 配送机器人

当前，菜鸟、京东、顺丰、美团等电商和物流企业，积极布局无人配送，其末端配送的无人车开始在高校、园区内进行测试运营。一些机器人和无人驾驶研发公司也在末端配送做出了诸多努力，例如新石器、智行者在测试园区的无人配送，赛格威、优地、云迹等机器人公司在测试楼内的配送。2020年，在应对新冠疫情时，配送机器人在运送医疗物资、保障居民生活物资需求等方面发挥了重要作用。

（二）配送机器人的优势

配送机器人的优势主要体现在以下几个方面。

1. 提高配送效率，降低配送成本

配送机器人可以实现全天候、全时段运行投递，弥补快递员在数量方面的不足，提高配送效率。配送机器人对于零星小批量订单更有效率，能够把快递员解放出来，让其将更多精力放在订单量大的区域。

2. 实现无接触配送

配送机器人通过无人化配送，减少人与人的接触，特别适用于特殊危险环境以及特殊情况下的货物配送。

3. 提升用户体验

配送机器人与用户的沟通交流具有智能化特征，能够更好地满足用户的需求，同时在一定程度上满足部分用户"求鲜"的心理，提升用户体验。

（三）配送机器人的工作流程

1. 接单

配送站接收到来自附近消费者的订单，配送系统会自动与消费者沟通，确认交货时间及交货地点，形成配送单信息。之后，工作人员会迅速根据配送单信息完成取货，并交给配送机器人。

2. 送货

配送机器人通过物联网技术同步更新配送信息，包括地址与运送路线。装好货物后的配送机器人出发送货，它通过头顶安装的摄像头和激光雷达避让障碍物，识别场景信息，构建三维地图。

3. 自主定位

基于三维地图，结合 GPS 导航信息，配送机器人可以利用搭载人工智能芯片的"大脑"自主分析自身目前所在的位置以及目的地方位。

4. 自主规划路径及避障

配送机器人借助激光雷达和视觉实时识别技术，规避周围的行人、车辆和障碍物，从而规划出最优运行路径。同时，它会发出语音提醒过往的行人和车辆，并自行避让、加减速。如发生故障，配送机器人可在第一时间联系工作人员处理。

5. 货物送达

抵达消费者地点后,配送机器人会通过短信将含有商品取件码的链接发送给消费者,消费者通过取件码打开配送机器人的车身,取出货物。

(四)配送机器人的应用场景

1. 快递配送

随着电商行业的发展日趋成熟,网络购物成为用户消费的首要选择,随之而来的是购物交易量的激增。如此庞大业务量的背后,是众多快递小哥超长时间的工作,以及有时难以避免的用户对快递速度的抱怨。配送机器人可以实现一次性投递,降低人力成本,分担快递小哥的部分工作,也可以完全依照用户的空闲时间送货,提高配送效率。现有的快递配送机器人,主要专注于解决"最后一公里"的配送问题。

图 7-8 菜鸟小 G

早在 2016 年 9 月,阿里巴巴菜鸟旗下的 E.T. 物流实验室就推出了菜鸟小 G,如图 7-8 所示。菜鸟小 G 是一台全自动无人驾驶机器人,专为解决快递行业末端"最后一公里"配送问题而生,其不仅是中国自主研发的机器人,也是全球物流行业先进的机器人之一。它身高 1.2 米,单次可以装载 10 个包裹,充电 1 次可持续运载 8 小时;与 TMS(运输管理系统)对接,规划最优配送路径,将包裹及时高效地送到指定位置;通过深度学习识别环境中的行人、车辆等不同实体,可以躲避人群、障碍,自主上下电梯,自动完成包裹的配送;还可以实现包裹的全程追踪,支持用户使用 App 实时查看包裹所在位置,通过电子扫描签收,使得包裹配送情况在随时随地,想知便知。

2. 生鲜配送

生鲜配送日常需求量大、时间要求紧,是配送领域的一项重要内容。配送机器人在这一领域已得到良好应用,大大提高了生鲜配送效率。

如图 7-9 所示,印有苏宁 logo 的黄色小车名叫"卧龙一号",是国内首个与电梯进行信息交互实现送货上门的无人车,它不仅可以实现从户外到室内的无缝切换,能够满足小区复杂场景的配送需要,还能实现恶劣天气配送以及 24 小时配送,提供全天候的服务。

3. 外卖送餐

随着外卖经济的发展,智能送餐机器人(也属于配送机器人)的出现可以分担短距离的送餐任务或与送餐员进行接力运送,节省送餐员等待取餐的时间,使送餐员按时安全地完成配送任务,提升服务质量。

图 7-9 苏宁"卧龙一号"

图 7-10 为饿了么物流团队打造的中国首个智能外卖机器人"万小饿",它拥有洁白的呆萌外形,设计有三层超大容积的保温箱和智能通用移动平台,可同时装载三单外卖餐,载重能力达到 80 千克,其内置的路线感应器会根据送餐目的地自动设置路线,自动上下电梯,在光滑的地板、地毯、石地面等多种室内地面环境下都能畅行无阻,完美避开障碍物。图 7-11 为美团送餐机器人"小袋"。

图 7-10 饿了么外卖机器人"万小饿"

图 7-11 美团送餐机器人"小袋"

4. 医院物流

除了快递和外卖这种日常生活品的配送,相对特殊的医院因医药品、医疗耗材、被服等物资的大量流转,需要占用大批人力,产生很多时间成本;而且,紧急情况下物资的调取仅以口头医嘱的形式传达,不利于管理。因此,为节省人力与时间成本,让医护人员将更多的精力放在医治患者上,同时推进医院物资管理精准化,可以在医院中应用配送机器人实现准确运送、配送信息可视化与管理可追踪。

诺亚医院物流机器人(以下简称诺亚)是中国医疗服务机器人领域的头雁企业,其专注于打造 5G 智慧医院物流。以 5G、人工智能、无人驾驶三大核心技术为基础,实现院内动态物体识别、智能调度、智能物联,打造了完善的医院全场景智能实时调度系统,真正实现了医院全院物资全自动配送。截至 2021 年 6 月,诺亚已推出 17 款机型,覆盖 21 个医院物流场景,可有效满足院内 95% 的物资流通需求。

物流发展

通过观看视频,您认为这样的医院物流机器人将对医院和患者带来哪些好处?

数字资源 7-7:
诺亚医院物流机器人

5. 酒店服务

酒店为用户提供全天候服务,在人力分配和协调上,都需要花费一定的精力和成本。配送服务机器人的进驻,能够有效降低酒店的运营成本,辅助服务人员提供引路、送物和闲聊等基础服务,为客人带来新奇体验的同时提供个性化的贴心服务,有助于智慧酒店的建设及酒店服务质量和用户体验的提升。基于安全性、供应链开放性、技术成熟性、生产成本和用户接受程度等方面的考量,现有酒店配送机器人主要服务于主流星级酒店。酒店配送机器人更突出服务的个性化和良好的体验。

阿里巴巴人工智能实验室推出了一款名为"太空蛋"的机器人(见图 7-12),它利用人工智能来满足酒店客人的需求,提供客房服务。"太空蛋"只有 3.3 英尺(约 1 米)高,以每小时 3219 米的速度前进,只要客人在酒店房间里使用天猫精灵下了订单,它就会从员工或自动售货机那里挑出商品,并将其递送给客人。

图 7-12 阿里巴巴服务机器人"太空蛋"

物流发展

对于这样的酒店,网友们的评价褒贬不一,有的对这种全新的体验跃跃欲试,有的则认为机器人主宰的酒店过于冷冰冰。您怎么看?

数字资源 7-8:
阿里在杭州开了家未来酒店它的名字叫"菲住布渴"

四、智能快递柜

（一）智能快递柜的概念

智能快递柜是一种重要的末端配送装备，主要应用于小区、学校、办公楼等公共场所，内嵌固定式条码扫描头。用户可以通过扫描二维码或输入取件码，完成投递和提取快递的自助服务。智能快递柜如图 7-13 所示。

智能快递柜的结构分为储物终端和平台管理系统，可以智能存件、智能取件、远程监控、管理信息、发布信息等。其核心技术在于物联网、智能识别、无线通信等。

图 7-13　智能快递柜

（二）智能快递柜的特征

智能快递柜主要具有以下特征。

1. 智能化集中存取

快递柜是一个基于物联网的能够将快件进行识别、暂存、监控和管理的设备，快递柜与服务器一起构成智能快递终端系统，由服务器对系统的各个快递柜进行统一管理，并对快件的入箱、存储、领取等信息进行综合分析处理。

2. 24 小时自助式服务

当收件人不在时，派送员可以将快件放在附近的智能快递柜中，等收件人有空时再去取回。

3. 远程监控和信息发布

智能快递柜采用的是通过自主终端，结合动态短信，凭取件码取件，微信公众号提醒收件人取件,以及自动通知快递公司批量处理快件的智能化新模式,可以提高快递的投送效率以及用户邮件的存取体验。

(三)智能快递柜的作用

1. 降低人力成本,提高配送效率

配送员的工作任务一般都比较繁重,加班派送是常态,快递员数量与不断激增的快递量相比明显不足。配送员还需要和客户协调配送的时间,有时配送员已经按时到达订单上的地点,但客户因时间安排无法进行签收,配送员就需要再一次配送,这样就增加了时间成本。

应用智能快递柜后,配送员在客户无法签收时可以将快递直接存放在智能快递柜内,减少收件人相关因素对配送时间的影响,改变了传统的面对面交接的模式,避免出现配送员与用户时间错开的问题,提高配送员的工作效率,减轻配送员的工作负荷,在一定程度上也缓解了配送员人员不够的难题。

2. 取件时间随意,优化服务体验

智能快递柜的 24 小时自助服务支持随时存取件,不会因为快件的签收而干扰客户的日常生活工作,具有极高的便利性。客户的取件时间更加自由,客户可以选择自己的空闲时间去快递柜领取自己的快递。

3. 具有较高的安全性,保护用户隐私

送货上门固然可以方便收件人,但也存在一些时间上的不方便和安全隐患,智能快递柜则解决了这些问题,是高效安全的投递方式。有些配送员在客户无法签收快递时为了避免再次配送,将其放置在客户门口、门垫下或消防器材等地,这可能导致快递丢失或客户信息暴露。智能快递柜的推行使用,使得快递行业的配送业务水平得到了明显的改进,彻底解决了无人在家、重复投递、收件难等问题,不仅方便了客户和配送员,还规避了代收快递的风险,具有较高的安全性,同时有效地保护了客户隐私,一举解决了困扰物流行业多年的快递投递及代收难题。

练一练

请扫码完成练习。

数字资源 7-9:练一练

单元5 智能分拣技术

一、自动分拣系统

(一)自动分拣系统的含义

中国的物流配送时效已经从以天为单位,向以小时和分钟为单位迈进,要高效地处理如此大的物流量,离不开智能技术。近年来,随着分拣技术的迅速发展,分拣系统的规模越来越大,分拣能力越来越强,应用范围也越来越广。现代仓库和配送中心的分拣工作,大多由自动分拣系统来完成。

自动分拣系统是将混在一起而去向不同的物品,按设定的要求自动进行分发配送的系统,其具有劳动生产率高、自动化程度高、技术密集、分拣能力强等优点,是现代仓库不可或缺的先进设备,直接决定着现代仓库的作业能力和作业规模,反映着物流技术水平的高低。用自动化的快速分拣技术取代大量的人工分拣,不仅降低了人力成本,还大幅度提高了分拣作业的效率与准确率。电商包裹配送的多品种、小批量、高频次特征,是推动自动分拣系统市场需求快速增长的基础。自动分拣系统是先进配送中心所必需的设施条件之一,也是提高物流配送效率的一个关键因素。图7-14为顺丰的自动分拣系统。

图7-14 顺丰的自动分拣系统

（二）自动分拣系统的特点

1. 能连续、大批量地分拣货物

传统的人工分拣往往需要人工对物品进行分类，速度较慢，效率低下且容易出错。由于采用流水线自动作业方式，自动分拣系统不受气候、时间、人员限制，能够快速识别物品和进行分拣，并且作业可持续时间长，能够大幅度提高分拣效率。

2. 分拣误差率很低

分拣误差率的高低主要取决于所输入的分拣信息的准确程度，而分拣信息的准确程度又取决于分拣信息的输入机制。如果采用人工键盘或语音识别方式输入，误差率一般在3%以上；如果采用条形码扫描技术输入，则基本不会出错。自动分拣设备通过高速摄像、传感器等先进的技术对物品进行快速识别和分类，摆脱了人工分拣的流程，能够更加准确地识别和分类物品，避免了误判情况的出现，提高了分拣的精度。目前，自动分拣系统主要采用条形码扫描技术来识别货物。

3. 实现无人化，安全性高

建立自动分拣系统的重要目的就是减少人员的使用、提高人员的使用效率。自动分拣系统能最大限度地减少人员的使用，减轻员工的劳动强度，基本能实现无人化作业。自动分拣系统的作业本身并不需要使用人员，人员的使用仅局限于以下工作：送货车辆抵达自动分拣线的进货端时，由人工接货；由人工控制分拣系统的运行；分拣线末端由人工将分拣出来的货物进行集载、装车；自动分拣系统的经营、管理与维护。此外，在传统的人工分拣中，由于涉及大量的机械运作，容易发生人为意外，如手指夹伤等，而自动分拣系统在运行过程中避免了人工操作的干扰，能够更加安全地进行分拣。

4. 分拣灵活性强

自动分拣系统能够根据物品的不同特征和需求，进行类别不同的分拣，具有很强的灵活性。同时还可以进行许多不同的操作，如合并、分流、旋转等，实现对分拣工作更好的控制。

（三）自动分拣系统的组成

自动分拣系统一般由控制装置、分类装置、输送装置和分拣道口组成。

1. 控制装置

控制装置的作用是识别、接收和处理分拣信号，根据分拣信号的要求指示分类装置按物品品种、送达地点或货主类别对物品进行自动分类。这些分拣需求可以通过不同的方式，如条形码扫描、色码扫描、键盘输入、重量检测、语音识别、高度检测、形状识别等，输入自动分拣控制系统，根据对这些分拣信号的判断，来决定某种物品该进入哪个分拣道口。

2. 分类装置

分类装置的作用是根据控制装置发出的分拣指示，当具有相同分拣信号的物品经过该装置时，启动装置，改变其在输送装置上的运行方向，使其进入其他输送机或分拣道口。分类装置的种类有很多，一般包括推出式、浮出式、倾斜式和分支式。不同的分类装置对分拣货物的包装材料、包装重量、包装物底面的平滑程度等有不完全相同的要求。

3. 输送装置

输送装置的主要组成部分是传送带或输送机，其主要作用是使待分拣物品贯通控制装置、分类装置，并输送到装置的两侧，一般要连接若干分拣道口，使分好类的物品滑下主输送机（或主传送带）进行后续作业。

4. 分拣道口

分拣道口是已分拣物品脱离主输送机（或主传送带）进入集货区域的通道。一般由钢带、皮带、滚筒等组成滑道，使物品从主输送装置滑向集货站台，在那里由工作人员将该道口的所有物品集中后入库储存或组配装车并进行配送作业。

以上四部分装置通过计算机网络连接在一起，配合人工控制及相应的人工处理环节构成一个完整的自动分拣系统。

（四）自动分拣系统的适用条件

自动分拣系统需要满足以下几个条件。

1. 分拣量较大，一次分拣单位较多

自动分拣系统本身需要铺设很长的机械传输线，还需要有配套的机电一体化控制系统、计算机网络及通信系统等。这一系统不仅占地面积大，而且由于需要配备各种自动化搬运设施，投资也很大。目前，分拣量超过10000件，一次分拣单位在100个以上时，采用自动分拣系统比较适宜。

2. 物品外包装较好

自动分拣系统只适用于分拣底部平坦且具有刚性的包装规则的物品。袋装商品、包装表面柔软且凹凸不平，以及包装易变形、易破损、超长、超薄、超重、超高、不能倾覆的物品不能使用普通的自动分拣系统进行分拣。因此，为了使大部分物品都能用机械进行自动分拣，可以采取两种措施：一是推行标准化包装，使大部分物品的包装符合国家标准；二是根据所分拣的大部分物品的统一包装特性定制特定的分拣系统。

3. 配套设施齐全

自动分拣系统设施复杂，投资及营运成本较高，还需要与之相适应的外部条件，如计算机信息系统、作业环境、配套设施等。

二、自动分拣机

（一）自动分拣机的概念

自动分拣机是一种利用计算机技术控制电机或气动装置拨动物品的设备，其工作原理是将待分拣物品放置在传送带上，在经过调整后，通过自动识别设备，按用户、地名、品名进行自动分拣，将物品分类至相应的容器中。机械输送设备一般根据输送物品的形态、体积、重量而设计定制。

自动分拣机是自动化领域的"尖兵"，扮演着将各类物品精准分类的重要角色，具有高效、准确、精密等优点，可以提高物流分拣效率和运转速度。此外，自动分拣机还具有广泛的应用场景，特别是在电商物流、快递物流、食品物流、医疗物流等领域发挥着重要的作用。

（二）常见的自动分拣机

1. 交叉带式分拣机

交叉带式分拣机是一种独特的分拣设备，由主驱动带式输送机和载有小型带式输送机的台车（以下简称小车）连接在一起，其驱动行走方式比较独特，每件货物都拥有一个独立的分拣单元，直至分拣完毕。当小车移动到所规定的分拣位置时，转动皮带，完成把货物分拣送出的任务。因为主驱动带式输送机与小车上的带式输送机呈交叉状，故称交叉带式分拣机，如图7-15所示。

图7-15 交叉带式分拣机

交叉带式分拣机的优点包括：噪声低；可分拣货物范围广；分拣出口多，可左右两侧分拣；对货物冲击小；能实现货物的自动对中和无落差分拣；适宜分拣各类小件商品，如食品、化妆品、衣物等。但其缺点也是比较明显的，即造价成本比较高，维护费用高。

2. 翻盘式分拣机

翻盘式分拣机（见图 7-16）的工作原理是利用托盘倾翻的方式将包裹进行分拣。标准的翻盘式分拣机由三部分组成，即底部框架、倾翻装置和木托盘。当货物进入分拣机时，光电传感器检测其尺寸，连同分拣人员输入的地址信息一并输入计算机中。当货物到达指定格口时，符合货物尺寸的翻盘即受控倾翻，驱使货物滑入相应的格口。每块翻盘都可由倾翻导轨控制向两侧倾翻。每次翻转的翻盘数量，取决于货物的长短，而且货物翻落时，翻盘顺序翻转，可使货物顺利地进入滑道，这样就能够充分利用分拣机的长度尺寸，从而提高分拣效率。

翻盘式分拣机的应用范围很广，可分拣箱类、袋类等货物，常运用于机场行李分拣领域，也在快递行业得到了运用。它的分拣能力可达每小时 5400 件，但其分拣席位较少，只能直线运行，同时需要占用较长的场地。

图 7-16　翻盘式分拣机

3. 滑块式分拣机

滑块式分拣机如图 7-17 所示，它是一种特殊形式的条板输送机。输送机的表面由金属条板或管子构成。在每个条板或管子上有一枚用硬质材料制成的导向滑块，其能沿条板做横向滑动。平时滑块停在输送机的侧边，滑块的下部有销子与条板下导向杆相连接，通过计算机控制，当被分拣的货物到达指定道口时，控制器使导向滑块有序地自动向输送机的对面一侧滑动，把货物推入分拣道口，从而使货物被引出主输送机。

滑块式分拣机在快递行业应用得也非常多。因为滑块式分拣机是将货物侧向逐渐推出，并不冲击货物，故货物不容易受损，适用于各种形状、重量不太大的货物。

图 7-17　滑块式分拣机

4. 挡板式分拣机

挡板式分拣机（见图 7-18）利用一个挡板（挡杆）挡住在输送机上向前移动的货物，将货物引导到一侧的滑道排出。挡板的另一种使用形式是其一端作为可移动的支点，挡板运作时，货物就像被墙堵住，无法向前移动，利用输送机对货物的摩擦力推动，使货物沿着挡板表面移动，从主输送机上排出至滑道。平时挡板处于主输送机一侧，可让货物继续前移；如挡板做横向移动或旋转，货物就排向滑道。

挡板一般是安装在输送机的两侧，和输送机上的平面不相接触，即使在操作时也只接触货物而不触及输送机的输送表面，因此它对大多数形式的输送机都适用。

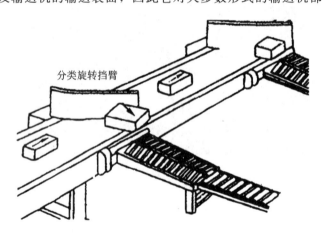

图 7-18　挡板式分拣机

5. 浮出式分拣机

浮出式分拣机（见图 7-19）是把货物从主输送机上托起，将货物引导出主输送机式的分拣机，它主要由旋转的滚轮组成。滚轮设置在传送带下面，每排由 8～10 个滚轮组成，滚轮的排数也可设计成单排，主要根据被分拣货物的重量来决定单排或双排。滚轮接收到分拣信号后立即跳起，使两排滚轮的表面高出主传送带，并根据信号要求向某侧倾斜，使原来保持直线运动的货物瞬间转向，实现分拣。浮出式分拣机可以分为胶带浮出式分拣机和辊筒浮出式分拣机。

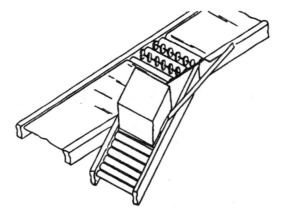

图 7-19　浮出式分拣机

浮出式分拣机一般输送带较长，可以在两侧分拣，具有冲击小、噪声低、运行费用低、耗电量小的优点，并可设置较多条分拣滑道。主传送带的速度比输送带的速度要快得多。浮出式分拣机对货物的冲击力较小，适合分拣底部平坦的纸箱、托盘装的货物，不能分拣很长的货物和底部不平的货物，同时也不适用于木箱、软性包装货物的分拣。

6. 条板倾斜式分拣机

条板倾斜式分拣机（见图 7-20）是一种特殊的条板输送机，货物装载在输送机的条板上，当货物行走到需要分拣的位置时，条板的一端自动升起，使条板倾斜，从而将货物移离主输送机。货物占用的条板数由不同货物的长度决定，所占用的条板数如同一个单元，同时倾斜，因此，这种分拣机适用于分拣不同长度的货物。

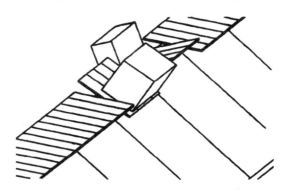

图 7-20　条板倾斜式分拣机

此外，还有托盘式分拣机、悬挂式分拣机、滚柱式分拣机等。不难看出，每种分拣机都有自己的分拣对象，这也是各种分拣机的重要区别。我们需要综合考虑分拣货物的形状、体积、重量、输送路线、分拣量、费用、占地面积、周围环境等多种因素来选择合适的分拣机。

三、工业机械手

（一）工业机械手概述

1. 工业机械手的概念

工业机械手是指具有和人类手臂相似的构造，或者与人类手臂有相似的能力，能模仿人手臂的某些动作，可以由人类给定一些指令，按给定程序、轨迹和要求实现自动抓取、搬运、拣选或操作工具的自动装置。

工业机械手是最早出现的工业机器人，是一种能自动化定位控制并可重新汇编程序以变动的多功能机器，可代替人的繁重劳动，实现生产的机械化和自动化，还能在有害的环境下操作以保护人身安全。工业机械手是近似自动控制领域出现的一项新技术，并已成为现代制造生产系统中的重要组成部分。

2. 工业机械手的组成

工业机械手主要由手部、运动机构和控制系统三大部分组成。

手部是用来抓持工件（或工具）的部件，根据被抓持物件的形状、尺寸、重量、材料和作业要求而有多种结构形式，如夹持型、托特型和吸附型等。

运动机构使手部完成各种转动（摆动）、移动或复合运动来实现规定的动作，改变被抓持物件的位置和姿势。运动机构的升降、伸缩、旋转等独立运动方式，成为机械手的自由度。为了抓取空间中任意位置和方位的物体，工业机械手需要有6个自由度。自由度越多，工业机械手的灵活性越强，适用范围越广，结构也越复杂。一般专用机械手有2~3个自由度。

控制系统通过对工业机械手每个自由度的电机进行控制，来使其完成特定动作；控制系统还可以接收传感器反馈的信息，形成稳定的闭环控制。控制系统的核心通常由单片机等微控制芯片构成，通过对其编程实现所有功能。

3. 工业机械手的优势

（1）节省人工、产量稳定

使用工业机械手取制品，可以实现无人看守操作。人会疲劳，而工业机械手工作的时间可以是固定的，也不用休息，在天热或夜班时其优势效果更加明显。

（2）安全性高

工业机械手的运用使工人的工作安全性有了保障，不会出现由工作疏忽或疲劳造成的工伤事故。很多传统工作需要人手进入模内取产品，如果注塑机发生故障或按键造成合模，会有伤手危险，尤其是两班倒/三班倒的工作，晚上更容易出现生理性疲劳，更容易发生安全事故。使用工业机械手则可以确保安全生产，这在大型注塑机作业中尤其重要。

（3）品质和生产效率高

刚成型的产品还未完全冷却，存在余温，人手取出会造成手痕且由于用力不均容易使得取出的产品存在一定程度的变形。工业机械手采用无纹吸具，用力均匀，模温正常，且锁模时间固定，可以使每一模的产品生产时间固定化，具有相同的塑化时间、射出时间、保压时间、冷却时间、开关模时间，因此可以提升产品的成品率。

（二）工业机械手拣选

1. 分拣机械手

分拣机械手（见图7-21）是一种应用范围非常广且可以进行高速精准分拣的设备，其在对灵活性要求较高的物品分拣场景中表现出色。其机械臂通常配备摄像头或传感器，运用高速摄像技术，识别和定位物品，并通过机械臂的运动控制来按照要求实现物品的分类分拣，可以对复杂形状、大小不一的物品进行分拣，且效率高、精度高。

图7-21 分拣机械手

2. 分拣机械手的工作原理

被分配至分拣机械手拣选位的波次周转箱，停留在机械手和其视觉系统工作范围内，以便在视觉定位后进行机械手定位；视觉系统和机械手之间进行手眼标定，得到坐标与机械手基座之间的转换关系；视觉相机通过自身标定，得到与视觉系统之间的关系等标定数据，通过算法提取物料框中被测物的3D数据，对数据进行处理，提取物体的3D信息。基于手眼标定的结果，定位被测物3D信息相对于机械手基座的3D位姿，并以固有的通信方式告知机械手被测物体的位置信息；根据处理的结果，将上述信息传递给机械手控制器，实现对机械手的关节控制，进而抓取（吸取）波次周转箱里面的物品，并将其放置在交叉带式分拣机供包输送带上，完成分拣操作。

物流发展

了解工业机械手拣选的原理之后，您认为它还可以应用于哪些领域？

数字资源7-10：
工业机械手拣选

四、落袋式分拣机器人

（一）落袋式分拣机器人的概念

落袋式分拣机器人是一种自动化分拣系统，属于自动化物流分拣系统。这种分拣机器人利用自动化技术，能够大大提高分拣、分类、包装等工作的效率，同时降低人力成本和误差率。落袋式分拣机器人是14种自动化物流分拣系统之一，其运行模式和效率与其他类型的分拣系统相比，具有突出的特点和优势。

落袋式分拣机器人是一种专门设计出来进行电子商务和全渠道订单履约的分拣系统，其核心特点在于能够高效、准确地处理叠装和挂装物品，同时支持各种品类的物品随时获取，以及一键式处理退货。这种分拣系统采用了RFID技术，通过分拣袋对系统中的所有物品进行100%的跟踪、精准识别和访问，确保分拣的准确性和高效率。此外，落袋式分拣机器人还支持智能矩阵分拣，让原本杂乱无章的缓存货物变得有秩序，再根据所需标准进行分拣。

落袋式分拣机器人的设计考虑到了灵活性和可扩展性，其采用模块化设计，便于根据需要进行灵活扩展和升级改造。这种分拣系统在全球范围内得到了广泛应用，其以高质量、高效率和灵活性的特征得到了客户的认可和赞许。落袋式分拣机器人的出现，极大地提高了物流过程中的分拣效率，确保货物以及运输和存储容器始终处在正确的位置，是现代物流中不可或缺的关键设备之一。

（二）落袋式分拣机器人的工作原理

落袋式分拣机器人的工作主要依赖于传感器、物镜和电子光学系统组件。这些组件共同作用，使得机器人能够快速进行货物分拣。具体来说，落袋式分拣机器人的工作包括以下几个关键步骤。

1. 识别与定位

落袋式分拣机器人通过装备的传感器和物镜，能够识别和定位货物。这包括通过视觉系统捕捉货物的特征，以及通过电子光学系统对货物进行精确的测量和定位。

2. 路径规划

基于识别和定位的结果，落袋式分拣机器人会利用其内置的算法进行路径规划，确定最佳分拣路径。

3. 分拣执行

落袋式分拣机器人会沿着规划好的路径移动到货物的位置，进行抓取或推送操作，将货物放入指定的位置或容器中。

落袋式分拣机器人完成任务的核心在于精确的导航和操作能力，以及其对货物位置的快速响应和处理能力。凭借这些能力，落袋式分拣机器人能够在物流行业中提高分拣效率，减少人工错误，优化资源配置。

（三）落袋式分拣机器人的应用

落袋式分拣机器人是一种无须借助钢平台的落地式分拣系统，它可以和笼车接驳完成包裹分拣。这种分拣机器人不需要搭建昂贵的二层钢平台，从而降低了改造成本，同时节省了搭建时间和搬迁成本，使得分拣系统的部署更加灵活高效。落袋式分拣机器人能够适应不同的分拣场景，包括小件分拣、大件分拣等，广泛应用于电商、邮政分拨中心等物流领域，通过提高分拣效率和准确性，降低人力成本，减少人为错误，实现24小时不间断工作，为物流行业的智能化改革提供了重要的技术支持。

落袋式分拣机器人的应用不仅能提高分拣效率，还能降低运营成本。它能够自主感知周围环境，通过机器视觉技术对物品进行精准识别和分类，根据预设的规则和算法完成分拣操作。这种分拣机器人可以处理不同形状、大小、重量的物品，适应各种复杂的环境和条件，实现了高度自动化和智能化。随着技术的不断进步和应用场景的不断拓展，落袋式分拣机器人在未来将朝着更加多元化和智能化的方向发展，会进一步优化算法，提高识别精度和分拣速度，增强自主导航和避障能力，以适应更复杂的作业环境，同时探索更多的应用领域，如医疗、农业、环保等，为更多的行业带来智能化解决方案。

物流发展

学习落袋式分拣机器人的相关工作原理之后，您认为这种机器人还可以应用于哪些领域？

数字资源7-11：
落袋式分拣机器人

五、钢平台分拣机器人

（一）钢平台分拣机器人的概念

钢平台分拣机器人是一种传统的分拣方式，其最大的特点是需要搭建二层钢平台来进行作业。一般一层放置邮袋，二层则是机器人运行区域。机器人将包裹投送至格口，让包裹顺着格口落至邮袋，完成一次分拣。

钢平台分拣机器人的应用场景包括制造业的生产物流以及仓库中将货物从存储系统转移到输送系统。钢平台分拣机器人虽然技术成熟，但在成本和灵活性方面存在一定的局限，其建设和维护成本相对较高，且搭建过程耗时，工期较长，改造成本高，不易于搬迁。

（二）钢平台分拣机器人的优势

钢平台分拣机器人具有以下显著优势。

1. 提高分拣效率

钢平台分拣机器人能够快速、准确地完成大量货物的分拣任务，通过自动化和智能化操作，大大提高了分拣效率。

2. 降低成本

通过减少人力成本，钢平台分拣机器人降低了总体运营成本。同时，由于提高了工作效率，企业可以减少所需的人力数量，进一步降低成本。

3. 提高工作安全性

钢平台分拣机器人的使用避免了人工分拣中可能存在的安全风险，如重复性劳动损伤等，提高了工作安全性。

4. 适应复杂环境

钢平台分拣机器人能够适应各种复杂的环境和条件，其不仅能在平坦的环境中工作，还能在多种复杂环境下稳定工作。

5. 其他

钢平台分拣机器人还可以与其他物流设备和技术进行无缝对接，实现整个物流过程的智能化和自动化，进一步提升了物流效率和准确性。

钢平台分拣机器人的应用相当广泛，特别是在快递分拣中心和仓储物流中，可以自主完成货物的入库、出库和盘点等任务，提高仓储效率。

（三）钢平台分拣机器人的工作原理

钢平台分拣机器人的工作主要依赖于先进的机器视觉技术、机器学习算法以及精密的机械执行系统。这种机器人通过以下几个关键系统实现自动分拣功能。

1. 传感器系统

传感器系统负责捕捉和感知运输线上物品的信息。通常采用的传感器包括摄像头、激光传感器和距离传感器等。摄像头用于拍摄物品的图像，激光传感器用于测量物品的体积和形状，距离传感器用于精确测量物品的位置和距离。

2. 图像处理系统

图像处理系统通过对摄像头拍摄到的物品图像进行处理，提取物品的特征信息，如颜色、形状等。这些特征信息用于识别物品的种类和状态。为了提高图像处理的准确性和效率，常常使用图像处理算法，如边缘检测、色彩分割等。

3. 决策系统

决策系统是钢平台分拣机器人的核心部分，其根据图像处理系统提供的物品信息，通过预先训练好的机器学习模型，对物品做出分类和分拣的决策。决策系统能够根据物品的种类、大小、重量等因素，确定物品的分拣目的地。

4. 执行系统

执行系统负责根据决策系统的指示，将物品移动到相应的目的地。执行系统通常由多个机械臂、输送带和传送带等组成。根据决策系统的指令，机械臂可以抓取或移动物品，并将物品放置在正确的位置。输送带和传送带等设备可以实现物品的顺利运输。

综上所述，钢平台分拣机器人通过传感器系统捕捉和感知物品信息，通过图像处理系统提取物品特征信息，通过决策系统根据特征信息做出分类和分拣的决策，通过执行系统将物品移动到相应的目的地，从而实现自动分拣的功能。

 物流发展

查阅材料，思考钢平台分拣机器人在我们生活中的具体运用及作用。

数字资源 7-12：
钢平台分拣机器人

练一练

请扫码完成练习。

数字资源7-13：练一练

单元6　无人搬运技术

一、自动导引搬运车

（一）自动导引搬运车的概念

自动导引搬运车（automated guided vehicle，AGV），是指装备有电磁或光学等自动导引装置，能够沿规定的导引路径行驶，具有安全保护以及各种移载功能的搬运小车。自动导引搬运车配有自动导向系统，集声、光、电、计算机技术于一体，有可与其他物流设备连接的自动接口，应用自控理论和机器人技术，可按设定路线自动行驶至指定地点，具备完成目标识别、避让障碍物和各种移载功能，实现物料的自动装卸和搬运，同时具有自我安全保护的应急能力。

当前，国内主要AGV生产企业有沈阳新松机器人自动化股份有限公司、北京极智嘉科技股份有限公司（以下简称极智嘉公司）、天津爱智威机器人制造股份有限公司、杭州井松自动化科技有限公司、未来机器人（深圳）有限公司、机科发展科技股份有限公司等。图7-22为极智嘉公司生产的AGV。

图7-22　极智嘉公司生产的AGV

（二）自动导引搬运车的构成

自动导引搬运车一般由导向模块、行走模块、导向传感器、微处理器、通信装置、移载装置、蓄电池等构成。微处理器是控制核心，其把自动导引搬运车的各部分有机联系在一起，通过通信系统接收地面管理站传来的各种指令，同时不断地把小车的位置信息、运行状况等数据传回地面站，控制整车的运行。

自动导引搬运车首先要根据模拟工作地图进行编程，然后按照预定程序完成行走轨迹，当传感器检测出的位置信号超出预定轨迹位置时，数字编码器会把相应的电压信号传送给控制器，由控制器根据位置偏差信号调整电机转速，进行纠正偏差，从而实现对自动导引搬运车行走系统的实时控制。

（三）自动导引搬运车的导引方式

自动导引搬运车的导引方式有很多，主要包括电磁导引、二维码导引、激光导引、视觉导引等。

1. 电磁导引

电磁导引是较为传统的导引方式之一，目前仍被许多系统采用。它是在AGV的行驶路径上埋设金属线，并在金属线上加载导引频率，通过对导引频率的识别来实现对AGV的导引。这种方式的优点是引线隐蔽，不易污染和破损，导引原理简单可靠，便于控制和通信，对声光无干扰，制造成本较低。其缺点是改变或扩充路径比较麻烦，导引线铺设相对困难。

2. 二维码导引

二维码导引即在地面上布置二维码进行导航，其地图相当于一个大号的围棋棋盘，机器人可以到达"棋盘"上的所有点。这种方式的优点是定位精确，灵活性比较强，钥设、改变或扩充路径也较容易，便于控制通信，对声光无干扰。其缺点是路径需要定期维护，如果场地复杂，则需要频繁更换二维码，对陀螺仪的精度及使用寿命要求严格，同时对场地平整度有一定的要求，价格较高。

3. 激光导引

激光导引是在AGV行驶路径的周围安装位置精确的激光反射板，AGV通过发射激光束，同时采集由激光反射板反射的激光束，来确定当前的位置和方向，并通过连续的三角几何运算来实现对AGV的导引。若将激光扫描器更换为红外发射器或超声波发射器，激光导引式AGV可以变为红外导引式AGV或超声波导引式AGV。这种方式的优点包括：AGV定位精确；地面无须铺设其他定位设施；行驶路径灵活多变，能够适应多种现场环境。由于具有这些优势，激光导引是目前国外许多AGV生产厂家优先使用的导引方式。但其缺点是制造成本高，对环境要求相对较高（如外界光线、地面要求、能见度要求等）。

4. 视觉导引

视觉导引是在AGV上装有CCD摄像机和传感器，在车载计算机中设置AGV欲行驶路径周围环境图像数据库。在AGV行驶过程中，摄像机动态获取车辆周围环境图像信息并与图像数据库进行比较，从而确定当前位置，并对下一步行驶做出决策指引。这种方式的优点是由于不要求人为设置任何物理路径，在理论上具有最佳的导引柔性，并且随着计算机图像采集、储存和处理技术的飞速发展，其实用性越来越强。其缺点是容易受到室内光线的影响。

（四）自动导引搬运车的应用场景

自动导引搬运车的应用场景非常广泛，涵盖智能货架搬运、智能料箱搬运、智能托盘搬运、风险场所搬运等多个应用场景。

1. 智能货架搬运

智能货架搬运场景由若干自动导引搬运车、可移动货架、补货/拣货工作站、WMS系统、RCS系统等硬软件系统组成。以人工智能算法软件系统为核心，在工作站完成包括上架、拣选、补货、退货、盘点等仓库内全部作业流程。

2. 智能料箱搬运

自动导引搬运车能够根据客户的多样化场景，提供多种智能料箱搬运解决方案，比如在生产制造业中可以提供货架到产线的对接搬运，在电商行业可以实现从货架到工作站的在线或离线分拣应用。自动导引搬运车现有货叉式和夹抱式两种存取机构，可以灵活应对不同容器和场景，能一次搬运多个料箱，提高智能仓的拣选效率。

3. 智能托盘搬运

自动导引搬运车能够实现托盘在仓库内存储、堆卸、转运等环节的自动化与智能化，解除传统方案中对叉车工的依赖性，提高企业的物流运转效率。该场景融合了四向托盘穿梭车、全向无人堆高机、智能托盘搬运机器人、托盘移载机器人等智能硬件以及智能机器人管理系统、智能仓库管理系统，组成了一个强大的柔性的搬运整体解决方案系统，适用于食品、医药、服装、汽车、物流、电子制造业等多个行业。

4. 风险场所搬运

在存放易燃易爆物品以及腐蚀性物品等风险场所，使用自动导引搬运车转移物品，可以降低手动转移过程中发生意外的概率。

总之，自动导引搬运车的应用不仅提高了物流效率和准确性，还降低了人工成本和劳动强度，同时在提高生产安全方面也发挥着重要的作用。随着技术的进步，自动导引搬运车的应用场景将进一步扩展和优化。

二、穿梭车

（一）穿梭车的含义

穿梭车（rail guided vehicle，RGV），是物流系统中一种执行往复输送任务的小车，其基本功能是在物流系统中（平面内）通过轨道上的往复运动完成货物单元（主要是托盘和料箱）的输送。穿梭车是一种智能机器人，可以通过编程实现取货、运送、放置等任务，并可与上位机或WMS系统进行通信，结合RFID技术和条形码技术，实现自动化识别、存取等。

穿梭车具有动态移载的特点,能使物料在不同工位之间的输送布局更加紧凑、便捷,从而提高物料的输送效率。在电控系统控制下,其通过编码器、激光测距等认址方式精确定位各个输入、输出工位,接收物料后进行往复运输,主要应用于自动化物流系统中单元物料高速、高效的平面自动输送,具有高度自动化和灵活性,能够广泛应用于物流配送中心和生产物流系统。

(二)穿梭车的类型

穿梭车可以分为多层穿梭车、四向穿梭车、子母穿梭车等类型。

1. 多层穿梭车

多层穿梭车(见图 7-23)是一种能够在多层货架上运行的穿梭车,它能够在不同层之间移动,将货物运送到指定位置。这种穿梭车通常配备有智能感应系统和自动减速系统,能够自动记忆原点位置,确保货物准确送达。

多层穿梭车专注于垂直方向的运输,用于在多层货架的轨道上快速上下移动。其主要组成包括穿梭车本体、提升机构、导向系统和安全防护装置等。穿梭车本体细长,可以适应多层货架的狭小空间;提升机构负责在不同层间移动穿梭车;导向系统和安全防护装置则确保运行的安全性和稳定性。虽然多层穿梭车能够实现垂直方向的快速存取,但其在水平方向上的移动能力有限,灵活性相对较弱。

图 7-23　多层穿梭车

2. 四向穿梭车

四向穿梭车是一种能够在四个方向(前、后、左、右)行驶的穿梭车,它可以从同一层货架的轨道上轻松行驶到其他巷道进行货物搬运。根据载重不同,四向穿梭车可以分为托盘式穿梭车和料箱式穿梭车两种。

(1)托盘式穿梭车

托盘式穿梭车(见图 7-24)主要用于几百千克乃至一吨以上托盘货物的搬运和输送,可与上位机或 WMS 系统进行通信结合。其采用条形码识别等物流信息技术,实现货物自动化识别、单次存取、连续存取、自动理货等功能。

图 7-24 托盘式穿梭车

（2）料箱式穿梭车

料箱式穿梭车（见图 7-25）可以承载几十千克的料箱式货物，主要应用于生产线边库等多品规多存储的高速拣选场景，解决了自动化立体仓库系统中不同类型物料的存储及出入库拣选问题，适用于电商、食品、医药、汽配、电子、生物制药等行业中以轻型料箱、纸箱等为存储单位的自动化立体仓库系统。

图 7-25 料箱式穿梭车

3. 子母穿梭车

子母穿梭车（见图 7-26）是一种特殊类型的穿梭车，其中"子"穿梭车在固定轨道上运行，而"母"穿梭车则控制和管理"子"穿梭车的运行。

子母穿梭车主要由双向的子穿梭车和母穿梭车，及其轨道、行走巷道、货物巷道、轨道贯通式密集货架、往复升降机、换层提升机、出库输送线、入库输送线、计算机控制系统组成，适用于各种材质托盘货物的转移输送，主要适用于物流中心、大型仓库等场所，尤其在密集式立体仓库应用广泛。其主要特点如下。

图 7-26　子母穿梭车

（1）数据信息共享

子母穿梭车有密集的仓储系统，能够与现代自动化技术完美结合，实现不同系统之间的相互融合，还能共享数据，实现信息共享，使得仓库操作员能够更好地管理仓库，实现仓库空间资源的最大化利用。

（2）托盘自动化运行

子母穿梭车的托盘能够实现自动化运行，这使得子母穿梭车的货物运输量得到了极大程度的提升，保证了货物的运输量和运输效率，能够确保货物在运输途中不受损坏，安全地送达目的地。

（3）运行误差低

在子母穿梭车运行时，仓库操作员可以通过对"子"穿梭车运行状态的检测来确定其在干道上的运行进度，实时把握设备的运行状态，降低设备的运行误差率。

（三）穿梭车与 AGV 的区别

穿梭车和 AGV 的主要区别体现在运载方式、导引方式、应用场景、自主性以及使用成本等方面。

1. 运载方式不同

穿梭车通常采用货架或托盘作为运输载体，通过在固定轨道上来回移动，将货物从一个位置移动到另一个位置。而 AGV 可以直接携带物料，不需要依赖货架或托盘，可以自由移动和搬运物品。

2. 导引方式不同

穿梭车通常在固定的导轨上运行，通过导轨来引导和控制运动路径。而 AGV 可以通过不同的导引技术（如激光导引、电磁导引、视觉导引等）进行自主导航，不需要依赖固定的导轨。

3. 应用场景不同

穿梭车通常用于大型仓库和物流中心，特别适用于高密度、高速度和大规模的物料搬运和存储。而 AGV 更加灵活，适用性更强，广泛应用于物流仓储、制造业、医疗和电子等领域，能够自主导航和搬运物品。

4. 自主性不同

AGV 具有更高的自主性和智能化水平，可以根据预先设定的路径规划和任务调度，进行路径选择、避障和任务执行。而穿梭车通常需要依靠固定轨道上的路径和控制系统来引导运动。

5. 使用成本不同

由于穿梭车需要安装固定的轨道和相关设备，因此在初始投资和布局方面可能需要更多的资金和时间。而 AGV 通常不需要固定轨道，可以更快地完成任务和适应变化，具有更低的初始投资和更灵活的使用成本。

三、自主移动机器人

（一）自主移动机器人的概念

自主移动机器人（automated mobile robot，AMR）是一种具有理解能力，并在其环境中独立移动的机器人（见图 7-27）。自主移动机器人具备环境感知、路径规划、运动控制和通信能力，能够在有障碍的空间内自主完成工作任务，汇集了计算机科学、自动控制、人工智能等领域的研究成果。相较于 AGV，自主移动机器人具有更加智能化的特点。

图 7-27　自主移动机器人

自主移动机器人能够在具有各种不同规模设施的生产场景中具有很强的适应性和灵活性，这意味着其适用场景更加广泛，如运行区域大、作业点位多、业务多变、机器数量多、环境动态复杂的场景。自主移动机器人具有多功能性，易于集成现有基础设施，所以成为制造、仓库和物流行业的重要组成部分。它们可以用来执行繁重或轻型任务、将物品交付人类员工，并开展各种安全保障检查工作。

（二）自主移动机器人的构成

自主移动机器人主要由感知系统、导航和路径规划系统、决策和控制系统、任务执行系统、人工智能技术等组成。

1. 感知系统

自主移动机器人使用各种传感器，如激光雷达、摄像头、超声波传感器等，来感知周围环境并获取数据。这些传感器可以提供环境地图、障碍物检测和距离测量等信息，以帮助自主移动机器人实现自主导航并执行任务。由于自主移动机器人配备了摄像头和传感器，如果它们在环境中导航时遇到意外障碍，如掉落的箱子或人群，将利用避撞等导航技术来减速、停止或重新规划路线绕过障碍物，然后继续执行任务。

2. 导航和路径规划系统

自主移动机器人内置导航和路径规划系统，可以根据环境地图和目标位置，计算出最优路径。这一系统考虑到了障碍物、动态环境和车辆动力学等因素，可以确保自主移动机器人在复杂的环境中能够自主规划，并实现安全、稳定、高效的移动。

3. 决策和控制系统

自主移动机器人具备决策能力，可以根据感知信息和任务要求做出决策，并且实现稳定、准确的运动控制。它们可以选择适当的路径、速度和动作来完成任务。这一决策和控制通常通过机器学习、规则引擎或人工智能算法来实现，并涉及机械设计、控制算法和动力学模型等方面的内容。

4. 任务执行系统

自主移动机器人可以完成各种任务，如物料搬运、货物分拣、库存管理、巡逻监测等。它们可以在工厂、仓库、医院、物流中心等各种场所自由移动，并根据需求执行任务。

5. 人工智能技术

自主移动机器人需要具备一定的智能水平，如感知理解、学习推理等，以便更好地完成任务。

（三）自主移动机器人的优势

与 AGV 相比，自主移动机器人在技术、应用和绩效等方面均具有较大的优势，主要体现在其自主性、灵活性、安全性以及效率提升方面。自主移动机器人为各种应用场景提供了高效、安全的解决方案，是助力智慧物流与供应链发展的重要工具。

1. 自主性

AGV 通常依赖轨道或预定义路线，并且通常需要操作员监督。自主移动机器人能够理解其环境并进行导航，无须操作者直接监督，也不局限于固定的预设路线。它们使用摄像头、传感器、人工智能和机器视觉等技术来导航，摆脱了有线电源和数据传输的束缚，能够在没有预先设定路径的情况下，自主地在环境中移动并完成任务。

2. 灵活性

自主移动机器人的路径规划能力使其能够在有障碍物的工作环境中找到一条从起点到终点的合适的运动路径，安全、无碰撞地绕过所有障碍物。这种灵活性使得自主移动机器人能够在各种复杂环境中高效地执行任务。自主移动机器人能在完成各种任务的同时，动态评估和响应周围的环境，并且无须操作员直接监督。同步定位和绘图（SLAM）解决方案以及先进的地图绘制技术使自主移动机器人能够理解并适应环境的变化。这种灵活性让自主移动机器人成为可跨行业使用的重要工具。

3. 安全性

许多企业用自主移动机器人完成对人类工人有害或人类工人不可能完成的任务。例如，它们可用于清洁和消毒区域、在医院运输具有传染性的实验室标本、在工业环境中搬运重物或在人类无法承受的极端条件下工作。自主移动机器人配备多种传感器，如激光扫描仪等，以帮助其避开障碍物。当遇到障碍物时，自主移动机器人能够改变其路径或重新规划路线绕过障碍物，从而保证了操作过程的安全性。

4. 效率提升

为了让员工能够专注于客户支持等高价值的活动，企业通常使用自主移动机器人来协助定位、拣选和移动库存。自主移动机器人的应用可以显著提高工作效率，减少人力成本。例如，在仓储和物流领域，自主移动机器人能够自动执行搬运任务，减少人工操作错误，提高物流效率。此外，自主移动机器人的智能化还体现在能够自主定位建图和路径规划，进一步提升了其在复杂环境中的工作效率。

 练一练

请扫码完成练习。

数字资源7-14：练一练

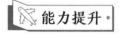

智慧物流与供应链技术应用实训

【实训目的】

通过调查分析活动，进一步加深学生对智慧物流与供应链技术的认识，引导学生思考企业如何运用相关技术改进具体业务，加强资料收集与分析能力和团队合作精神。

【实训方式】

学生每4~6人为一组，采用文献调查法、网络调查法和走访企业法等，选取一家企业，调查企业智慧物流与供应链技术的应用现状，对其相关业务流程进行分析，适当提出改进建议，撰写调研报告，并制作PPT进行汇报。

【实训步骤与成果】

1. 调研分析

学生分组，每组确定一家调研企业，通过文献调查法、网络调查法和走访企业法等了解该企业基本情况，设计调研问卷或调研访谈提纲。

2. 调研实施

与企业相关负责人预约调研时间，进行调研与参观，并做好相关记录。之后，整理调研材料，撰写调研报告、制作PPT。

3. 撰写调研报告

学生分组撰写调研报告，调研报告应包括该企业智慧物流与供应链技术的应用现状，分析其中存在的不足，小组讨论并提出可行的解决方案。每个小组内部进行恰当的分工，最后在课堂上进行PPT汇报。

自我总结

1. 通过学习本模块内容，您对智慧物流与供应链的技术的认识发生了哪些变化？哪些是原来您所熟悉的技术或设备，哪些是您新学习的技术或设备？试着分别列出两点。

_____

_____

2. 本模块内容中的哪些部分激发了您的学习兴趣？您将继续进行哪些探索性学习？

_____

_____

Project

08

模块八
智慧物流与供应链典型运作模式

单元1 农产品智慧物流与供应链运作模式
单元2 快消品智慧物流与供应链运作模式
单元3 服装智慧物流与供应链运作模式

导语

国内消费和贸易持续增长,中国现在是未来也会是世界最大的物流市场,但我国物流环节的复杂与重复问题突出。一体化供应链可以提供针对性物流服务,减少物流冗余,帮助企业实现降本增效与数字化转型,推动供应链高质量发展。分析研究智慧物流与供应链运作模式是解决物流相关问题的基础。

导学

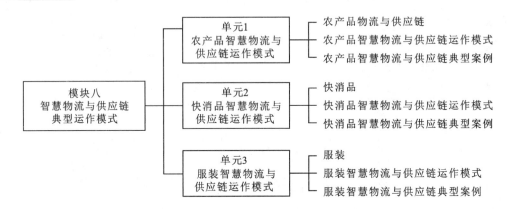

学习目标

1. 熟悉农产品及其物流与供应链的含义、特点等,掌握农产品供应链运作模式。
2. 熟悉快消品及其物流与供应链的含义、特点等,掌握快消品供应链运作模式。
3. 熟悉服装及其物流与供应链的含义、特点等,掌握服装供应链运作模式。
4. 能结合案例,分析供应链的构成、主要业务活动及运作模式。
5. 具备供应链协同、风险控制等方面的职业素养。
6. 培养信息获取能力和精益求精的工匠精神。

案例导入

京东物流家用电器一体化供应链运作模式[①]

我国是家用电器消费大国,据统计,2023年全国家电销售规模达8498亿

[①] 杨竹. 京东物流公司一体化供应链运作模式案例研究[D]. 北京:中国财政科学研究院,2023. (有删改)

元。但家电一般需要大件运输，物流成本相对较高，且这一局面一直难以改善；家电制造商集中在少部分地区，不能快速将产品送到全国消费者手中；仓储、运输、安装服务都是选择多个单独的服务供应商，渠道多且成本难以控制；运输途中易导致较高的破损率等。

针对家电行业问题，京东物流运用一体化供应链运作模式制定标准化解决方案，从仓储、运输、配送、安装到售后环节提供整个链条的优质服务，如图 8-1 所示。

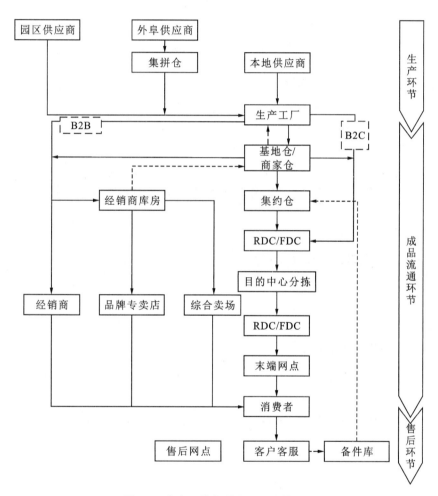

图 8-1 家电一体化供应链运作模式

在整个链条中，为家电提供正逆向一体化服务。将优秀的物流配送能力和网络资源贯穿于整个供应链，为商家提供基础的仓储、分拣、运输、配送等正向物流服务；同时提供逆向验机、处置、维修、以旧换新等多种服务，提升消费者体验。在生产环节，紧密连接家电供应商企业，将供应商、工厂、销售、消费者密切连接在一起；在成品流通环节，推出"一盘货"方案，实现仓配一体化服务。物品集中从工厂运输到各个渠道，避免多个渠道的繁杂与流通成本的增加，为多品牌、多渠道商家提供线上线下一盘货库存共享服务，实现精准的库存管控。产成品从生产工厂通过B2B、B2C渠道直接运输到经销商或区域仓中，区域仓根据订单情况将其运输到目的中心分拣仓。在末端网点配送环节，通过大件网络系统提供装送一体的服务方式，不仅为客户提供送货上门服务，并且提供安装、维护等增值服务，给客户更好的购物体验，实现仓储、运输、配送、装修一体化。从售后环节来看，消费者通过客服及备件库，将产品直接退回集约仓，跳过正向运输的多个环节，随后仓库根据具体情况退回基地仓或工厂，将售后消费端、仓储端、生产端连接在一起，快速实现逆向一体化。

【思考】
京东的家电一体化供应链运作模式具体解决了哪些问题？

单元1　农产品智慧物流与供应链运作模式

一、农产品物流与供应链

（一）农产品认知

1. 农产品的含义及特点

农产品是指来源于种植业、林业、畜牧业、渔业等的初级产品，即在农业活动中获得的植物、动物、微生物及其产品（不包括经过加工的各类产品）。农产品是人们的基本生活资料，包括烟叶、毛茶、食用菌、瓜、果、蔬菜、花卉、苗木、粮油作物等。农产品具有以下特点。

（1）地域性

农业对土地依赖程度较高，各地气候条件、土壤条件、光照条件、温度等对农作物生长具有决定性影响。各地的技术条件与政策导向也是影响农业生产的重要因素。全球农业生产表现出明显的地域性。

（2）季节性

农产品是典型的"季节性生产、全年消费"品种，在农作物种植年度中，农产品同时收获、集中上市，表现出明显的季节性特征。

（3）波动性

农产品的供应受年景、季节、地域等影响，短期供给弹性小，显现出市场波动的蛛网现象，即使是在保鲜储运加工效率很高的现代社会，人们也难以完全避免价格的较大、较频繁的波动。就生产者而言，这就产生了稳定收入的问题；就消费者而言，这就产生了稳定供应的问题。

（4）稳定性

农产品需求的价格弹性和收入弹性都较小，显现出恩格尔定律；尤其是粮食类与油脂类，不论价格怎样变动，其需求和供给基本都是稳定的。

（5）差异性

受不同生活习惯的影响，同一区域的消费者表现出趋同的消费需求，而不同区域的消费者则表现出一定的消费需求差异。因此，农产品的需求表现出一定的差异性。

（6）替代性

农产品作为人类的食物和基本生活需求，具有明显的相关性与替代性。比如，玉米和大豆、小麦和稻谷，在种植面积上表现出一定的竞争关系。在价格的驱动下，人类愿意选择种植预期价格高的农作物，减少其他农作物的种植面积。

2. 农产品消费趋势

随着社会经济和网络科技的发展，农产品作为特殊的商品，其消费需求呈现出新的趋势。

（1）注重消费的参与性和体验性，消费与生活方式合而为一

消费者消费农产品，除了满足其对产品生理和功能性的消费需求外，还需要满足其心理和精神的消费需求。从产品的结果性和即刻性消费转向过程性和体验性消费，即从消费过程中体验生活、获取知识、获得快乐、满足社交需要，甚至是感悟人生等，将消费产品与高品质生活融为一体。观光农业、休闲农业、亲子农业、康养农业等都是适应该需求的新型发展模式。

（2）回归本色消费，消费强调生产的原产地、原生态和产品的原汁原味

随着人们的收入和生活水平不断提升，消费者对农产品消费从吃饱向吃好、吃出健康、吃出品位等转变，而且更注重绿色健康消费。消费者普遍认为农产品越接近天然，产品品质和价值就越高，农产品消费呈现出明显的本色消费特征和趋势。原产地和原生态的产品，以及按照自然规律生长出来的农产品，越来越受到消费者青睐。同时，零添加、尽可能保持产品原汁原味的加工型农产品也越来越受到消费者欢迎。

（3）消费日益社会化，注重产品符号（品牌）价值消费

消费者越来越注重消费的社会性，人们在消费农产品时，除了满足产品功能性基本消费需求之外，还要展示社会的自我，展现自己的消费偏好、消费价值取向和消费价值观，满足社交需求。有的消费者可能是为了"显富"；有的可能是通过消费产品，把自己归属于某个社会或社交群体；有的可能是与产品企业或领导者的价值观相符；有的是追求消费的新颖性和独特性等。消费农产品已从功能性和生理性消费转向精神性和符号（品牌）消费。

（4）消费者对农产品安全性的关注，从终端产品质量延伸到产品全产业链过程

消费者在食品安全和健康方面的意识与日俱增，仅靠终端产品的质量已不能满足消费者对农产品安全和健康的判断。他们关注农产品种养环境、如何种养、如何生产加

工、如何送到消费者手中等。农业企业谁先构建起与消费者之间的长期信任关系，谁就会抢先赢得市场。

（5）农产品消费向绿色化、简约化、美学化、便捷化方向演进

消费者关注农产品从生产环境、种养过程到生产加工、流通方式、包装材质的全产业的绿色化和环保化；消费者要求产品具有美感，包括精美的产品和产品包装，要求农产品不仅可以食用，还可以欣赏；人们对产品或包装美感所追求的最高境界是简约化。简约与简单不同，其设计逻辑通常是从简单到复杂，再从复杂到简约的过程。产品要做到简约化，离不开产品及包装设计的智慧和产品生产的工匠精神；农产品消费呈现出便捷化特征，包括包装小型化和便利化、食用方便化、配送服务的快速化。这也对农产品及其包装设计提出了新要求，尤其是对农产品物流服务提出了更高的要求。

（6）农产品消费需求从被动需求和单品需求向定制化和服务化的体系性需求转变

网络信息科技为人们的精准化和定制化消费服务提供技术支持，可以提供消费一体化服务产品或方案，而不仅仅是农产品本身。比如，针对消费者需求，提供健康饮食方案、健康产品组合、送货上门等体系服务。农业企业与其他企业形成信息互联网络，消费者只需发出消费需求信息，产品供给者就会快速整合相关产业网络资源，按消费者的定制需求提供产品及相关服务，实现产品需求服务体系化和联动化。

（二）农产品物流与供应链

1. 农产品物流特点

（1）农产品物流具有季节性和周期性

农产品的生产具有季节性，尤其是生鲜类农产品，其保鲜期短、易腐烂变质，且往往产地集中，消费市场分散。这导致农产品成熟时，出现短期的、大量的物流量；过季后，物流量迅速下降。从长期来看，农产品物流是有周期性的。

（2）农产品物流涉及面广

农产品的产出有地域差异。随着人们生活水平的提高，消费者的需求越来越多样化，他们已不再满足于本地农户的供应种类，转而向更远的地区寻求"新、奇、特"的农产品。为了满足消费者在不同时空的需求，农产品物流涉及面广，一般是全国范围的、持续性的、大量的，有时甚至需要进口。

（3）农产品物流损耗高

鲜活是农产品的价值之所在，但鲜活的农产品对物流环境要求较高，受包装、温湿度、震动、时间等影响很大。因此，农产品在物流环节的损耗率很高，这也导致农产品的物流成本居高不下。

（4）农产品物流具有专业性

由于农产品具有生化特性，所以农产品物流具有很强的专业性，其要求农产品物流的各个环节，如流通加工、包装、储运等都具有专业性，要求有专业的人员、物流设施设备、技术方法等来保障农产品在物流过程中的新鲜度，降低农产品的物流损耗。

2. 农产品供应链的主要环节

农产品供应链是一个复杂而精细的系统，涵盖从田间地头到消费者餐桌的全过程。该供应链是以农产品为核心，连接农民、批发商、企业、物流、零售商和消费者的链式供应模式。农产品供应链主要包括以下环节。

（1）生产环节

生产环节作为供应链的起点，涉及种植作物、养殖家禽畜牧等，需要遵循良好的农业规范，确保产品质量。

（2）采摘与收割环节

采摘与收割环节决定了产品的品质和后期保鲜的关键，需要进行标准化作业，确保在最佳成熟期收获。

（3）初加工环节

初加工环节包括清洗、分级、切割、包装等，以满足下游渠道要求，并保持产品新鲜度。

（4）包装环节

包装环节要求采用合适的包装材料和技术，以保护农产品质量，延长农产品保鲜期限。

（5）运输与仓储环节

运输与仓储环节能够确保农产品安全，使得农产品能够及时送达消费地，同时保持最佳的存储环境，减缓衰老和变质。

（6）分销与销售环节

分销与销售环节就是将农产品分发到各个零售点，进行市场推广，满足消费者需求。

这些环节相互衔接，共同构成了农产品供应链的完整链条。农产品供应链不是孤立的个体业务，而是一条完整的产业链系统，需要每个环节协同配合。

3. 农产品供应链的特征

（1）供应链长，结构复杂

农产品从生产到供应链终端，涵盖农产品加工、物流运输、产地销地的一级二级批发商、农贸市场或超市的零售商等，各个环节参与者比较多，跨越了一、二、三产业，同时农产品经过物流各个环节会发生损耗，成本叠加，从而加大了产地和销地的差价。此外，由于农产品种植区域较为分散、质量参差不齐、农户众多等，农产品供应链衔接有一定的难度。

（2）对物流要求高

提高物流水平是确保农产品新鲜送到消费者手上的基础。农产品供应链包括农产品的包装、储存、运输、配送等环节，物流相当于供应链各个环节的衔接者。消费者对农产品的需求具有普遍性和常年性，但农产品会受到地域和季节的影响，因而农产品需要进行远距离的运输并保证库存，这要求农产品物流具有较好的运输条件和仓储调节功能。此外,农产品的种类繁多,有的易于储存,但有的如果蔬、水产等不易于储存。提高物流仓储的低温保鲜技术是确保农产品新鲜和品质的关键要素。

(3)信息共享难,安全监管难

农产品供应链的上游是种植户,分散在广大的农村地区,而农村信息网络和通信设施相对滞后,致使农民获得农产品信息的渠道窄、时滞大,造成信息的不对称。供应链下游主要是消费者,消费者的消费喜好和消费习惯有很大的差异,这些信息难以整合到种植户手上。而且,食品安全问题经常出现,农产品供应链长,各个环节参与人员多,很难找到问题的源头,严重影响农产品质量安全目标的实现。所以,构建一个可以连接供应链上下游、具有信息共享功能的信息化平台对于农产品打通链条、传递信息、保障安全至关重要。

二、农产品智慧物流与供应链运作模式

传统的农产品供应链模式冗长,农产品收获后要经过产地批发市场、销地批发市场、零售商,最终到达消费者手中,里面还可能出现一级或二级的批发商。供应链环节多,一层层增加销售成本和物流成本,使得消费者只能高价获得农产品,也影响了政府对市场的监督。近年来,出现了一些新型农产品智慧物流与供应链运作模式。

(一)以专业市场为核心的模式

这一模式以农产品批发市场为中心,将农户和农场所生产的农产品,通过物流商(运销代理商)输送到大型批发市场(农产品批发市场)。在农产品批发市场,农产品集中销售给下游经销商,如农贸市场、超市、社区店等,再由它们转售给消费者,具体如图 8-2 所示。

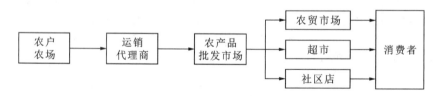

图 8-2　以专业市场为核心的模式

(二)以龙头企业为核心的模式

这是一种典型的农业产业化经营组织模式。该模式可以分为两种方式:一种是龙头企业直接与农户、农场签订协议,农户、农场负责农产品生产,企业负责出售;另一种是企业和农民合作社签订协议,农户、农场作为农民合作社的社员进行农产品生产。龙头企业可通过终端超市、社区店等直接将农产品销售给消费者,也可以通过下游经销商(农贸市场、超市、社区店等)销售给消费者。以龙头企业为核心的模式如图 8-3 所示。通常龙头企业有专门的农产品生产标准,可实现农产品的标准化。

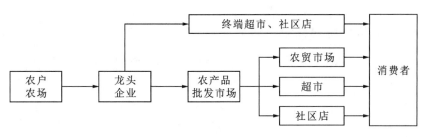

图 8-3　以龙头企业为核心的模式

（三）以专业合作组织为核心的模式

专业合作社是政府支持的一种实现农业规模化经营的发展模式，其将分散进行生产经营的农户集中起来，农户必须以专业合作社的标准生产农产品，并由专业合作社进行加工、包装、运输等环节，带领农户一同面向企业和市场。以专业合作组织为核心的模式如图 8-4 所示。

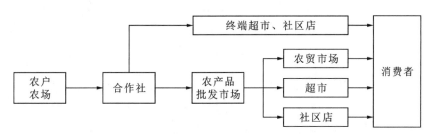

图 8-4　以专业合作组织为核心的模式

（四）农超对接模式

农超对接模式是指农户、农场与供应链终端超市直接签署合同，建立长期供应关系的模式。在该模式下，农户、农场按超市订单来进行农产品种植，降低存货积压的风险。对超市而言，供应链中间环节少，可以实现系列农产品生产、加工、销售链的建立。但由于生产者较分散，物流效率难以提高，物流成本较高。农超对接有两种模式：一种是"农户＋基地＋超市"模式，即超市建设种植基地，农户种植，成熟时超市收购；另一种是"农民＋专业合作社＋超市"模式。专业合作社是以农村家庭承包经营为基础，农户自愿加入专业合作社，专业合作社提供农业生产资料的购买，农产品的销售、加工、运输、储存以及与农业生产相关的技术、信息等服务。专业合作社在农超对接模式中是连接农户与超市的纽带，超市与专业合作社签订采购协议，农户的农产品通过专业合作社直销到超市。农超对接模式如图 8-5 所示。

图 8-5　农超对接模式

（五）以电商平台为核心的模式

在该模式中，农户或农业合作社通过电商平台展示和销售农产品，电商平台负责提供线上店铺、营销推广、支付结算等服务，消费者在平台下单后，农产品从产地直接发货给消费者，具体如图8-6所示。电商平台拓宽了农产品的销售渠道，打破了地域限制，使农产品能够面向全国甚至全球市场。但在这一模式中，农产品也面临着激烈的竞争，农户需要在众多卖家中脱颖而出，要注重产品质量、品牌建设和客户评价。此外，电商平台的运营规则和费用也是农户需要考虑的因素。

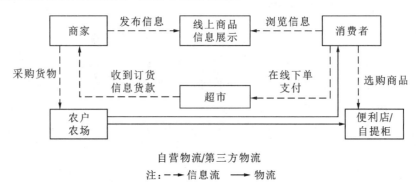

图 8-6 以电商平台为核心的模式

三、农产品智慧物流与供应链典型案例

农产品种类繁多，各具特点，其物流与供应链运作也各不相同。下面介绍果蔬供应链的运作。

（一）果蔬供应链的运作

果蔬是水果和蔬菜的简称。在我国种植业中，果蔬是仅次于粮食的第二大类农作物。随着生活水平的提高，城乡居民对果蔬类农产品的需求和购买量皆呈上升趋势。

1. 果蔬供应链的典型特点

果蔬供应链涉及生产者、批发市场、物流、零售终端、消费者等。按照产前、产中、产后、流通、消费等环节划分，其完整供应链如图8-7所示。

果蔬具有独特的自然属性和供求特性，这使得果蔬供应链表现出以下典型特点。

（1）易腐性

果蔬属于易腐烂生鲜商品。为最大化保持果蔬在流通过程中的新鲜程度和质量，采摘后应进行即时预冷，储藏期间和运输途中需要冷藏保鲜和低温运转。

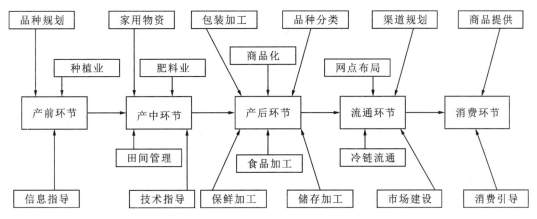

图 8-7 果蔬供应链

（2）品种繁多，分类复杂

相较于其他农产品，果蔬的类别非常多。据不完全统计，我国的食用蔬菜有 229 种，其中常见蔬菜高达 150 种。而在一个品类里，又要区分品种、产地、规格、包装、精品货、普通货等，每一种对应的价格也不一样。

（3）品质较难稳定

果蔬的品质受产区、气候条件、自然灾害、加工水平等因素影响非常明显，很难做到统一标准、统一品质。对于消费者来说，他们希望品质稳定，这与果蔬本身的特点是相矛盾的。

（4）生产的分散性

果蔬的生产规模相对较小，在进入流通渠道之前，需要在产区进行集货。而且，还需要进行分类、分拣等初加工活动。

（5）供求的非均衡性

果蔬的生产过程受自然条件、地域等因素影响，具有生产的季节性和消费的长期性等特点。为调节供求之间的不均衡，果蔬流通需要有足够的加工和储存设施设备。

（6）仓储要求较高

果蔬品种繁多，不同果蔬对仓储要求不尽相同，这对仓储技术提出了较高的要求，也可能增加仓储成本。比如，不同种类的食材、水果的预冷时间不同，一般叶菜类需要 3～4 小时，根茎类需要 6～8 小时。

（7）运输要求较高，产品损耗大

果蔬运输必须确保平稳和快速，这样才能保证其新鲜程度和质量，这对物流提出了较高的要求。同时，果蔬在运输过程中的损耗非常大。单单水分自然蒸发就存在一定的损耗，再加上运输、搬运、转运、加工等环节，可以说损耗无处不在。

（8）商品包装复杂

一般来说，果蔬形状不一、大小不同。这种物理特性决定了其流通过程中的包装需要具有较好的抗压、抗冲击等特性。同时，为减少环境污染，包装还应注重回收利用。因此，果蔬包装费时费力。

(9) 增值空间大

与其他农产品相比，通过加工、流通等环节，果蔬能够实现较多（较大）的增值，主要包括加工增值、包装增值、配送增值、品牌增值等。

2. 果蔬供应链的物流问题

随着物流设备设施和技术的发展，我国果蔬物流水平有了较大程度的提高。但是，生产地的集中性和消费的全国性、生产的季节性和消费的全年性、冷链物流设施缺乏、小农经济等因素制约着果蔬物流的高质量发展，其发展依然面临以下问题。

（1）物流方式粗放，物流耗损率高，果蔬质量受到影响

大部分果蔬仍然是原生态散装运输，一般用敞开式的普通卡车运输，冷链比重偏低。而且，冷链物流中还存在冷链"断链"的问题。

（2）物流环节过多，交易成本高

目前，在我国果蔬流通渠道中处于核心地位的依然是农产品批发市场。各类果蔬需要先经过产地或销地一级批发市场进行集中，然后再流向集贸市场、超市、电商等零售环节。总体来说，环节多、周转慢、成本高的问题较为突出。

（二）草莓供应链运作流程

草莓供应链运作一般包括采收预冷、包装贮藏、装卸搬运、冷藏运输和配送、上架销售等，具体流程如图8-8所示。

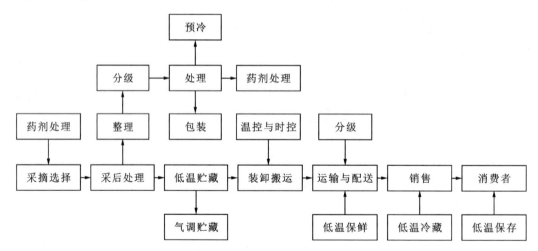

图 8-8　草莓供应链的运作流程

草莓供应链各个环节需要注意的操作要点如下。

（1）采收预冷

为使草莓果皮不受损伤，应在早晨完成采摘工作。采收成熟度一般选择85%～90%。采收过早会影响口感，采收过晚则容易腐烂。采摘下的草莓平均温度为15℃左右，需要尽快放入冷库冷却至5℃左右。

（2）包装贮藏

草莓一般采用塑料小盒盛放，再在外层套上大纸盒，然后在0℃～3℃的冷库中储藏。一定要保持温度恒定，同时加以气调贮藏。一般来说，草莓的气调条件为氧气3%、二氧化碳6%、氮气91%～94%、温度0℃～1℃、相对湿度85%～95%。在此条件下，草莓可保鲜1个月以上。

（3）装卸搬运

草莓供应链中的装卸搬运次数很多。由于草莓果皮薄而软，在操作过程中，要结合车辆运载情况，采用科学的搬卸、码垛方法，尽可能减少对草莓表皮的损伤。

（4）冷藏运输

冷藏运输是保证草莓质量的重要环节。草莓在采摘后，要先放在冷库中散热，分级过秤后再运输。运输过程中必须让草莓保持低温状态，不可因中途辗转装卸而造成冷链"断链"。此外，物流车辆行驶过程中要注意减少颠簸。

（5）上架销售

从销售时间来说，上架销售时间越短，草莓质量越能得到保障。从销售环境来说，应尽量将草莓保存在低温环境下，避免常温销售。

 练一练

请扫码完成练习。

数字资源8-1：练一练

单元2　快消品智慧物流与供应链运作模式

一、快消品

（一）快消品认知

1. 快消品的含义及特点

快消品即快速消费品，是指那些使用寿命短、消费速度快、购买频率高且价格相对亲民的产品类别。对于快消品的一种新叫法是PMCG（packaged mass consumption goods），即产品经过独立的小单元包装后销售，注重包装、品牌化对消费者购买欲望的影响。与快消品相对应的是耐用消费品，耐用消费品通常使用周期较长，一次性投资较大，包括（但不限于）家用电器、家具、汽车等。

快消品覆盖人们日常生活的方方面面，从基础的食品饮料到家居日用品，再到个人护理用品、家用电器、保健品乃至烟酒等，无不体现出快消品在人们生活中的不可或缺性。这些产品不仅满足了人们的基本生活需求，还通过不断创新与升级，成为提升人们生活品质的重要载体。其中，食品饮料是快消品的核心板块，涵盖从矿泉水、碳酸饮料到乳制品、休闲零食等，其多样性与创新性直接反映了消费者口味的变迁与健康意识的提升。家居日用品则更加注重实用性与设计感，如智能家居产品的兴起体现了科技与生活的深度融合。个人护理用品市场则因消费者对外在形象与内在健康的双重追求而日益繁荣，其从基础护肤到彩妆、口腔护理、身体护理等细分领域的精细化发展，为消费者提供了更多的选择。

快消品与其他类型的消费品相比，购买决策和购买过程有着明显的差别，具有以下特点：价格通常较低，是消费者生活的必需品；使用周期较短，在销售过程中的购买周期一般不超过10周；消耗后需要及时补充；消费者通常在居住地就近选购；视觉因素在选购中所占的比重较高，购买选择易受到商场环境的影响；品牌忠诚度不高。这些特征决定了消费者对快消品的购买习惯是简单、迅速、冲动、感性。

2. 快消品消费趋势

（1）高品质产品需求增长

随着人们收入水平的提高与消费观念的转变，消费者对快消品的品质、性价比和品牌要求日益提升，高端快消品市场成为新的增长极。这一趋势不仅体现在产品本身的品质提升上，如使用更高档的原材料、采用更先进的生产工艺，还体现在产品设计的创新与个性化上，以满足不同消费群体的多元化需求。

（2）健康环保意识提升

消费者在选择快消品时更加注重产品的健康属性。无糖、低脂、有机等健康食品的热销，以及具有抗菌、防过敏功能的个人护理用品的普及，都是这一趋势的直观体现。环保与可持续性也成为消费者关注的重点，推动着快消品行业向绿色、低碳方向发展。

（3）向目的性消费转变

消费者逐步从谨慎消费转向更有目的性的消费模式，更加注重性价比，倾向于选择能为自己带来富足感和幸福感的产品。

（4）全渠道融合

全渠道融合已成为消费者购买快消品的新常态，绝大多数消费者将继续或更多地在实体店和线上渠道的组合中购物。

（5）新技术驱动消费变革

新技术如人工智能和健康可穿戴设备将引领新的生活方式，AI技术正在改变消费者的购物决策过程，健康可穿戴设备消费明显增长，如带有心率、血氧、血压检测功能的产品更加受到消费者青睐。

（二）快消品物流与供应链

1. 快消品物流特点

快消品物流是指快消品从制造商、分销商、零售商到消费者的流动过程，主要包括供应物流、销售物流、逆向物流等环节。快消品物流具有以下特点。

（1）与销售紧密连接

快消品物流与销售紧密连接的，特别是在分销中心与零售终端之间的物流活动。如快消品配送商既做物流，又做销售。

（2）物流对象种类多，物流复杂化程度高

快消品花色和品种繁多，涉及日用品、包装食品、饮料、米面、烟酒等，而不同的商品有不同的特点，对物流的要求也不同。如对于易碎商品，在物流中须加固防护装置，对装卸、运输等有专门要求。因此，由于物流对象的多样化，对物流的要求也呈多样化，这增加了物流的复杂化程度。

（3）物流配送量波动大，订单频繁

连锁经营是快消品的主要经营方式。连锁经营中，连锁店铺多，分布广泛，订单频率高，且大多数订单的货物种类繁多，甚至有些订单有时间要求。比如，连锁店要求某一固定时间送货，有些小型便利店甚至要求一天送货两次。

（4）涉及领域多，作业环节多

快消品物流涉及供应、销售、逆向物流等，作业环节多，除运输、储存、包装、装卸、搬运等作业外，还有拆零、拼装、补货、处理退货、更换商品等作业，这大大提升了物流管理的难度。

（5）物流质量要求高，库存周期短

快消品与人们的日常生活密切相关，要满足现代消费多样化、个性化、新鲜无害等要求，对商品保质期、物流质量要求严格，库存周期短。

上述特点要求快消品物流遵循特定的规律，具备更强的配送与补货能力、更快的反应速度和更有效的控制与管理能力；要求快消品物流与市场有效协同，通过高覆盖率和铺货率，更加接近消费者，提供高效、快捷、准时、安全、优质、低成本的服务，满足多频次、短时化、个性化物流需求；要求转变快消品物流观念，创新物流方式，不断降低成本，提高效率，并形成良性物质循环，减轻污染，保护环境。

2. 快消品供应链的主要环节

快消品行业的供应链构成复杂而紧密，从上游的原材料供应到中游的生产制造，再到下游的销售渠道，每一个环节都至关重要。

上游环节涉及众多原材料供应商，如农产品（水、糖类、新鲜果蔬）、矿产资源（如化妆品中的矿物成分）、特殊原料（如烟草）等。这些原材料的质量与成本直接影响到最终产品的品质与价格。

中游生产制造环节则是技术与创新的集中体现，现代化生产线、智能机器人、自动化包装设备等高科技手段的应用,不仅提高了生产效率,还保证了产品质量的稳定与提升。同时,环保材料与绿色生产技术的引入,也符合当前可持续发展的全球趋势。

下游销售渠道的多元化则是快消品行业快速响应市场变化的关键。从传统的商超、批发市场到新兴的专卖店、官方网站、电商平台乃至社区团购,多元化的销售渠道不仅拓宽了产品的覆盖范围,还通过精准营销与个性化服务,增强了与消费者的互动和消费者黏性。快消品供应链是典型的长链供应链,其需求稳定、票数较多、SKU(库存量单位或库存管理单位)较少、时效要求高、需要多级分销,品类无法独立支撑零售终端。多级分销的渠道,通常包含生产成品仓、一级经销商仓、二级分销商仓甚至三级分销商仓,最终抵达全国各地的零售终端。

3. 快消品供应链的特征

(1)具备快速反应能力

快消品的产品生命周期通常较短,受季节、节假日等因素影响较大,需求波动较为明显,因此供应链要能灵活应对,快速响应市场需求变化,及时调整生产计划和库存管理,避免库存积压或供不应求的情况发生。

(2)稳定的产品质量和供应链服务

快消品直接关系到消费者的健康和生活质量,产品质量和安全问题备受关注,供应链需要建立严格的质量管理体系,确保产品符合相关标准和法规,为消费者提供可靠的产品体验。

(3)渠道多样化

快消品通过超市、便利店、电商平台等多种渠道销售,供应链需要与各种渠道合作,确保产品能够及时到达消费者手中。

(4)成本控制压力大

快消品市场竞争激烈,价格透明度高,企业需要不断降低生产成本,提高运营效率,供应链需要通过优化流程、降低库存等方式降低成本。

二、快消品智慧物流与供应链运作模式

(一)传统渠道模式

传统的快消品供应链运作模式是通过商贸渠道进行铺货销售的(见图8-9)。渠道规模越大,销售的能力就越强,销售规模就能越大,供应链的效率就能占据优势。商贸渠道分多层级,在传统结构中,有总代理、省域代理以及地市代理的分层结构。这些层级的叠加和分布最终形成了渠道的网络结构体系,其中,最为典型的是快消品连锁渠道结构。

图8-9 快消品供应链传统渠道模式

（二）B2C 电商模式

互联网电商得到应用后，其作为新型业务渠道，通过 B2C 电商模式，把传统的渠道网络组织在结构体系上进行了归拢和精简，将营销和商品物流运作完全独立分开，以线上做营销销售、线下通过"仓配一体化"的集中模式进行供应链的实际业务操作，如图 8-10 所示。

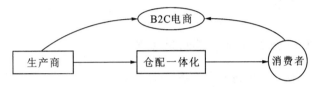

图 8-10　快消品供应链 B2C 电商模式

这种模式去掉了以前若干分销职能以及众多仓储体系，将消费者"到店自提"改成了"送货上门"，完全改变了营销方式和消费习惯，也改变了供应链的运作模式。

（三）M2C 电商模式

与 B2C 同步发展的，还有基于互联网的平台模式，即建立平台让更多的卖家在平台上进行销售。在我国，这种模式最早是从工厂外贸转内销开始的，而众多国内经销商、代理商也在互联网上寻求模式的改变来获利。于是，众多的销售企业与消费者的聚合成全了技术平台公司，同时也促成了另外一种极致型的供应链模式——M2C 电商模式的落地（见图 8-11）。

图 8-11　快消品供应链 M2C 电商模式

（四）社区电商模式

虽然 M2C 模式在供应链结构上是极简的，但是在某些品类和现实的购物行为习惯的要求下，依然需要基于现货或者需要能快速交付的供应链运作体系。比如，食品生鲜的社区电商通过农场或农业工厂对城市操作仓进行补货，然后由城市操作仓通过社区团购的方式对消费者进行商品交付，如图 8-12 所示。这种模式在操作上和 B2C 的电商模式有些类似，但并不完全一样。B2C 电商模式是库存以现货模式面向消费者，而社区电商模式是面向工厂进行订单补货的快进快出操作。

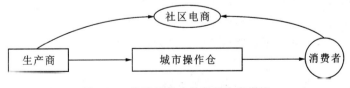

图 8-12　快消品供应链社区电商模式

三、快消品智慧物流与供应链典型案例

可口可乐公司是目前世界上最大的饮料公司，其产品畅销超过 200 个国家和地区，占全球软饮料市场的 48%，这在很大程度上归功于其高效的供应链。下面以可口可乐供应链为例，通过可口可乐公司产品的上游活动和下游活动，分析其供应链运作方式和管理策略。

（一）可口可乐公司的供应链管理系统

可口可乐公司拥有一个独特的供应链管理系统：该公司只生产浓缩液，然后出售给世界各地拥有独家区域的灌装商。与可口可乐公司签订区域独家合同的灌装公司，将浓缩液与过滤水和甜味剂混合，制成罐装和瓶装的成品。然后，分销和销售可口可乐公司的产品到各自的市场。它的供应链中有三个主要参与者，即浓缩液厂、装瓶厂和分销商，如图 8-13 所示。

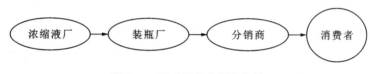

图 8-13　可口可乐公司供应链

1. 上游活动

可口可乐公司的供应链中，有一种物品起着非常关键的作用，那就是浓缩液。可口可乐公司旗下的饮料中，浓缩液在每升饮料中的含量有着严格的规定。公司通过控制浓缩液的生产，间接掌控整个供应链。

上游活动也仅限于浓缩液的生产。可口可乐公司生产这种浓缩液的配方属于商业机密，因此关于确切成分的信息很少，关于供应成本的信息也很少。

糖（蔗糖或高果糖玉米糖浆，取决于原产国）是制造这种浓缩液所使用的最大已知成分，公司使用多个系统来跟踪其全球价格的每日变化。用于制造浓缩液的其他成分还有碳酸水、咖啡因、磷酸、焦糖（E150d）和天然香料等。可口可乐公司有不同的供应商合作伙伴来采购这些成分。

（1）采购（供应商的选择）

在主要原材料包括糖和包装物的供应商选择中，可口可乐公司起主导作用。技术部门根据原料供应商的地理位置、规模、设备水平、管理水平、原料的状况，选择一批供应商，装瓶厂只能从这些得到认可的供应商中购买原料。可口可乐公司选择供应商的首要依据为原料质量，通过控制原料质量，从根本上保证了产品的质量。在此基础上，再考虑其他方面的因素，并通过控制这些因素来降低成本。

（2）制造过程

以可口可乐（中国）为例，它有三大合作伙伴，即嘉里集团、太古集团和中粮集

团，拥有分布在全国不同区域的装瓶厂共 25 家。合作伙伴不同，运作模式却基本相同，同时，合作伙伴之间也有合作，可以互相代加工部分产品。

2. 下游活动

可口可乐公司的下游活动集中在特许分销系统上。可口可乐公司开发产品、制作相关的营销和广告程序并生产浓缩液，然后将其卖给世界各地拥有独家区域的各个装瓶商。可口可乐公司还拥有一些大型特许经营权的少量股权，但完全独立的装瓶商几乎生产了全球销量的一半产品。

装瓶厂中的大多数都有专有权在预先设定的地理区域内进行销售。可口可乐公司在操作程序、客户关系管理和查询管理方面制定了基本的业务准则，装瓶商有一定程度的自由度。

饮料属于低值消费品，应在商店、超市、街头小店等场所大量分销。装瓶厂主要通过三种渠道进行分销：第一种是通过大型货仓式超市（量贩店）、连锁超市（24小时店）等进行的直销；第二种是通过规模较大的批发商进行分销，这些批发商通常通过二级、三级批发商进一步分销到零售店中；第三种是通过小区域内的小批发商直接向区域内零售店分销。

在这一过程中，可口可乐公司起主导作用，但与装瓶厂之间也有着明确的分工。可口可乐公司系列产品分销策略总体上分为两部分：一部分为"拉"，即通过广告、促销、公共关系等市场推广策略吸引消费者购买产品；另一部分为"推"，即通过各种渠道、价格促销、赊销手段等销售策略，将产品销售到零售商手中。市场策略一般由可口可乐公司制定，特别是"拉"的部分，其完全由可口可乐公司包办，"推"的部分则是由可口可乐公司提出建议，然后由装瓶厂根据实际情况自行制定。装瓶厂在选择经销商、规划销售渠道、制定价格策略和赊销手段等方面拥有最终决定权。

由于可口可乐公司垄断了浓缩液的供应，因而它可将向装瓶厂收取的特许经营费、广告费用、市场推广费等包含在浓缩液价格中，并且这些费用同销量成正比，使资金流顺利从消费者到分销商到装瓶厂再到可口可乐公司手中。另外，浓缩液的销售量与饮料销售量有一定的比例关系，通过统计卖给装瓶厂的浓缩液数量和种类，可口可乐复苏也掌握了每种饮料的销量信息。

（二）可口可乐公司供应链管理策略优劣及其发展

可口可乐公司通过特许合同供应链管理的方式，以固定的浓缩液供货价格和区域独家经营的方式，将销售的权限授予装瓶商，借助装瓶商建立销售渠道和营销网络，把可口可乐饮料送到千家万户。

1. 供应链管理策略优劣

这种特许合同经营方式，可以让可口可乐公司把有限的资金用在刀刃上，成为出色的广告商，将可口可乐推向市场。事实上，可口可乐公司的广告一直相当出色。

然而，这种方式的劣势也很明显，即对装瓶商的控制力度不足，一旦出现强有力的竞争者就会面临挑战。比如,当以百事可乐为代表的竞争对手出现时,可口可乐公司所采取的策略是向装瓶商施加压力,要求其加快现代化生产过程,以巩固可口可乐公司的市场竞争地位。但装瓶商认为饮料市场已趋于饱和,是回收资金而不是增加投资的时候。由于装瓶商有长期合同作后盾,并控制着营销网络,因此,对任何改变现状的举措,它们要么否决,要么出于怀疑而不积极配合。

2. 供应链管理策略发展

(1) 控股经营方式的供应链管理策略

面对不利竞争,为了改变被动局面,可口可乐公司利用其开发的新品种——高糖玉米浓缩液上市契机,与装瓶商展开了谈判。

一方面,如果新品种能够顺利替代原有浓缩液,就可以为可口可乐公司节约20%的生产成本,且将与装瓶商共同分享获利的机会,条件是装瓶商同意修改合同条款,并在部分条款上做出让步,这样在调整供应链管理方面,可口可乐公司就有了更大的回旋余地。

另一方面,可口可乐公司通过特许权回购、购买控股的方式对装瓶商的经营活动施加影响,使装瓶商接受可口可乐公司的管理理念,支持可口可乐公司的供应链管理战略。

这样一来,可口可乐公司就加强了对装瓶厂的控制,但是,对装瓶商绝对控股的策略,使得可口可乐公司扩大了资产规模,增加了公司的经营风险。

(2) 持股方式的供应链管理策略

供应链中不同链节的赢利能力是有差别的,大量资金投入获利能力不强的链节,将导致股东收益的下降。因此,改善公司资本结构和资产结构就成为可口可乐公司必须做出的抉择。

可口可乐公司在采用特许权回购的收购战略之后,面临的是如何将"烫手的山芋"转出去。在经过精心策划和充分准备之后,可口可乐公司成立了装瓶商控股公司,由装瓶商控股公司控制装瓶商的经营活动,并实现对整个供应链的战略调控,这只是可口可乐公司剥离绝对控股权的第一步战略计划。

在成立装瓶商控股公司后,可口可乐公司根据市场发展情况,审时度势,抓住有利时机,让装瓶商控股公司上市交易,利用资本市场,将51%的控股权转手出货,保留49%的相对控股权。通过这一系列策略选择,最终实现可口可乐公司资本结构的改善和资本密集程度的下降。

随后,可口可乐公司意识到,可口可乐只有融入当地文化和环境,与当地文化打成一片,才能降低经营风险。"穿旧鞋走新路"是再好不过的进攻策略了。就这样,可口可乐公司又使出了惯用的"招数",与国外大型骨干装瓶商密切合作,由可口可乐公司控制广告宣传和浓缩液的生产,由装瓶商为其所在地区或国家提供可乐饮料。随着时间的推移,在全球饮料市场上,可口可乐公司以计划周密、以控股或持股收购装瓶商的模式,成功弥补了过去特许合同方式的供应链管理策略的不足。

> **练一练**
>
> 请扫码完成练习。
>
>
> 数字资源 8-2：练一练

单元 3　服装智慧物流与供应链运作模式

一、服装

（一）服装认知

1. 服装的含义及特点

服装是衣服、鞋、装饰品等的总称，多指衣服，是穿着于人体起保护和装饰作用的产品。服装包括各种类型的衣物、鞋子、帽子、手套、围巾、袜子等，以及配饰如饰品、腰带、领带等。

人们对服装的消费需求可分为生理需求和心理需求两大方面。生理需求也称本能需求或天然需求，是人在自身发展过程中，为了维持生命、保持人体的健康而形成的需求。如穿衣服是为了保暖或保护身体。心理需求是为了提高物质和精神生活水平而产生的高级需求，它受历史条件、社会制度、民族和风俗习惯等制约，反映了人的社会性，是人类社会发展的结果。

服装具有以下特点。

（1）实用性

服装最基本的功能是保护人体，维持人体的热平衡，以适应气候变化的影响。服装在穿着中要使人有舒适感，主要影响因素是服装的用料、结构以及缝制技术等。

（2）装饰性

服装具有装饰人体和美化人体的功能，能够满足人们遮羞、炫耀、伪装、表现等微妙的心理需要。服装的穿着与社会的政治、道德、风尚、文化艺术修养等联系在一起，是社会意识形态的组成内容之一。

（3）文化表现

服装是文化的一种表现，不同民族的服装体现出不同的地理环境、风俗习惯、政治制度、审美观念、宗教信仰等。服装文化是人类文化宝库中的重要组成部分。

（4）社会标志

服装是人类文明的一个标志，展现社会的发展和变化。衣物作为非语言性的信息传达媒介,可以将穿着者的社会地位、职业、色彩、喜好、文化修养、个性、风格等传达给他人。

(5) 艺术性质

服装虽然是一种物质产品,但在一定的领域和情况下,也是一种艺术品,并能很好地显示其艺术特色。文化活动领域会通过服装创造出各种艺术形象,以增强文化活动的艺术色彩。

2. 服装消费趋势

(1) 个性化和定制化

消费者越来越倾向于购买能够反映个人风格和身份的服装。他们希望产品能够满足自身特定的需求和偏好,因此定制化服务和个性化设计变得越来越受欢迎。

(2) 可持续性

随着环保意识的提高,消费者越来越关注服装的生产方式和材料来源。他们倾向于选择那些采用环保材料、具有可持续生产过程和公平贸易实践的品牌。

(3) 健康与舒适

消费者越来越重视服装的舒适性和健康性,尤其是在运动和休闲服装方面。功能性面料和设计,如吸湿排汗、抗菌和温度调节等,越来越受到消费者欢迎。

(4) 数字化购物体验

随着电子商务的普及,消费者越来越习惯在线购物。他们期待无缝的在线购物体验,包括个性化推荐、虚拟试衣和快速配送等。

(5) 社交媒体影响

社交媒体平台对消费者的购买决策有着显著影响。KOL(关键意见领袖)和网红的推荐可以显著影响消费者的品牌选择和购买行为。

(6) 快时尚的挑战

尽管快时尚依然流行,但消费者开始对过度消费和快速更迭的时尚趋势持批判态度。他们更倾向于购买质量更好、耐用性更强的服装。

(7) 科技融合

智能服装和可穿戴技术的发展为消费者提供了新的功能和体验。如具有健康监测、支付功能或环境适应性的智能服装。

(8) 文化和民族元素

消费者对不同文化和民族元素的服装越来越感兴趣。这推动了服装设计师将多元文化元素融入设计,打造独特的时尚风格。

(二)服装物流与供应链

1. 服装物流的特点

服装物流是指服装从生产到消费过程中的一系列与服装生产、销售相关的物流活动。其包括采购的原材料进仓、发放给加工厂进行生产、成品进仓、配送到各个终端门店等环节。服装物流具有以下特点。

(1) 系统性

作为服装生产企业，各种原材料（面料和辅料）的采购、运输、仓储，在生产过程中对各种物料的管理，以及半成品和成品的仓储、运输、配送等活动在企业活动中占有重要地位，是内涵丰富的集成系统。

(2) 复杂性

大部分服装生产是大批量、订单式生产，服装本身又具有季节性和多样性（如款式、颜色、尺码不同），服装的销售也是一个复杂的过程，这都给物流管理带来了一定的难度。企业管理者希望通过加强物流管理来解决许多难题，比如，库存过大的问题、运输中包装的难题、销售过程中商品的多种属性以及退货管理等问题。

(3) 及时性

服装本身虽然没有明确的产品保质期，但实际可售卖期非常短，特别是快时尚企业的服装产品，可售卖期一般只有 15 天左右。因此服装具有很强的时效性，服装物流要对需求快速响应，从接受订单到发货的提前期应尽量缩短，物流信息的沟通要及时准确。

(4) 高成本

服装业具有多面性，且对潮流极为敏感，从设计到成品上市的周期很长，每年的订货会发布的新品新款都是提前很久就开始设计、寻找供货商、加工再发布，这要求服装从业者有足够的资金，可以支撑足够长的资金链。

2. 服装供应链的主要环节

服装行业是重要的民生行业，其供应链的流畅运作直接关系到市场的稳定与消费者的满意度。服装供应链是指由从原材料采购、生产、加工、分销到抵达最终消费者手中的一系列环节所组成的网络。它涉及供应商、生产商、分销商和最终消费者等多个参与者，是一个复杂的系统。服装供应链的主要环节如下。

(1) 面辅料的采购

第一，根据需求设计开发面辅料。服装企业的生产往往始于设计开发，只有掌握市场的流行趋势和客户的需求才能合理地生产，从而获取生产经营利润。在设计开发阶段，设计师根据市场动态及销售季节选用相应服装品类的面辅料，如春夏季选用柔软透气的化纤面料作为夹克产品的主面料，选用质量较轻且浅颜色的拉链纽扣以适应面料特性等。服装企业还会根据自身品牌的目标客群定位来进行产品设计和定位区分。

第二，工厂排单。面辅料的生产需要一定的时间，不同面辅料的特性决定了其生产周期。设计师完成前期设计开发和选样之后，采购员会与面辅料工厂进行沟通，确定价格及货期。面辅料工厂根据订单的数量、买方要求的货期及原材料的备货周期进行生产排单。工艺流程复杂、供应期长的原材料应提前采购。此时，订单量大且集中的面辅料在排单过程中会有优势，所以在设计阶段，设计师也要考虑下单面辅料的起定量、坯布原材料情况等，尽可能数量集中地下单，这有利于确保大货面辅料的生产周期并获得较低的报价。

第三，下单，签订合同。根据面辅料生产工厂的排单安排和货期，买卖双方协商达成下单意向，拟订采购合同，约定买卖双方的责任与义务，成品面辅料的交货期、单位价格、验货方式、运输方式、付款条件等条款。合同签订后，采购人员实时跟踪合同执行情况，保证合同按时保质履行完成。

（2）成衣的生产

成衣的生产环节是存在于销售渠道和品牌商之间并包括更新销售渠道库存的一系列过程。生产环节两端分别连接着服装品牌商和销售商，以顾客需求的订单为基础，采取集中生产的方式大批量生产。

成衣的生产工作是将前道工序采购来的各类面辅料制作成满足设计要求和顾客需求的成品服装，涵盖开发设计定型、样板制作、产前样制作、纸样放码、面料预缩、面料裁剪（根据配码、数量及裁片尺寸确定）、车缝、整烫、检验、后整、包装、仓储等工作。其一般流程如下。

第一，成衣生产下单。服装品牌商根据对市场流行趋势的预测和顾客购买力的判断，结合自身库存情况来下单给成衣制造商。下单中往往包含新开发的产品及部分畅销产品的库存补单。这就要求对制造商的成品交货期有严格的规定，快速生产订单是销售扩大化的有力保证。快时尚服装品牌要求服装更新速度快，款式变化多，会采取滚动下单的方式，不间断增加款式数量；女装品牌由于其特性也采用不间断补充订单款式的模式；中高档男装一般采用一年两次订货会模式下单。

第二，成衣的生产安排。这是成衣生产的关键阶段。根据订单制订生产计划和规划生产进度表，按照不同制造商的生产能力做出精确的生产安排，合理安排生产线使订单按时完成的比例最大化，这些都关系到整个订单能否在极短的时间内保质按时交货。在成衣生产阶段，大单量往往优势明显。少而散的订单在生产中转换往往会因为工艺设备调整需要时间，而拖慢整个生产线的生产进度。

第三，成衣的物流运输。成衣生产按照生产进度要求完成后，会根据客户的需求按照不同的包装运输方式将符合要求的产品送达顾客、销售渠道或指定的仓储地。一部分外销类订单，还需要根据国际货运出口的要求安排出运，确保按时交货。

（3）销售的终端

服装销售环节关系到整个产业链的最终利益。销售环节的主体是各销售渠道的零售商，其以服务顾客、满足不同顾客的不同需求为宗旨，以顾客需求满足过程中的价值最大化为目标进行服装营销，主要包括：建立良好的客户关系，满足顾客个性化的要求；产业链结盟，资源信息共享，追求客户价值最大化；信息化的供应链仓储运输；信息化的优质服务；等等。

3. 服装供应链的特征

（1）具有复杂性

与其他行业相比，服装行业的产品特性决定了服装供应链的结构及管理要复杂得多。服装种类繁多，所涉及的上下游面辅料生产商和生产制造环节众多，相关合作企业又可能跨行业跨地域，其环境、生产及运作复杂，无形中增加了服装供应链管理的难度。只有加强服装供应链上下游节点企业间的沟通与协同合作，实现整条供应链信息共享公开化，才能增加各个环节的利润，促进供应链整体效益的提升。

（2）面向客户需求

服装行业的多样性决定了服装企业的本质是市场导向性，将顾客需求放在第一位是服装企业赖以生存的重要基础。当客户需求发生变化时，供应链中的上下游节点企业要及时收集信息并传递给各个相关企业，这样才有利于整条供应链及时调整战略，生产适销性的产品以满足市场需求并获利。因此，面向客户需求，以客户为中心是服装供应链的重要特征。

（3）供应链网链关系的动态性

服装市场日新月异。随着消费者的消费水平、时尚潮流趋势以及季节更替等因素的变化，服装企业会不断调整自己的产品，同时根据自己的产品特性来调整上下游不同的合作企业。由此可知，服装供应链网链关系具有动态性。服装行业供应链要适时选择合适的合作企业，使供应链上下游合作的节点企业始终处于强强联合状态，这样才能提升市场竞争力。

（4）供应链网络结构具有交叉性

供应链中的某个节点企业可以是现有供应链中的一个企业，也可以是另外一条供应链中的节点企业，在供应链管理中，大多数供应链网链结构复杂，相互交叉。服装供应链中的节点企业既有面料供应商，也有辅料供应商，还有外包加工企业，这些节点企业同时为多条供应链中的多个服装品牌提供上下游服务，所以供应链网络结构具有交叉性的特点。

（5）季节的波动性和扩大性

服装具有季节性，这使得整个供应链上下游的任何一个参与企业都会因为季节更替而产生需求波动，且不同季节会形成需求差异。这种差异需求量的变动从消费者传递到销售渠道，再到达服装企业，这时由于牛鞭效应，需求量的差异会很大程度上被扩大，给服装供应链上下游的各参与企业带来库存压力。因此，服装供应链要做好对市场和消费者的准确预测，加速信息渠道建设，缩短信息收集反馈时间，使季节性带来的库存积压损失降到最低。

二、服装智慧物流与供应链运作模式

（一）服装批发模式

大型百货商场与服装批发市场是这种模式的代表。

大型百货商场是传统的购物场所，其具有良好的购物环境、齐全的商品品种、优良的服务措施和商业信誉，因此长期成为中国服装营销第一渠道。特别是中高档服装和品牌服装销售，仍以大型百货商场为主要渠道。

服装批发市场既可以面向零售商销售，也可以直接面向消费者销售，是服装销售终端的一部分。服装批发市场辐射面广,很多大的批发商拥有覆盖全国的销售网点,利用网络产品在市场上很快铺开,且中间环节少,是中低档服装常用的销售模式。中低档服装远比高档服装的利润空间小,它的利润被层层瓜分后,每个环节获得的利润可以说微乎其微。服装批发模式在物流方面能够形成一定的小规模效应,节约部分成本,适用于低利润的服装市场。

(二)服装店面模式

服装专卖店与名牌折扣店是这种模式的代表。服装专卖店是由服装生产企业或其代理商在各个销售区域设立的专门经营某条产品线或某个品牌产品的专业卖场,其特点是统一品牌管理、统一装修形象、统一经营模式、统一产品配送。名牌折扣店是服装销售市场上一道新的风景线,以实惠的价格和高质量的保证来吸引消费者,因为名牌折扣店是服装专卖店的后续收尾工作,所以两者有着几乎相同的销售模式。服装专卖店相对于批发市场和大卖场,可以扩大品牌的影响力,提高销售额。服装专卖店类似于区域代理模式,往往是以连锁加盟的形式出现,物流环节更加复杂,一层层的渠道环节虽然增加了服装销售成本,但使得服务有很大的突破,有利于品牌和商誉的建立,因此商家愿意在此环节投入大笔资金。

(三)服装网络模式

服装网络模式与传统模式相比优势明显,得到消费者的认同。服装质地轻,适合第三方物流配送,物流成本低。服装网络模式减少中间环节,节约实际销售成本;信息采集及时,使得物流管理更加准确快捷。这种模式相当于从供应商直接到客户的 B2C 模式,较好地体现了品牌形象,容易实现垂直管理和精细化营销,市场计划执行力强,能够准确地掌握市场信息。与批发市场相比,网络模式更新更快,多种打折促销信息能够同时进行,并且不影响品牌形象。在这种服装网络营销模式中,第三方物流发挥着举足轻重的作用,服装的电子商务离不开健全的物流系统和网络安全。

现代服装物流与供应链模式,经常是"你中有我、我中有你",几种模式混合使用。随着网络技术的发展,网络模式变得越来越普及,越来越受人青睐,大型服装网站是未来服装物流与供应链的一种发展趋势。

三、服装智慧物流与供应链典型案例

海澜之家是一个服装品牌,其采用连锁经营方式,以实体门店为主,销售男性服装、配饰及相关产品。海澜之家成立于 2002 年 9 月,海澜之家的第一家门店在南京中山北路正式开业。海澜之家定位为"男人的衣柜",着力打造具有高档品质、实惠价格、多样款式,专属于男士的服装零售业。目前,海澜之家已成为国民男装品牌。下面以海澜之家为例,分析其供应链多渠道运作模式。

（一）海澜之家线下供应链运作分析

近年来，受数字化电商模式的冲击，实体店面临一波又一波的"关店潮"，海澜之家却"逆势而为"，没有减少门店，反而不断开新店。海澜之家面向中青年男士群体，款式风格鲜明。一方面，男士不同于女士，他们很少在闲暇时间网络购物，更偏爱传统实体店的购买形式，通过体验上身效果去选择合适的服装；另一方面，中青年男士购买衣服的时间相对比较集中，季节性强，实体店更有利于满足男士对服饰的需求。总体上，海澜之家选择专注于线下供应链渠道，以实体店形式为主。海澜之家线下渠道发展运作稳健，协同合作较强。供应链的层级结构为"供应商—海澜之家—门店—消费者"，结构趋向扁平化，如图 8-14 所示。

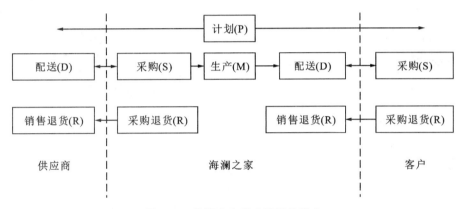

图 8-14 海澜之家供应链运作模式

海澜之家将生产和制造环节外包，专注于核心的品牌设计和供应链的管理。为了能够保持中等价位，海澜之家以其良好的品牌形象和供应商、原料生产商进行价格谈判，从源头上降低成本；供应商主要根据当下潮流设计多种服饰的款式，海澜之家与供应商签订销售协议，供应商负责投产，海澜之家负责管理和销售。

海澜之家向供应商订购采取的是赊销模式，在订购商品时，支付的货款大致为30%，剩下的资金按照每月实际销售的情况进行结算，长期滞销的商品可以退还给供应商。上述做法可增强供应商在供应链中的责任感，促使供应商生产适销对路的产品，解决商品库存过多的问题。

（二）海澜之家数字化供应链运作分析

海澜之家在线下供应链渠道管理方面经验丰富。面对数字化时代，海澜之家开始注重数字化建设，加强与电商企业的合作，不断扩大线上流量，对线上线下同一品牌统一定价，并根据实际情况举办不定期的优惠活动，从而带动线上消费。海澜之家还通过加大互联网广告投放力度以及赞助一些备受年轻人喜爱的热门综艺节目来不断增强自身知名度和品牌影响力。依托海量数据库和强大的数据分析能力，海澜之家对直播全过程进行精细化管理，打造差异化直播服务体系；前端通过线下门店的私域流量以及线上平台的公域流量联合引流，中端完成技术支持及直播互动，后端快速准确地进行数据反馈和内容沉淀，优化直播渠道和产品品类，形成了低成本、易操作、见效快的直播运营矩阵。直播服务体系帮助海澜之家实现了私域流量沉淀、销售线索转化，也帮助其实现了C端运营的降本增效。

2022年，海澜之家运用数字化手段，通过微信社群、小程序和其他电商平台，打造了数字化门店，形成线上线下联动的新商业形态。海澜之家的数字化转型成果表现为：搭建了产品研发数据管理平台、供应链管理云平台、零售运营管理平台三大数字化平台。通过三大平台形成生产成本、生产研发、敏捷动销的系统化解决方案，让用户可以便捷、价优地买到满意的产品。这套数字化管理方法不仅能促使海澜之家内核升级，还赋能上下游把握数字化机遇，共同打造数字化供应链，使得从用户端到生产端的全产业链信息流设计都得以更新换代。

练一练

请扫码完成练习。

数字资源 8-3：练一练

能力提升

案例分析：京东物流 3C 产品全链条的供应链服务

3C 产品是计算机类、通信类和消费类电子产品三者的统称，亦称"信息家电"。3C 产品包括生产、销售、售后等诸多环节，其物流服务商多且管理困难。企业对不同渠道的库存一般进行分开管理，无法进行有效的信息共享和库存规划，导致库存压力比较大。加上行业的特性，不同品牌不同型号产品需要不同的备件且备件品类繁杂，每个地区的需求波动比较大，对于揽收的时效性要求相对较高，所以这一行业需要进行快速转变与提升。

京东物流为 3C 产品实现了生产端、运输端、售后端的全面覆盖，构建一站式全链条的供应链服务解决方案，覆盖生产、制造、销售、售后等全场景全链条基础物流。

首先是生产物流阶段，采用产前 VMI（供应商管理库存）解决方案选取产前循环取货方案。对供应商及工厂采用产前 VMI 方案能够将用户和供应链紧密连接在一起，在一个共同的协议下进行供应商库存管理，双方持续进行友好合作。京东物流通过共享库存采集的相关数据，进行库存预测，按照实际消耗模型预测和调整补货，做出有据可依的补货决策。采取循环取货的模式能有效降低成本。循环取货需要大数据在后台将供应的货物数量进行合理的计算，并且对运输的车辆和路径进行合理规划，以实现运输数量最大化、成本最小化。

其次是运输渠道采取多渠道一盘货解决方案。产品生产后,传统渠道先将单品运输到品牌和经销商仓库,然后运输到省域代理商或省域分销商线上渠道,最后运输到门店或政企客户手中。京东物流改变了传统的运输渠道,工厂生产的产品直接运输到京东物流一盘货融合仓,再根据各个渠道的需求,由京东仓库运输到门店、政企等渠道,有效将供应链的规划、计划与"一盘货"融合仓基础物流深度融合,进行产品的有效管理,减少渠道的运输次数,加快运输的效率,从而降低企业的运营成本。

最后是售后渠道采用备件售后一体化、备件仓网规划、备件前置仓方案。根据大数据诊断结果,为备件做好仓网规划,在全国范围内设置合适的备件仓和前置仓,将备件更快速地送到售后服务中心,提高售后服务水平。

【思考】
1. 京东物流3C产品全链条的供应链服务包含哪些具体内容?
2. VMI方案有什么特点?需要怎样的支持条件?
3. 售后渠道采用备件售后一体化、备件仓网规划、备件前置仓方案。那么,什么是前置仓?它有哪些优劣势?

自我总结

1. 通过学习本模块内容,您对智慧物流与供应链运作模式相关内容的认识发生了哪些变化?试列出两点。

_____

_____

2. 本模块内容中的哪些部分激发了您的学习兴趣?您将继续进行哪些探索学习?

_____

_____

参考文献

[1] 施先亮. 智慧物流与现代供应链 [M]. 北京：机械工业出版社，2020.

[2] 张宇. 智慧物流与供应链 [M]. 北京：电子工业出版社，2016.

[3] 张磊，张雪. 物流与供应链管理 [M]. 北京：北京理工大学出版社，2021.

[4] 张明睿，韩钰杰，温娇，等. 5G+无人驾驶在汽车企业智慧入厂物流环节的应用 [J]. 物流技术与应用，2024（8）：67-71.

[5] 物联网标准化. 《智慧供应链研究报告》正式发布 [EB/OL]. （2023-12-06）[2025-01-04]. https://mp.weixin.qq.com/s/VEPRx92s0jpfVizv5StViQ.

[6] 王勇. 物流管理概论 [M]. 2版. 北京：机械工业出版社，2023.

[7] 甘卫华，徐国权. 物流基础 [M]. 2版. 北京：中国财政经济出版社，2021.

[8] 孙秋菊. 现代物流概论 [M]. 3版. 北京：高等教育出版社，2020.

[9] 姜方桃，朱丹. 物流系统分析 [M]. 北京：中国财富出版社，2014.

[10] 王海兰. 物流标准与法规 [M]. 上海：上海财经大学出版社，2012.

[11] 刘艳霞，杨丽. 物流运输作业管理 [M]. 大连：大连海事大学出版社，2018.

[12] 耿元芳，刘贵容. 物流管理 [M]. 北京：经济管理出版社，2021.

[13] 朱传波. 物流与供应链管理：新商业·新链接·新物流 [M]. 北京：机械工业出版社，2018.

[14] 薛威. 仓储作业管理 [M]. 4版. 北京：高等教育出版社，2022.

[15] 孙秋高，方照琪，周宁武，等. 仓储管理实务 [M]. 4版. 北京：电子工业出版社，2020.

[16] 崔国成. 现代物流管理基础 [M]. 武汉：武汉理工大学出版社，2020.

[17] 王晓阔. 配送管理实务 [M]. 西安：西安交通大学出版社，2021.

[18] 郑克俊. 仓储与配送管理 [M]. 4版. 北京：科学出版社，2018.

[19] 罗静. "最后一公里"创新模式：配送到车 [EB/OL]. （2021-05-18）[2024-01-04]. https://mp.weixin.qq.com/s/h2XUiaWN16OYciCPoCqHbQ.

[20] 冯国芩，刘智学．现代物流基础［M］．5版．大连：大连理工出版社，2022．

[21] 姜波．现代物流管理［M］．北京：北京理工大学出版社，2021．

[22] 刘徐方，袁峰．物流设施与设备［M］．3版．北京：清华大学出版社，2024．

[23] 蒋亮．物流设施与设备［M］．2版．北京：清华大学出版社，2018．

[24] 梁旭，刘徐方．物流包装［M］．2版．北京：清华大学出版社，2022．

[25] 胡建波．智慧物流与供应链基础［M］．成都：西南财经大学出版社，2024．

[26] 周兴建，蔡丽华．物流案例分析与方案设计［M］．2版．北京：电子工业出版社，2018．

[27] 徐光明，闫旭．服装品牌企业线上线下供应链渠道优化研究——基于Boohoo和海澜之家的案例分析［J］．科技和产业，2024（10）：33-39．

[28] 物流时代周刊．日日顺供应链：中德智能无人仓项目［EB/OL］（2023-10-29）［2025-01-03］．https：//mp.weixin.qq.com/s?__biz＝MjM5MTczMTM5Mw＝＝&mid＝2650005091&idx＝2&sn＝6703f12a76073aeeedd316f97fd2ede6&chksm＝beb665cd89c1ecdb30f5faf7552fc1c2c9713465f70638cd965d8e32cdd88cdf28980d11fc6d&scene＝27．

[29] 慕静，邓春姊，王俊艳．智慧物流与供应链（微课版）［M］．北京：清华大学出版社，2022．

[30] 邹霞．智能物流设施与设备［M］．北京：电子工业出版社，2020．

[31] 操露．智慧仓储实务：规划、建设与运营［M］．北京：机械工业出版社，2023．

[32] 王猛，魏学将，张庆英．智慧物流装备与应用［M］．北京：机械工业出版社，2021．

[33] 王斌．智能物流：系统构成与技术应用［M］．北京：机械工业出版社，2022．